Editorial

Schon Konfuzius idealisierte die Harmonie. Jetzt soll sie, von Chinas gegenwärtiger Partei- und Staatsführung um Hu Jintao zum propapandistischen Leitmotiv verwandelt, im Inneren das Machtmonopol der KP und nach außen den Aufstieg des Landes zur Weltmacht absichern helfen.

*Die harmonische Gesellschaft

Spätestens im August 2008, wenn in der chinesischen Hauptstadt die Olympischen Spiele stattfinden, wird die Welt auf Peking blicken. Dann sollen sich China und die Chinesen so präsentieren, wie es die herrschende KP-Führung gern sieht: Perfekt inszenierte fröhliche Spiele sollen Zeugnis ablegen von Chinas Aufstieg zur friedlichen und verantwortungsbewussten Weltmacht, von der Überwindung der Armut, von Wirtschaftswachstum und gelungener Modernisierung unter Führung der Kommunistischen Partei. Die Spiele, bei denen sich China auch in Medaillenglanz sonnen will, symbolisieren einen Meilenstein auf dem Weg zum neuen Reich der Mitte. Wer kritisch nachfragt und nach Chinas Schattenseiten sucht, wird natürlich trotzdem rasch fündig. Doch auch für diesen Fall hat die Führung in Peking eine Antwort parat: »Die harmonische Gesellschaft«.

Wie bitte? Harmonie ist das neue Zauberwort der Partei- und Staatsführung unter Hu Jintao. Heute kommt so gut wie keine offizielle Erklärung mehr ohne Verweis auf das Ziel einer »harmonischen Gesellschaft« *(hexie shehui)* aus. Anders als »der lange Marsch«, der extrem verlustreich war, und »der große Sprung nach vorn«, der im Desaster endete, oder der Wahn der Kulturrevolution birgt »der Aufbau einer harmonischen Gesellschaft« das Versprechen, es allen recht zu machen. Zumindest soll damit signalisiert werden, dass die Führung sich der bestehenden sozialen Probleme bewusst ist und im Sinne aller an deren Beseitigung arbeitet.

Unter Harmonie, die schon Konfuzius idealisierte, versteht Staats- und Parteichef Hu: »Demokratie, Rechtsstaatlichkeit, Gerechtigkeit, Aufrichtigkeit, Freundschaft und Vitalität«. Harmonie soll das Verhältnis zwischen Partei, Regierung und Bevölkerung ebenso prägen wie das zwischen Mensch und Natur. Kurz: Hus heile Welt. Sie dürfte ihre Generalprobe beim XVII. Parteitag der KP im Oktober 2007 erleben, wenn der Generalsekretär von einer »harmonischen« Partei für eine zweite und (letzte) Amtszeit bestätigt werden soll und damit den Zenit seiner Macht erreicht.

Hus »harmonische Gesellschaft« signalisiert eine Abkehr von der Politik seines Vorgängers Jiang Zemin, für den Wirtschaftswachstum über alles andere ging und der hoffte, damit alle Probleme lösen zu können. Das Konzept der »harmonischen Gesellschaft« erkennt dagegen an, dass ein rasantes Wirtschaftswachstum kein Allheilmittel ist, sondern ergänzender Maßnahmen bedarf, um Fehlentwicklungen zu korrigieren und Destabilisierungen zu vermeiden, die womöglich sogar die Macht der KP gefährden könnten. Dies betrifft derzeit vor allem die zunehmende soziale Schieflage, unter der die Landbevölkerung, die Wanderarbeiter und die Menschen in den westlichen Landesteilen ganz besonders zu leiden haben, aber auch die dramatischen Umweltprobleme, gegen die sich mehr und mehr Protest regt.

Pekings neue Leitlinie signalisiert Einsicht, Lernbereitschaft und guten Willen. All jenen, die sich als Reformverlierer fühlen, wird sie jedoch wie der blanke Hohn vorkommen. Auch muss, wer lieber seine eigenen Vorstellungen verwirklichen möchte, damit rechnen, schnell an die Grenzen der Harmonie zu stoßen. Denn die Definitionsmacht beansprucht die KP weiter allein für sich. Schon gibt es Vorgaben für Chinas Medien, bestimmte Themen wie etwa die Kulturrevolution unbedingt zu meiden, weil diese angeblich die Harmonie stören. Und jede medial wirksame Verweigerung gegenüber der verordneten Harmonie chinesischer Prägung muss nach wie vor mit harten Konsequenzen rechnen.

Seit einiger Zeit wendet die Führung in Peking ihr »Harmonie«-Konzept auch in der Außenpolitik an – eben für die »harmonische Welt«. Die Parole soll dem weiteren Aufstieg der Volksrepublik den Weg ebnen und signalisieren, dass niemand vor einem starken China Angst haben müsse, dass ein starkes und prosperierendes China im Gegenteil für den Rest der Welt sehr segensreich wäre. Der Mantel der Harmonie soll die handfesten Macht-, Interessen- und Verteilungskonflikte zudecken. Das mittlerweile in Form von Rohstoffen, Investitionen und Absatzmärkten stark vom Ausland abhängige China, das der ganz große Gewinner der Globalisierung ist, braucht für seinen weiteren Aufstieg ein friedliches Umfeld.

Die »harmonische Welt« signalisiert dabei auch, dass China die Verschiedenartigkeit der Welt akzeptiert und bitteschön auch selbst so akzeptiert werden möchte, wie es, namentlich unter der fortdauernden KP-Herrschaft, nun mal ist. Damit werden moralisch erhobene Zeigefinger wegen Menschenrechtsverletzungen oder etwa das Festhalten am EU-Waffenembargo als Einmischung zurückgewiesen und zu einer Störung der Harmonie erklärt. Begleitet wird das weiche Konzept der Harmonie von einer diplomatischen Offensive, die sich insbesondere Südostasien, Afrika und Lateinamerika aktiv zuwendet und Peking dort längst als wichtigen internationalen Partner installiert hat.

Die Beiträge in diesem Heft analysieren die Beziehungen Chinas zu wichtigen Staaten und Staatengruppen ebenso wie die Umstände seiner wirtschaftlichen Transformation und seines Wiederaufstiegs zur Weltmacht. Erörtert werden Chinas politische und soziale Widersprüche sowie seine große philosophische und kulturelle Tradition. Zahlreiche Karten, ausgewählte Portraits und Chroniken bieten ergänzend umfassende Basisinformationen. Thematische Webhinweise laden zur weiterführenden Lektüre ein.

Inhalt

Seite **4**

Shi Ming
Peking arbeitet noch an der Begeisterung für die Olympischen Spiele 2008

Die Schatten der fünf Ringe

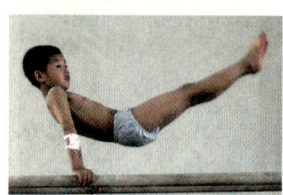

Seite **8**

Katharina Hesse
Sportschule von morgens halb sieben bis abends halb zehn. Eine Fotogeschichte

Trainieren für den Sieg

Seite **10**

Philip S. Golub
Chinas Rückkehr als globale Wirtschaftsmacht

Der große Sprung in die Zukunft

Seite **14**

Wang Hui
Was Asien und Europa voneinander lernen können

Der absolute Osten

Seite **20**

Martine Bulard
Wachsende Wirtschaft, diplomatische Charmeoffensive

Chinas globaler Aufstieg braucht Stabilität

Seite **26**

Shen Dingli
Irak und Nordkorea: Eine diplomatische Gratwanderung

Die Bomben der Nachbarn

Seite **32**

Jochen Steinhilber
Energiebedarf als Motor der Außenpolitik

Was sucht China im Mittleren Osten?

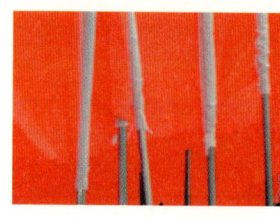

Seite **38**

Claude Leblanc
Eine historisch belastete Nachbarschaft

Patriotismus in Tokio und Peking

Seite **42**

Jean-Claude Pomonti
Auf dem Weg zur Vormacht in Südostasien

Chinas Drang nach Süden

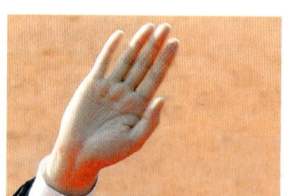

Seite **46**

Jean-Christophe Servant
Chinas gewissenlose Geschäfte in Afrika

Weiße Elefanten in der Grauzone

Seite **50**

Roland Lew
Ein realer Sozialismus, der keiner war

Geschichte einer Transformation

Seite **56**

Wang Hui
Stark sein an zwei Fronten

Postmaoistischer Staat und Neoliberalismus

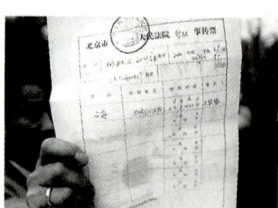

Seite **62**

Sven Hansen
Die Chinesen lassen sich nicht mehr alles gefallen

Das Ende der Geduld

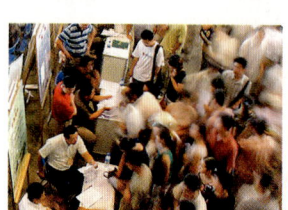

Seite **66**

Martine Bulard
Die Kommerzialisierung der Arbeit verändert die Gesellschaft

Der lange Marsch in den Kapitalismus

Seite **72**

Philippe P. Célérier
Wo Buddhas Bauch
das Geschäft fördert

Immobilienspekulation in Shanghai

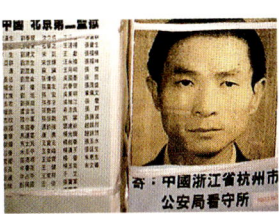

Seite **77**

Shi Ming
Besonderheiten der
Menschenrechtsdebatte in China

Von falschen Gründen, das Richtige zu wollen

Seite **80**

Sven Hansen
Geschichten aus der
politischen Psychiatrie

Dissidenten müssen verrückt sein

Seite **84**

Ilaria Maria Sala
Wie Peking Islamisten macht

Im Xinjiang werden die Uiguren gewaltsam assimiliert

Seite **90**

Georg Blume und Babak Tavassolie
Chinesische Familien diskutieren
über die Ein-Kind-Politik

Ein Recht auf Geschwister?

Seite **94**

Agnès Sinai
Wirtschaftsboom
und Klimawandel

Spätes Erwachen im Treibhaus China

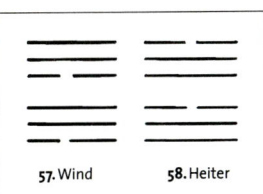

57. Wind   58. Heiter

Seite **98**

François Jullien
Kapitalismus heißt nicht
gleich Verwestlichung

Die Mitte als Ort der Möglichkeiten

Seite **104**

Bérénice Reynaud
Frühling im Untergrund

Die »sechste Generation« des chinesischen Kinos

Seite			
25	Sag es auf Chinesisch!		Sven Hansen
	Peking setzt auch auf Soft Power		
37	Waisenkind der Welt		Lung Yingtai
	Taiwan und die Menschenrechte		
76	Todesstrafe und Organhandel		Sven Hansen
93	Das 4-2-1 Problem		Sven Hansen
	China droht die Überalterung		

Porträts   **Chronik**

Seite 31 Hu Jintao   31 1839–1912
     36 Chiang Kai-shek   36 1914–1927
     41 Sun Yat-sen   41 1928–1949
     55 Mao Tse-tung   61 1950–1976
     61 Deng Xiaoping   71 1977–1999
     71 Konfuzius   110 2000–2007

Karten

Seite 13 Weltweite Güterproduktion im 17. Jahrhundert
     17 Das chinesische Kaiserreich im 19. Jahrhundert
     28 Pekings Interessen im asiatischen Raum
     40 Die Zeit der japanischen Besatzung
     86 China: ein multi-ethnisches Mosaik
     97 Umweltzerstörung in China
    108 Übersichtskarte China

www

Seite 6 Olympische Spiele 2008
     13 Regierung und KP
     18 Deutsche China-Seiten
     29 Forschungsinstitute
     45 Wirtschaft
     78 Menschenrechte
     95 Umwelt
    107 Kultur

Seite **110** Literatur
              eine Auswahl

Seite **111** Impressum

◂◂ Foto Umschlag:
Peking, 6. Dezember 2006
FOTO: REUTERS | CLARO CORTES IV

Die Schatten

der fünf Ringe

Die staatliche Propaganda für die Olympischen Spiele in Peking 2008 hat bisher keine Massenbegeisterung auslösen können. Dafür sind die negativen Begleiterscheinungen der pompös inszenierten Spiele bereits jetzt sichtbar.

Von Shi Ming
Freier Journalist für Radio, Fernsehen und Zeitungen. Er wurde in Peking geboren und lebt seit 1989 in Köln.

Eine Fernsehreporterin steht breit grinsend auf einer Straße in Peking. Mit zittriger Stimme fragt sie Passanten, was sich diese für das neue Jahr 2007 wünschen, das Jahr des Schweins nach dem chinesischen Mondkalender. Fast beiläufig erwähnt sie jedes Mal, dass ja im nächsten Jahr die Olympischen Spiele bevorstehen. Als Antworten bekommt sie und das Pekinger Fernsehpublikum zu hören: Der eine wünsche sich gute Gesundheit, der zweite weniger Umweltprobleme, die dritte bessere Jobchancen für ihr Kind und der vierte ganz vage noch mehr Stärke fürs Vaterland. Nur bei zwei Schulkindern kommt die von der Propaganda vorgegebene Antwort prompt: »Ich wünsche mir eine wunderschöne Zeit vor den Olympischen Spielen 2008 und natürlich eine noch schönere während der Spiele.« Der Satz, dass sich alle Chinesen sehnlichst wünschten, China möge die meisten Medaillen gewinnen, ist allerdings auch von den Kindern nicht zu hören.

Dass der vom Staat generalstabsmäßig durchgeplante Megaevent eben nicht die verordnete Masseneuphorie hervorzurufen vermag, ist symptomatisch. Dabei haben die sportlichen Ambitionen der Chinesen nicht nachgelassen. Nach wie vor ergötzen sich viele daran, im Fernsehen ihre Sportstars auf dem Siegerpodest zu sehen. Der Spitzensport genießt weiterhin hohes gesellschaftliches und erst recht öffentliches Ansehen: Ding Junhui, Chinas erster Snooker-Weltmeister, wurde kürzlich an Shanghais Universität für Telekommunikation zugelassen, einer nationalen Spitzenuni, obwohl er nur Mittelschulabschluss hat. Und natürlich schmücken sich wie eh und je Spitzenpolitiker gern mit Spitzensportlern – und umgekehrt.

Angesichts der ausbleibenden Euphorie für die Pekinger Spiele hat die Partei- und Staatsführung die politischen Leitlinien inzwischen verändert, um den Megaevent trotzdem propagandistisch ausbeuten zu können. So zeigen die Fernsehspots jetzt weniger die pompösen, bisweilen avantgardistischen Bauten wie das sogenannte Vogelnest (niaochao). In diesem Stadion findet am 8. August 2008 die Eröffnungsfeier statt. Stattdessen ist jetzt mehr zu sehen, wie sich die Bevölkerung an den Vorbereitungen beteiligt. Die Welt und die Chinesen sollen glauben, dass die Spiele für sie und zum Mitmachen da sind und dass sie ihnen nicht zum Nachteil gereichen werden. Im Umkehrschluss heißt das, jedenfalls für die Chinesen: Sie sollten sich gefälligst auch dafür bereithalten.

So sollen jetzt möglichst viele Chinesen für die Spiele eingebunden werden. Landesweit wird zum Beispiel extra ausgeschrieben, welcher Amateur oder welche Amateurin die Ruderflotte führen soll, die ihrerseits die Profis verschiedener Nationen als Cheerleader bei den Spielen anfeuern wird. Mit viel Rührung und persönlichem Ehrgeiz präsentieren sich vor laufenden Kameras Chinesen aller Alters- und Berufsgruppen als individualistische Selbstverwirklicher, selbstlos im Dienste einer guten und, nebenbei gesagt, auch kollektiven Sache. Dabei sein ist alles, könnte man bei dieser Inszenierung meinen.

Dann ist da noch die Welt draußen. Sie musste vor gar nicht so langer Zeit als Spiegel herhalten, um in ständigen Vergleichen und internationalen Rankings die Chinesen immer wieder zu Höchstleistungen anzuspornen. Da das massenhafte Desinteresse an den Spielen als zentralstaatlichem Ereignis allmählich offenkundig wird, bekommt auch diese Außenwelt in der TV-Propaganda eine neue Rolle zugewiesen: Sie ist nicht mehr das messbare Gegenüber für China und Chinesen, sondern wird als ebenbürtige, menschliche »Mitwelt« berücksichtigt. So sind weniger chinesische Sportstars zu sehen (Ausnahme ist der 110-Meter-Hürden-Sprinter Liu Xiang), dafür huschen häufiger weiße und schwarze Gesichter über die Mattscheibe. Getragen von grandioser Orchestermusik, überspringen sie die Große Mauer, vollführen schwierigste Saltos, laufen durch die Verbotene Stadt – alles unter dem Slogan: »Wir tragen die Zukunft«. Es fehlt nicht mehr viel bis zur »harmonischen Weltordnung«, der neuen außenpolitischen Devise. Sie soll die Befürchtungen aus dem Westen zerstreuen, das aufstrebende China könnte allen anderen die Show stehlen.

Dass die chinesische Führung mit all dem in erster Linie die Absicht verfolgt, vor der nationalen und internationalen Öffentlichkeit gut dazustehen, ist ebenso durchschaubar wie wirklichkeitsblind. Denn die zunehmend bedrückende gesellschaftliche Polarisierung, die sie im Interesse des Machterhalts zum Umdenken zwang, führt nun auch ihre Antwort, nämlich die »har-

◀ Die Baustelle des Olympischen Stadions in Peking, Oktober 2006
FOTO: ANTONIO PISACRETA | ROPI

▶ Olympische Vorbereitungen in Peking.
FOTOS: KATHARINA HESSE

monisierende Heilslehre«, ad absurdum. Wie kaum ein anderes Sportereignis – nicht einmal die Asiatischen Spiele 1992, die Chinas Führung aus der internationalen Isolation geholfen hatten – spalten die Olympischen Spiele die Gesellschaft, zumal in der Hauptstadt.

Im Namen der Jahrtausendchance werden jahrhundertealte einstöckige Häuser, meist mangels Instandsetzung seit Jahrzehnten dem Verfall preisgegeben, abgerissen. An ihre Stelle treten Betonsilos mit Glasfassaden. Familien, die seit Generationen in Peking leben, verschwinden aus ihrer Stadt. Stattdessen beherrschen jetzt Neureiche aus dem ganzen Land, Kohlebergwerkbesitzer und durch Korruption zu Geld gekommene Kader das Stadtzentrum und die wichtigsten Plätze, die von den Spielen geprägt sein werden wie etwa die Gegend um den nördlichen Dritten Ring, zwei bis drei Kilometer entfernt vom Tiananmen-Platz.

Die dramatisch gestiegenen Immobilienpreise führen seit etwa drei Jahren zu beschleunigten gesellschaftlichen Ausgrenzungen. Die horrenden Preise, gegen die die Zentralregierung vergeblich ankämpft, stellen inzwischen nicht mehr nur für die städtische Unterschicht eine unüberwindbare Hürde dar. Allmählich müssen auch Normalsterbliche aus der Mittelschicht um den Anschluss an einen auch für sie zugänglichen Wohlstand mit vorzeigbarem Status bangen. So verdient ein junger Büroangestellter mit Universitätsabschluss, wenn er Glück hat, gut 3000 Yuan (knapp 300 Euro) pro Monat. Ein Quadratmeter Wohnfläche einer gebrauchten Eigentumswohnung im genannten Gebiet des nördlichen Dritten Ringes kostet über 9000 Yuan. Selbst am südlichen Dritten Ring, wo die weniger privilegierten Angestellten gern wohnen, liegt der Durchschnittspreis bei über 7500 Yuan.

Die Immobilienpreise ziehen auch die Preise für Güter und Dienstleistungen mit in die Höhe, sodass der Druck auf Arme und Verarmende steigt, die Stadt zu verlassen. Wer unter diesen Umständen noch bleiben kann, interessiert sich mehr für den Kampf ums eigene Überleben als für die Zuschauerrolle bei einer sportlichen Masseninszenierung, zumal diese offiziell zwar im Namen der Massen, de facto aber für die sich an der Masse bereichernden Eliten stattfindet.

Da ist es nur konsequent, dass sich in weiten Teilen der Bevölkerung Unmut und Desinteresse breitmachen. Sie sprechen für einen gesellschaftlichen Stimmungsumschwung, der die bisherige Gleichgültigkeit in wachsende Opposition verwandelt und dabei mehr und mehr den Megaevent selbst zur Zielscheibe werden lässt. Um den Jahreswechsel berichtete die amtliche Nachrichtenagentur Xinhua entsetzt, dass Hacker die Olympia-Maskottchen auf der offiziellen Website verunstaltet hätten. Statt der fünf niedlichen, kindhaften Fabelwesen, die etwa einen Fisch, einen Pandabär oder eine Antilope darstellen sollen, gab es nun unvorteilhafte Portraits arroganter, höchst dotierter Sport- und Politstars zu sehen, die diese ins Lächerliche zogen. Derart kritische Einstimmungen auf Olympia 2008 sind natürlich nicht erwünscht. Offenbar staatlich organisierte Blogger geißelten die Tat denn auch umgehend als Verrat von Nestbeschmutzern, die einer großen Nation nur ihre einmalige Jahrtausendchance vermasseln wollten.

Inzwischen sorgen die Spiele auch über Peking hinaus für Ernüchterung. Nicht nur, weil der mit viel Aufwand erkaufte Enthusiasmus der Massen, kollektiv die ganze Welt zu beeindrucken, obsolet geworden ist, sondern auch weil gerade Leute mit viel Geld und Macht immer weniger im Rampenlicht nationalistischer Stimmung stehen wollen. Wegen der damit verbundenen politischen Risiken genießen sie ihren Reichtum und Einfluss inzwischen lieber im Verborgenen. Wer nichts dergleichen besitzt, kann sich am gigantischen Nationaltraum ohnehin nicht mehr erwärmen. Hinzu kommen diejenigen, die sich in ihrem »eigenen« Identifikationsraum bessere Chancen fürs Überleben ausrechnen und deshalb lieber ihr Regional- oder Klassenbewusstsein betonen, statt Tränen für den Traum unendlichen Nationalstolzes zu verströmen. Das zeigen symptomatisch die Aversionen, die das auf Peking konzentrierte Ereignis im Rest des Landes auslöst. So weisen Intellektuelle in Shanghai, wo 2010 die Weltausstellung stattfinden wird, darauf hin, dass die Olympischen Spiele eigentlich eine städtische Angelegenheit seien. Schließlich bewerben sich Städte einzeln darum. Hingegen sei die Weltausstellung immer Angelegenheit eines ganzen Staates. Nur in China sei das umgekehrt: Alle Chinesen zahlten

www
Olympische Spiele 2008

Offizielle Webseite Beijing 2008
en.beijing2008.cn/
Stadt Peking
www.ebeijing.gov.cn/
Beijing 2008-Seite der Olympischen Bewegung
www.olympic.org/uk/games/ beijing/index_uk.asp
Olympianachrichten des Deutschen Olympischen Sportbundes
www.dosb.de/de/ olympische-spiele/ olympische-news/
Menschenrechte und Olympische Spiele 2008
www.hrw.org/campaigns/ china/beijing08/
Olympicwatch von Menschenrechtlern in Prag
www.olympicwatch.org/
Beijing 2008 als möglicher Katalysator für Wandel in Tibet
www.racefortibet.org/

◀ Neugebaute Vorstädte in Peking.
FOTOS: KATHARINA HESSE

für Pekings Spiele, während Shanghai allein für den Prunk der Expo 2010 aufkommen müsse.

Empört äußern sich die Menschen am Jangtse, Asiens längstem Strom, wenn sie auf die Vorbereitungen für die Spiele im fernen Peking angesprochen werden. Um den Wassermangel im Norden, insbesondere im verschwenderischen Peking, zu bekämpfen, werden große Mengen Flusswasser aus dem Süden umgeleitet. Das betreffe doch nur sechs Prozent der gesamten Fließmenge, heißt es beschwichtigend aus dem Wasserbauministerium. »Aber was für sechs Prozent, zu welchen Zeiten!«, entgegnet ein südchinesischer Wasserexperte: »Immer im Sommer, wenn wir hier dringend jeden Tropfen brauchen, zapfen sie uns das Wasser ab.«

Von den drei Wasserumleitungen soll die östlichste bis 2008 in Betrieb sein. Sie wird in China noch lange nachdem die Olympia-Begeisterung der Welt wieder abgeklungen ist für böses Blut sorgen. Die Menschen am Jangtse sind weit weg vom schönen Schein des Spektakels in der Hauptstadt, aber dessen Schattenseiten bekommen sie hautnah zu spüren.

Chinas Elite sieht sich genötigt, auf den regionalen und sozialen Druck zu reagieren. Sie muss das schlechte Image abwenden, das den Pekinger Spielen bislang aus der Sicht der Chinesen anhaftet. Richtlinien, Leitsätze und Slogans werden umgemodelt: Die Spiele dürften ja nicht den Eindruck von Prunk und Luxus erwecken, sogar von »green olympics« ist die Rede. Normalsterbliche, chinesisch *laobaixing*, sollen direkt und nachvollziehbar Vorteile aus den Olympischen Spielen ziehen können, heißt es nun. Die Leitung des nationalen Rechnungshofes schwor am Neujahrstag 2007, man werde die staatlichen Wirtschaftsprüfer auf jedes einzelne Olympia-Projekt ansetzen und bei Verschwendung, Unterschlagung oder Korruption niemanden schonen. Pekings stellvertretender Bürgermeister Liu Zhihua, der für alle Bauverträge der Spiele zuständig war, ist bereits im Juni 2006 wegen Korruption und Zweckentfremdung öffentlicher Mittel abgesetzt und später aus der KP ausgeschlossen worden. Bis zum XVII. KP-Parteitag im Oktober 2007 ist noch mit seiner Verhaftung zu rechnen, um das harte Durchgreifen der Führung zu demonstrieren.

Als reichte all das nicht aus, wurde im Januar 2007 verkündet, dass entgegen anders lautenden Gerüchten Peking während der Spiele keinen einzigen bäuerlichen Wanderarbeiter aus der Stadt vertreiben werde, wie sonst bei staatlichen Großereignissen üblich. Nur: Kaum jemand nimmt die Ankündigung ernst. Denn als sich im November 2006 die Staats- und Regierungschefs von fünfzig afrikanischen Staaten in Peking mit der chinesischen Führung zum Gipfel trafen, wusste man zwar nicht, wie viele Wanderarbeiter aus dem Stadtzentrum verbannt worden waren. Bekannt war allerdings die entsprechende städtische Anordnung, die mit Hilfe aller Straßenkomitees durchgesetzt wurde. Selbst Pekinger Stadtbewohner sollten bei diesem als Generalprobe für Olympia 2008 geltenden Großereignis zu Hause bleiben, um im Namen der Staatsräson die harmonische Ordnung zu wahren. Auch die Schulen wurden geschlossen.

Zu Jahresbeginn wurden nun auch noch die Regelungen für öffentliche Veranstaltungen und Feiern verschärft. Zusammenkünfte von mehr als 500 Menschen, die in Peking natürlich schnell zusammenkommen, sind in Zukunft genehmigungspflichtig. Die spontane Beteiligung von größeren Zuschauermengen wie beispielsweise bei einem Volksfest ist nicht erwünscht, es sei denn ausgewählte Kollektive, die ausschließlich dem Staate zu Diensten stehen, haben die Sache eigens organisiert.

Dafür dürfen die Pekinger Bürger schon jetzt in staatlich geförderten Kursen manierliches Benehmen lernen. 400.000 Beschäftigte des Dienstleistungssektors einschließlich Bus- und Taxifahrern haben bereits Benimm-Kurse absolviert, 470.000 weitere sollen bis Jahresende folgen. Der amtliche Olympia-Knigge will der Bevölkerung abgewöhnen, Müll in die Gegend zu werfen, öffentlich zu spucken oder an Kassen und in öffentlichen Verkehrsmitteln zu drängeln. Geldstrafen sollen nachhelfen, um den »Aufbau einer moralischen Zivilisation« und »neuen sozialen Atmosphäre« durchzusetzen. Und damit die Pekinger im August 2008 wirklich nicht drängeln, müssen sie bis dahin an jedem 11. des Monats, dem monatlichen »Schlangesteh-Tag«, das Anstehen üben.

为胜利而苦练

▶ Training in der renommierten staatlichen Shichahai-Sportschule in Peking im Juli 2003. Für die zum Teil sehr jungen Athleten fängt der Tag um 6.30 Uhr mit dem üblichen Schulunterricht an, den ganzen Nachmittag steht Sport auf dem Stundenplan, um 21.30 Uhr ist ihr Schultag zu Ende.

FOTOS: KATHARINA HESSE
www.katharinahesse.com

Trainieren für den Sieg

Katharina Hesse
ist die Fotografin fast aller Aufnahmen in diesem Heft. Sie stammt aus dem Landkreis Hannover, studierte in Paris Sinologie und Japanologie und lebt seit 1993 in Peking. Dort ist die 41-Jährige einer der wenigen freien ausländischen Fotografen überhaupt. Zur professionellen Fotografie kam sie über ein Praktikum im Pekinger Büro des US-Nachrichtenmagazins *Newsweek*. Der Fotograf Peter Turnley animierte Hesse, die bis dahin Artikel schreiben wollte, selbst zur Kamera zu greifen, und brachte ihr die ersten Kniffe bei. Seitdem arbeitete sie zeitweilig als Fotoreporterin für Getty's News Service und veröffentlichte Bilder unter anderem in *Newsweek*, *Courrier International*, *Der Spiegel*, *Die Zeit*, *Stern* und *Vanity Fair*.

Hesse interessiert sich vor allem für Randthemen und soziale Fragen. So arbeitete sie fast zwei Jahre an einer Serie über chinesische Psychiatrien. (Siehe Seite 80) Gegenwärtig dokumentiert sie das Schicksal nordkoreanischer Flüchtlinge in China. »Das A und O dabei ist, niemanden in Schwierigkeiten zu bringen«, sagt sie über die Arbeit an derart heiklen Themen. Da Chinas Regierung am liebsten nur fotografiert sehen möchte, was sie als gute Propaganda empfindet, sind die Arbeitsbedingungen oft alles andere als einfach. Immer wieder wird Hesses Geduld auf die Probe gestellt. Inzwischen ist sie, wie sie sagt, gelassener geworden, zumal in China, jedenfalls in den Großstädten, das Misstrauen gegenüber ausländischen Medienvertretern nachgelassen hat.

Hesses Arbeiten wurden auf vielen internationalen Fotoausstellungen gezeigt, unter anderem beim Visa pour l'image im französischen Perpignan und dem Angkor Foto Festival in Kambodscha. 2003 wurde sie für das Bild einer koreanischen Fluchthelferin mit dem Ersten Preis der US-amerikanischen Nationalen Vereinigung der Pressefotografen (NPPA) in der Sparte Portrait ausgezeichnet.

Sven Hansen

Der große Sprung ir

die Zukunft

Chinas Rückkehr in die Geschichte

Vom 16. bis zum 18. Jahrhundert dominierte China den Handel innerhalb Asiens. Nach der quasi kolonialen Unterwerfung im 19. Jahrhundert und der Eroberung durch Japan erfolgte die nationale Befreiung nach 1945 unter kommunistischem Vorzeichen. Die KP-Führung betreibt seit mehr als zwanzig Jahren einen ökonomischen Umbau, der China einen erstaunlichen Boom beschert und ihm die Rückkehr als globale Wirtschaftsmacht ermöglicht.

Von Philip S. Golub

Philip S. Golub ist Journalist und lehrt an der Universität Paris VIII

Nach Japan und den anderen neu industrialisierten Ländern Ostasiens – Südkorea und Taiwan – hat China binnen zwanzig Jahren eine so enorme Wachstumsdynamik entfaltet, dass es inzwischen eine wesentliche Rolle in der Weltwirtschaft innehat. China ist sogar dabei, zum eigentlichen Pol der regionalen Handelsbeziehungen zu werden.

Diese Transformation widerlegt die ethnozentrische Sicht des Westens auf Asien, insofern diese unterstellt, dass sich der nahe wie der ferne »Orient« aufgrund unveränderlicher kultureller Faktoren einer Modernität verweigern, die seit der europäischen industriellen Revolution als rein westliche Errungenschaft verstanden wird. Das Ausmaß der Veränderungen im »Okzident« wirft neuerdings eine ganz andere Frage auf: Könnte nicht Asien wieder ins Zentrum der Weltwirtschaft rücken, was die internationalen Gewichte grundlegend verschieben würde? Wird das 21. Jahrhundert womöglich ein »chinesisches Jahrhundert« sein? Denn falls China seine Wachstumsdynamik ohne größere soziale oder politische Brüche aufrechterhalten kann, wird es im Lauf dieses Jahrhunderts unzweifelhaft eine Hauptrolle im internationalen Wirtschafts- und Finanzwesen übernehmen.

Diese Entwicklung würde an die weit zurückliegende Zeit anknüpfen, als Asien eine andere Stellung im Weltsystem innehatte, bevor es im Zuge der Kolonisierung und der industriellen Revolution in Europa zu einem »Nord-Süd-Bruch« und zur Herausbildung von »Dritte-Welt-Regionen« kam. Auf einen Zeitraum von mehreren Jahrhunderten gesehen lässt sich sagen, dass China wie ganz Asien im Begriff ist, an seine vorkoloniale Geschichte anzuknüpfen. Und damit die Position zurückzugewinnen, die es vor 1800 eingenommen hatte, als es ein Zentrum des internationalen Austauschs war und seine Manufakturwirtschaft die stärkste der Welt.

Damals stand China im Mittelpunkt eines dichten, seit Jahrhunderten bestehenden Netzes regionaler Handelsbeziehungen. Asien als Ganzes war der weltweit wichtigste und profitabelste Wirtschaftsraum. 1776 schrieb Adam Smith, der schottische Begründer der modernen Volkswirtschaftslehre, in seinem Hauptwerk *Der Reichtum der Nationen:* »China ist sehr viel reicher als alle Gegenden Europas.« Das war den Jesuiten schon lange bekannt. In Pater Jean Baptiste du Haldes vierbändiger China-Enzyklopädie von 1735, die den Philosophen Voltaire zu begeisterten Kommentaren beflügelte und bis zum Ende des 19. Jahrhunderts als Pflichtlektüre für jedes Gespräch über China galt, war von einem blühenden Reich der Chinesen zu lesen, dessen innerer Handelsaustausch unvergleichbar entwickelter sei als der innerhalb Europas.

Hundert Jahre nach dieser *Description de la Chine* hatte Europa die Vorherrschaft über die ganze Welt erlangt. Auf jener kleinen, zerfledderten, dem asiatischen Kontinent im Westen angehängten Halbinsel bildete sich in der Folge die Vorstellung heraus, dass der Ferne Osten auf immer in einen vormodernen Zustand gebannt sein werde. Die deutschen Philosophen, allen voran Hegel in seinen für das Chinabild Europas höchst aufschlussreichen *Vorlesungen über die Philosophie der Geschichte* von 1837, stellten sich China als eine geschlossene eigene Welt vor, »gleichsam noch außer der Weltgeschichte«. Für den französischen Historiker und Schriftsteller Ernest Renan war das chinesische Volk ein »Arbeitervolk von wunderbarem handwerklichem Geschick, fast ohne jedes Ehrgefühl«, wie er 1871 schrieb. Dieses Volk sei einer »gerechten Behandlung« zuzuführen, was für ihn hieß, dass man ihm eine »hohe Schuld zugunsten der erobernden Völker« abfordern müsse.[1] Solche Sätze wurden auf dem Höhepunkt der Kolonisierung geschrieben.

Dabei war vor 1800 der Handelsaustausch zwischen Chinesen, Indern, Japanern, Siamesen, Javanern und Arabern viel intensiver als der innereuropäische Handel. An wissenschaftlichen und technischen Kenntnissen waren die Chinesen den Europäern in vielen Bereichen voraus. »Auf technologischer Ebene war China Europa vor wie nach der Renaissance überlegen«, betont der englische Wissenschaftshistoriker Joseph

1 | Ernest Renan, »La Réforme intellectuelle et morale«, Paris 1871
2 | Zitiert nach André Gunder Frank, »Re-Orient, Global Economy in the Asian Age«, University of California Press, 1998

◀ Eine Arbeiterin vor dem im Bau befindlichen Jin Mao Turm in Pudong, Shanghai, dem höchsten Gebäude der Volksrepublik China (1998)
FOTO: KATHARINA HESSE

Le Monde diplomatique · Edition · N°1 11

Needham.[2] Das zeigte sich in der Stahl- und Eisenverarbeitung, bei feinmechanischen Erzeugnissen (Uhren), in der Bautechnik (Hängebrücken) und der Produktion von Feuerwaffen.

Kein Wunder also, dass Asien in der Manufakturwirtschaft der damaligen Zeit weltweit absolut führend war. Nach Schätzungen des Genfer Wirtschaftshistorikers Paul Bairoch lag der Anteil Chinas an der globalen Manufakturproduktion im Jahr 1750 bei 32,8 Prozent, der Europas bei 23,2 Prozent, wobei die Bevölkerungszahl mit 207 Millionen für China und 130 Millionen für Europa angegeben wird.[3] Zusammengenommen erreichten Indien und China einen Anteil von 57 Prozent an der globalen Manufakturproduktion; rechnet man die südostasiatischen Länder, Persien und das Osmanische Reich hinzu, kommt man für Asien im weiteren Sinne (ohne Japan) auf nahezu 70 Prozent. Besonders groß war der Vorsprung Asiens bei der Fertigproduktion von Textilien wie etwa bei indischen und chinesischen Baumwoll- und Seidenwaren, also in dem Sektor, der später in der industriellen Revolution Europas – auch exportmäßig – die größte Bedeutung erlangen sollte.

Von Bairoch lernen wir des Weiteren, dass 1750 nicht nur die Erzeugung, sondern auch die Wertschöpfung Chinas über dem europäischen Durchschnitt lag. Legt man die oben genannten Bevölkerungszahlen zugrunde, belief sich das chinesische Bruttosozialprodukt pro Kopf auf 228 Dollar gegenüber 150 bis 200 Dollar in den europäischen Ländern.[4] Mit 66 Prozent der Weltbevölkerung stellte Asien im weiteren Sinne damals knapp 80 Prozent der weltweit produzierten Reichtümer her.

Fünfzig Jahre später lagen China und Europa beim Pro-Kopf-Niveau des Bruttosozialprodukts gleichauf, während England und Frankreich als einzige europäische Länder schon einen etwas höheren Industrialisierungsgrad als China aufwiesen. Laut dem Soziologen und Ökonomen André Gunder Frank[5] waren China und Indien die beiden »zentralsten« Großräume der Weltwirtschaft. Dabei erklärt er die Wettbewerbsfähigkeit Indiens mit der »relativen und absoluten Produktivität« seiner Textilbranche und der »Vorherrschaft auf dem Weltmarkt der Baumwollwaren«, während er China eine »noch größere Produktivität im industriellen und landwirtschaftlichen Bereich, beim Transportwesen (Binnenschifffahrt) und im Handel« zuspricht. Wie man mit Blick auf kleinere, aber prosperierende Staaten wie Siam (heute Thailand) feststellen kann, war diese Dominanz auch jenseits der Grenzen der beiden asiatischen Riesen anzutreffen. Auf der Ebene der Weltökonomie spielten Europa und Amerika, die vor 1800 hauptsächlich auf das atlantische Handelsdreieck beschränkt waren, eine »nicht besonders bedeutende Rolle«[6].

Die hier zusammengestellten Elemente ergeben ein Bild, das der immer noch weit verbreiteten Vorstellung, das Zeitalter des Westens habe um 1500 mit der Entdeckung und der Kolonisierung Amerikas begonnen, radikal widerspricht. Der tiefe Bruch, der sich durch die Welt zieht, erfolgte erst später, im 19. Jahrhundert, mit der Beschleunigung der industriellen Revolution und der kolonialen Expansion, als die globale Herrschaft der Europäer auch den Niedergang der Wirtschaft Asiens bewirkte. Ein Niedergang, der für Indien das nahezu vollständige und für China das teilweise Verschwinden ihrer handwerklichen Manufakturen im Verlauf des 19. Jahrhunderts bedeutete.

Dieser Verfall wurde durch einen doppelten Mechanismus bewirkt. Zunächst durch den Vorsprung, den Europa auf der technischen Ebene erringen konnte. Die maschinelle Arbeitsweise des Westens ermöglichte eine wesentliche Steigerung der Produktivität und somit ein explosionsartiges Wachstum der Manufakturbetriebe, deren Produktionskosten ebenso rapide sanken. Zum anderen resultierte die »Entindustrialisierung Asiens« aus ungleichen Handels- und Tauschbeziehungen, die den Kolonien von den Mutterländern aufgezwungen wurden. Auf den indischen und chinesischen Märkten spielte sich der Wettbewerb mit den europäischen Ma-

2 | Zitiert nach André Gunder Frank, »Re-Orient, Global Economy in the Asian Age«, University of California Press, 1998
3 | Paul Bairoch, »Victoires et déboires, Histoire économique et sociale du monde du XVIème siècle à nos jours«, Paris 1997. Alle folgenden Statistiken sind diesem Werk entnommen.
4 | Ausgedrückt im Dollarwert von 1960
5 | André Gunder Frank, a. a. O.
6 | Sie handelten vornehmlich afrikanische Sklaven gegen Rohstoffe (Kaffee, Kakao, Zucker) aus Amerika; siehe nebenstehende Karte.

● QUELLEN
Karte rechts oben, Diagramm unten: Paul Bairoch: »Victoires et déboires. Histoire économique et sociale du monde du XVIème siècle à nos jours«, Paris, 1997.
GRAFIK: PHILIPPE REKACEWICZ

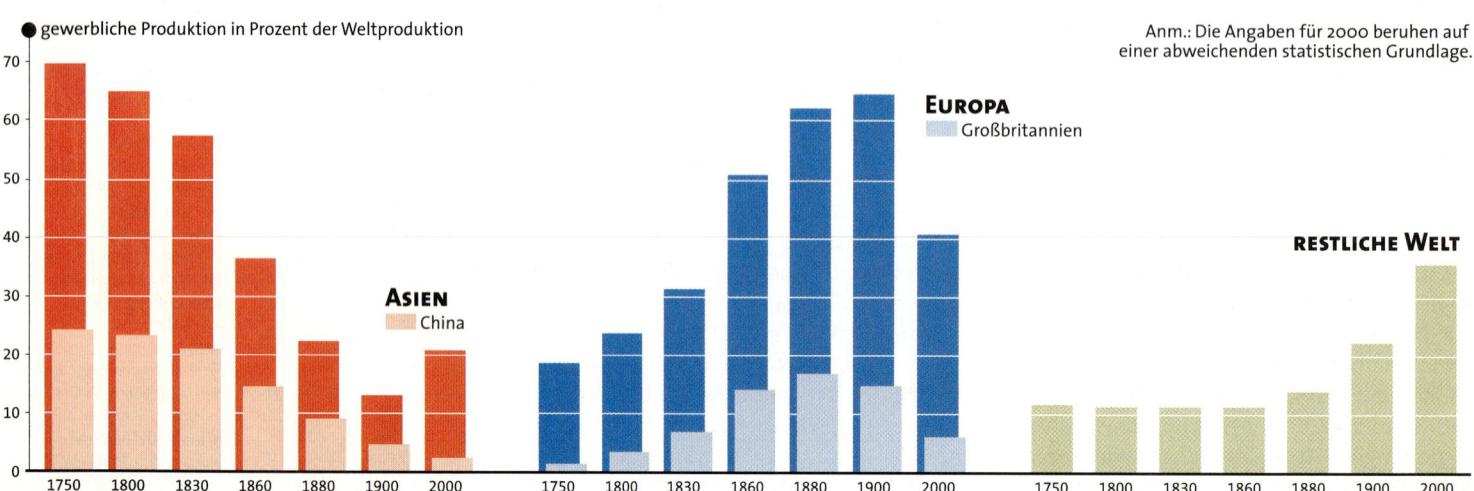

Die Entwicklung der Weltmarktanteile im Vergleich ▼

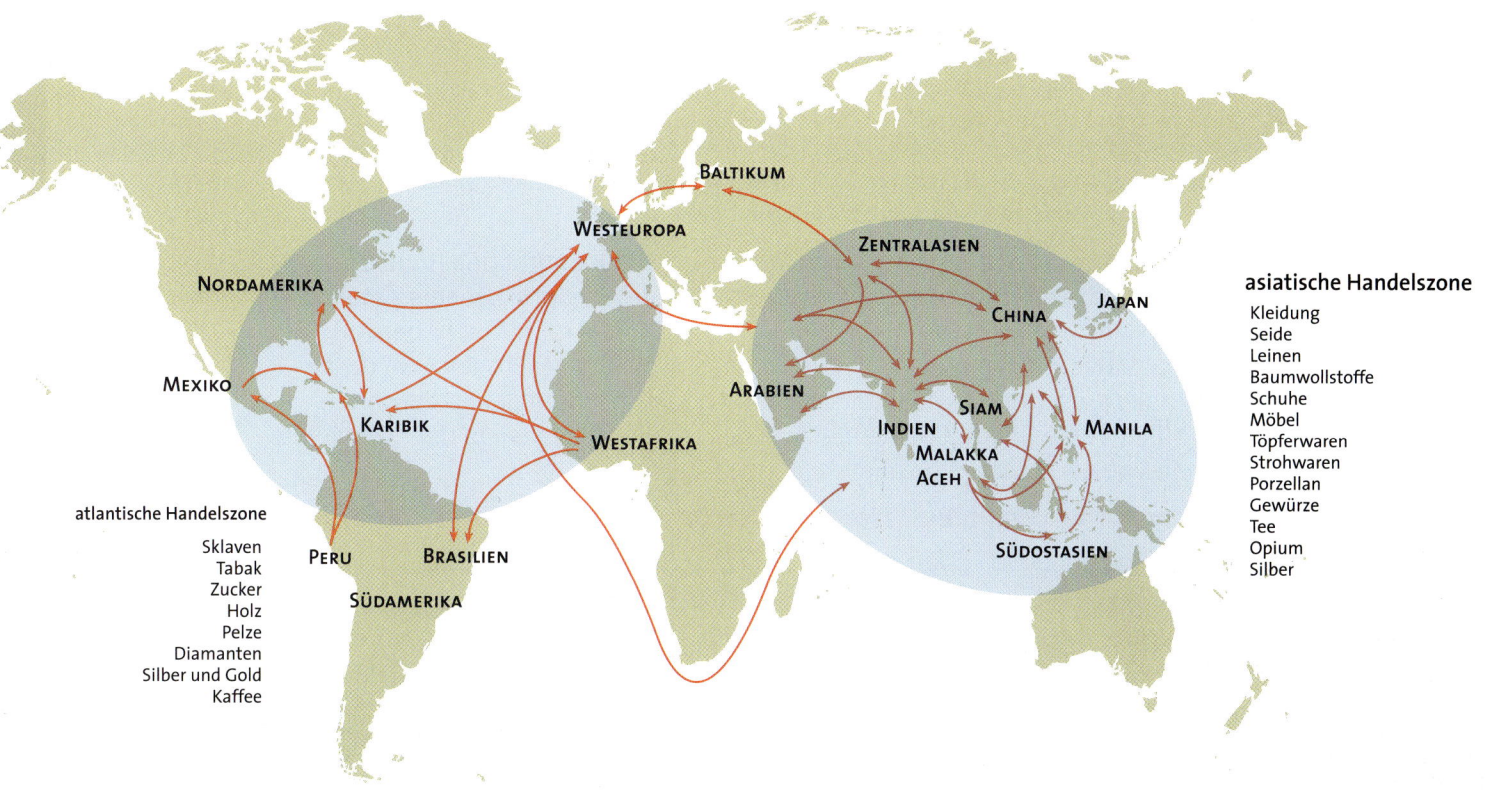

▲ Vom 16. bis zum 18. Jahrhundert war der asiatische Raum das Zentrum der weltweiten Güterproduktion

nufakturen im Rahmen eines »Freihandels« ab, der alles andere als frei war. Die Kolonien wurden gezwungen, ihre Grenzen einseitig und ohne Gegenleistung für die europäischen Produkte zu öffnen.

Das war der Grund für den raschen Niedergang, den die Textilindustrie in Indien erlebte, die 1800 in der Baumwollverarbeitung noch führend gewesen war. Indien wurde ein reines Exportland für Rohbaumwolle und musste am Ende des 19. Jahrhunderts schließlich seinen gesamten Eigenbedarf an Textilwaren durch Importe decken. Zu den tragischen Folgen dieser Umwandlung in ein rohstoffexportierendes Land gehören, abgesehen vom allgemein sinkenden Lebensstandard der Bevölkerung, die verheerenden Hungerepidemien, die dadurch verursacht wurden, dass jetzt Baumwolle statt Nahrungsmittelpflanzen angebaut wurde.[7] Die Chinesen, die Mitte des 19. Jahrhunderts in den beiden Opiumkriegen erst von Großbritannien, dann von Frankreich zum Konsum der aus Indien stammenden Droge gebracht wurden, mussten ungleiche Verträge akzeptieren. Dadurch erfuhr das Land eine partielle Entindustrialisierung v. a. bei der Eisen- und Stahlverarbeitung.

Das Ergebnis war eine Dritte Welt, ein im Laufe des 19. Jahrhunderts stetig wachsendes Gefälle zwischen kolonisierten und kolonisierenden Ländern. Während die chinesischen und indischen Manufakturen um 1800 noch 53 Prozent der Weltproduktion hergestellt hatten, waren es 1900 nur noch 7,9 Prozent. Und während sich das Bruttosozialprodukt in Europa und Asien zu Beginn des 19. Jahrhunderts ungefähr die Waage hielt – pro Kopf im Durchschnitt 198 Dollar für Europa und 188 Dollar für die künftige Dritte Welt[8] –, war daraus bereits im Jahr 1860 ein Verhältnis von 2 zu 1 und im Fall Großbritanniens sogar von 3 zu 1 geworden (575 zu 174 Dollar). Diese »bemerkenswerten und schrecklichen Zahlen« (Paul Kennedy)[9] machen deutlich, dass der Einbruch gegenüber Europa nicht nur einen relativen, sondern einen absoluten Rückstand bedeutete. Aufgrund der europäischen Expansion war der Lebensstandard in den kolonisierten Ländern 1860 unter das Niveau von 1800 gesunken.

Nur Japan und das Königreich Siam konnten sich der Kolonisierung entziehen. Dank der umfassenden Reformen der Meiji-Zeit und des Entstehens eines starken dirigistischen Staates war Japan das einzige nichtwestliche Land, das ab der zweiten Hälfte des 19. Jahrhunderts eine erfolgreiche Industrialisierung und Modernisierung betreiben konnte. Darin liegen die Wurzeln der Wirtschaftsblüte, die Japan trotz der Katastrophe des Zweiten Weltkriegs in der zweiten Hälfte des 20. Jahrhunderts zustande gebracht hat.

Das gilt auch für China. Der wirtschaftliche Aufstieg, den das Land in den letzten 20 Jahren geschafft hat, ist auch ein Produkt seiner langen Geschichte. Der Westen, der sich als das denkende Subjekt in der Geschichte der Anderen zu imaginieren pflegt, wird seine eigene Geschichte künftig neu denken müssen – nicht mehr als glorreiche Ausnahme, sondern als begrenzten Moment im Ablauf der Weltgeschichte.

Deutsch von Josef Winiger

7 | Mike Davis, »Eine glanzvolle Organisation des Hungers«, Le Monde diplomatique, April 2003
8 | Ausgedrückt im Dollarwert von 1960
9 | Vgl. Paul Kennedy, »Rise and Fall of the great Powers«, New York 1989

www
Regierung und KP

China Internet Information Center des Staatsrates:
www.china.org.cn
Außenministerium
www.fmprc.gov.cn
Kommunistische Partei
www.ccponline.net
Volkszeitung (Zentralorgan der KPCh)
english.peopledaily.com.cn
Nachrichtenagentur Neues China
www.xinhuanet.com
Chinesische Botschaft Berlin
www.china-botschaft.de

Erstmals erschienen in *Le Monde diplomatique* vom Oktober 2004

In Asien entwickelt sich eine neue Debatte um die Identität des Kontinents. Sie wird parallel zu den Initiativen der Staats- und Regierungschefs geführt, die sich im Januar 2007 zum zweiten Ostasien-Gipfel getroffen haben. Dabei plädieren manche Intellektuelle angesichts der Macht der USA für ein auf Asien beschränktes Bündnissystem. Andere möchten dem asiatischen Kontinent eine übernationale Identität geben, die sich jenseits der Dichotomie Orient versus Okzident definiert.

Der absolute Osten
Was Asien und Europa voneinander lernen können

Globalisierung und »Krieg gegen den Terror« sind die dominierenden Aspekte der aktuellen weltpolitischen Entwicklungen. Die Globalisierung sorgt für die Umwertung vieler kultureller und sozialer Traditionen, während der »Krieg gegen den Terror« zum Anlass genommen wird, ein neues militärisch-politisches »Empire« zu errichten. Europa versucht, den Herausforderungen dieser neoimperialen Ordnung durch die Vertiefung zu einer »föderalen« Europäischen Union zu begegnen. Jürgen Habermas zum Beispiel vertritt die These, das europäische Modell einer sozialen Zivilgesellschaft lasse sich nur durch die Überführung der alten europäischen Nationalstaaten in eine supranationale Föderation erhalten.

Für Habermas stellt sich die Frage, »ob unsere kleinen oder mittelgroßen Nationalstaaten je auf sich gestellt die Handlungskapazität bewahren können, um dem Schicksal einer schleichenden Assimilation an das Gesellschaftsmodell zu widerstehen, das ihnen von dem heute herrschenden Weltwirtschaftsregime angedient wird«. Für eine postnationale demokratische Gesellschaftsordnung sieht er drei zentrale »funktionale Erfordernisse«: die »Notwendigkeit einer europäischen Bürgergesellschaft«, die Entstehung »einer europaweiten politischen Öffentlichkeit« und die Schaffung einer »politischen Kultur, die von allen EU-Bürgern geteilt werden kann«.

Auf dem Weg zu einer europäischen Verfassung müsse Europa »die Logik jenes Kreisprozesses, worin sich der demokratische Staat und die Nation gegenseitig hervorgebracht haben, noch einmal reflexiv auf sich selbst anwenden. Am Anfang stünde ein Verfassungsreferendum, das eine große europaweite Debatte in Gang setzte.«[1] Ein vereintes Europa wäre ein neuartiges übernationales Gebilde: Die Mitgliedsgesellschaften würden in einigen Bereichen selbständig und autonom bleiben, während die gemeinsamen Institutionen und Gesetze auf einer historisch gewachsenen Zivilgesellschaft basieren würden.

Auch in Asien werden heute Fragen des Föderalismus diskutiert und neu durchdacht. Als etwa China vor einigen Jahren dem Asean-Vertrag[2] beitreten wollte, schlug Japan vor, den Vertrag gleich um drei Mitglieder zu erweitern: Außer China sollten auch Japan selbst und Südkorea hinzukommen. Und im Februar 2002 veröffentlichte eine japanische Nachrichtenagentur einen Beitrag, der das Modell einer »Asiatischen Union« konkretisiert: »Je weiter die Vereinigung Asiens voranschreitet und sich föderale Strukturen ausbilden, umso mehr wird das Bewusstsein der Distanz zwischen China und Japan nach und nach verschwinden. Schließlich würden die anderen Regierungen der Asean-Staaten sowie Koreas dem Beispiel folgen und – unter Ausschluss der USA – regionale Verträge schließen. Die chinesisch-japanische Aussöhnung könnte damit für ein geeintes Asien eine ähnliche Rolle spielen wie die deutsch-französische für Europa.«[3] Und als sich am 1. Mai 2004 die EU um zehn Mitgliedsländer erweiterte, schlugen ein japanischer Diplomat und ein indischer Politologe eine asiatische Variante der Nato um die Achse Indien-China-Japan vor. Doch Asien ist insgesamt viel heterogener als Europa und hat andere politische und ökonomische Strukturen und andere kulturelle Traditionen.

Wir müssen uns also zunächst klar machen, was man in Asien meint, wenn man von Asien spricht. Seit dem 19. Jahrhundert hängen die Unterschiede in diesem »Asienbild« stets mit den unterschiedlichen Formen des Nationalismus zusammen. Zudem stecken in dem Begriff von Asien zwei ganz unterschiedliche Vorstellungen: das japanisch-koloniale Konzept einer »großostasiatischen Prosperitätszone« und das Konzept eines vereinten sozialistischen Asien, das auf dem Ideal der sozialistischen und nationalen Befreiungsbewegungen beruht. Heute müsste man, um das alte, nationalstaatliche Denken zu überwinden, die überholten Asienkonzepte des 19. Jahrhunderts durch eine neue supranationale Vorstellung von Asien ersetzen.

Historisch gesehen ist »Asien« ein europäisches Konzept. Im 18. und 19. Jahrhundert entstanden die modernen europäischen Sozialwissenschaften (wie historische Linguistik, Kulturgeografie oder politische Ökonomie), die gemeinsam mit den sich rasch entwickelnden Naturwissenschaften eine ganz neue Weltkarte entwarfen. Die Vorstellungen von Europa wie von Asien wurden in eine umfassende »Weltgeschichte« integriert. Montesquieu, Adam Smith, Hegel, Marx und viele andere konstruierten ein Asienbild aus dem Gegensatz zu Europa, das sie dann in ihre teleologische, ein Ziel der Geschichte unterstellende Auffassung einbauten.[4]

Aus dieser europäischen Sicht gab es zwischen Europa und Asien drei prinzipielle Gegensätze: erstens den zwischen den multiethnischen Kaiserreichen Asiens und den absolutistischen Monarchien Europas; zweitens den zwischen dem asiatischen Despotismus und dem euro-

Von Wang Hui

Wang Hui ist Professor für Geistes- und Sozialwissenschaften an der Qinghua Universität Peking und Chefredakteur der Intellektuellenzeitschrift *Dushu* (Lesen).

---

[1] Jürgen Habermas, »Braucht Europa eine Verfassung?«, in: J. Habermas, »Zeit der Übergänge«, Frankfurt a. M. (Suhrkamp) 2001, S. 104–129, S. 112, S. 118
[2] Asean – der Verband südostasiatischer Nationen – wurde 1967 zunächst von Indonesien, Malaysia, den Philippinen, Singapur und Thailand ins Leben gerufen. Seitdem sind weitere fünf Länder hinzugekommen: Kambodscha, Laos, Vietnam, Brunei und Myanmar (Birma).
[3] Bunsho Nishikyo, »The Relationship between Japan, the US, China, and Russia from the Perspective of China's Twenty-first Century Strategy«, Seikai Shupo, Tokio, 12. Februar 2002
[4] In der »Einleitung zur Kritik der politischen Ökonomie« beschreibt Marx die europäische bürgerliche Gesellschaft als »die entwickeltste und mannigfaltigste historische Organisation der Produktion« (Karl Marx, Friedrich Engels, »Werke«, Band 13, (Dietz) Berlin 1961, S. 615–641, S. 636).

[Fortsetzung Seite 16]

◀ Chinesische Touristen besuchen das Karl-Marx-Geburtshaus in Trier.
FOTO: KARSTEN THIELKER

päischen System einer zunehmend rechtlich gebändigten Politik; und drittens den zwischen der asiatischen, agrarisch-nomadisch geprägten Produktionsweise und dem europäischen Wirtschaftsmodell, das vor allem auf Handel und städtischer Manufaktur basierte.

Da die Geschichtsphilosophie der Europäer den modernen Nationalstaat und eine entwickelte kapitalistische Wirtschaft als fortgeschrittene Stadien der »Weltgeschichte« definierten, wurde Asien automatisch ein rückständiger Status zugewiesen. Asien war nicht nur ein geografischer Raum, sondern auch ein zivilisatorischer Zustand, den man politisch wie ökonomisch irgendwo zwischen dem vorgeschichtlichen Naturzustand und dem Stadium ansiedelte, in dem die eigentliche Geschichte der Völker beginnt.

Dieses aus der europäischen Geschichtsphilosophie abgeleitete Asienbild war der begriffliche Rahmen, der es europäischen Intellektuellen, aber auch asiatischen Revolutionären und Reformern erlaubte, ihre weltgeschichtlichen Entwürfe, ihre gesellschaftlichen Reformpläne und ihre Zukunftsvisionen zu formulieren. Das ganze 19. und 20. Jahrhundert hindurch war die Vorstellung, die sich Kolonialherren wie Revolutionäre von Asien machten, in ein »universales« Modell europäischer Modernität eingebettet.

Dabei ist es historisch von einer gewissen Ironie, dass Asien in diesem europäischen Diskurs als Ausgangspunkt der Weltgeschichte gesehen wird. So schreibt etwa Hegel in seinen *Vorlesungen über die Philosophie der Geschichte*: »Asien ist der Weltteil des Aufgangs überhaupt. Es ist zwar ein Westen für Amerika; aber wie Europa überhaupt das Zentrum und das Ende der Alten Welt ist und absolut der Westen ist, so ist Asien absolut der Osten. In Asien ist das Licht des Geistes und damit die Weltgeschichte aufgegangen. […] Die Weltgeschichte geht von Osten nach Westen, denn Europa ist schlechthin das Ende der Weltgeschichte, Asien der Anfang. […] Der Orient wusste und weiß nur, dass einer frei ist, die griechische und römische Welt, dass einige frei seien, die germanische Welt weiß, dass alle frei sind. Die erste Form, die wir daher in der Weltgeschichte sehen, ist der Despotismus, die zweite ist die Demokratie und Aristokratie, und die dritte ist die Monarchie.«[5]

Hegels Bestimmung von Asien als »Anfang der Weltgeschichte« und als rückständiger Gesellschaftszustand kann als das philosophische Kondensat der europäischen Asiendiskurse seiner Epoche gelten. Adam Smith beschreibt in seinem ökonomischen Hauptwerk *Der Wohlstand der Nationen* (1776) die einfachen asiatischen Landwirtschafts- und Bewässerungstechniken in Kontrast zu den hoch entwickelten europäischen urbanen Wirtschaftszentren, dem Manufakturwesen und dem internationalen Handel. Dabei ordnet Smith den vier historischen Stadien (Gesellschaft der Jäger, der Hirten, der Ackerbauern und schließlich des Handels und Gewerbes) bestimmte Regionen und Ethnien zu. So nennt er als »Volk von Jägern auf der niedrigsten und rohesten Stufe der Gesellschaft« die eingeborenen Indianerstämme Nordamerikas; auf einer etwas höheren Stufe finden sich als Beispiel für Hirtenvölker mit primitiver Viehzucht die Tataren und Araber, während die Griechen und Römer mit ihrer patriarchalischen Familienordnung höher entwickelte Gesellschaften repräsentieren.[6]

Smith periodisiert also die Geschichte anhand der ökonomischen Kategorie der Produktionsweise. Für Hegel hingegen gehören all diese Fragen ins Feld des Politischen, geht es doch um Vorstufen oder Keimzellen des Staates. Die Jägerstämme stehen für ihn auf der primitivsten und niedrigsten Zivilisationsstufe, weil diese Stammesgesellschaften zu klein waren, als dass es zu einer gesellschaftlichen Arbeitsteilung hätte kommen können. Deshalb schließt Hegel Nordamerika (die Völker der Jäger und Sammler) ganz aus dem Geschichtsprozess aus und stellt Asien an den Beginn der Weltgeschichte. Beide, Smith wie Hegel, ordnen bestimmte Formen des Politischen oder Ökonomischen unterschiedlichen Kulturräumen wie Asien, Amerika, Afrika und Europa zu und bringen sie sodann in eine zeitlichen Abfolge.

Karl Marx unterscheidet in seinem dialektischen Geschichtsmodell vier Stufen der ökonomischen und sozialen Entwicklung: die asiatische, die primitive, die feudale und die kapitalistische Produktionsweise. Marx prägte seinen Begriff »asiatische Produktionsweise« aus einer Synthese der Geschichtskonzepte von Hegel und Smith. Wie der britische Historiker Perry Anderson gezeigt hat, liegen der Marx'schen »asiatischen Produktionsweise« aber eine Reihe historischer Verallgemeinerungen zugrunde, die sich unter anderem auf Machiavellis *Fürst* (1532), auf Montesquieus *Geist der Gesetze* (1748) oder auch auf die Reiseberichte François Berniers (1710) zurückverfolgen lassen. Die Hauptmerkmale Asiens sind demnach: das staatliche Monopol auf Grundeigentum; das Fehlen rechtlicher Regelungen; religiöse Gebote anstelle rechtlicher Normen; das Fehlen eines Erbadels bzw. überhaupt der Möglichkeit, Privatbesitz zu vererben; soziale Gleichheit auf Sklavenniveau; geringer Grad an gesellschaftlicher Vernetzung; eine ländliche, agrarische und nichtindustrielle Produktionsweise; ungünstige klimatische Voraussetzungen sowie soziale und historische Stagnation. Alle diese Merkmale hängen unmittelbar mit der übergeordneten Kategorie des »orientalischen Despotismus« zusammen, die zwar Montesquieu als Erster systematisch eingeführt hat, die sich aber bis in die griechische und asiatische Antike zurückführen lässt.[7]

In Asien selbst entstand eine Vorstellung von Asien erst mit den modernen asiatischen Nationalbewegungen. In Japan geschah dies mit dem Projekt »Abkehr von Asien – Aufbruch nach Westen«, in der Russischen Revolution identifizierte man mit einem neuen Verständnis von Asien (zunächst) die Anerkennung des Selbstbestimmungsrechts der Völker, die chinesischen Revolutionäre schließlich entdeckten den Panasianismus. All diese Bewegungen waren auf den Gegensatz zwischen Nationalstaat und feudalem Kaiserreich bezogen.

---

4 | *(Fortsetzung)* Allerdings wurde diese Einleitung, die Marx im Jahr 1857 verfasst hat, erstmals 1903 in der Zeitschrift *Die Neue Zeit* posthum publiziert. In seiner Antwort auf einen Artikel des russischen Soziologen Nikolai Michailowski vom November 1877 verwahrt sich Marx aber gegen eine eurozentristische Lesart seiner ökonomischen Theorie: »Er [Michailowski] muss durchaus meine historische Skizze von der Entstehung des Kapitalismus in Westeuropa in eine geschichtsphilosophische Theorie des allgemeinen Entwicklungsganges verwandeln, der allen Völkern schicksalsmäßig vorgeschrieben ist, was immer die geschichtlichen Umstände sein mögen, in denen sie sich befinden« (Brief an die Redaktion der Otetschestwennyje Sapiski, in: Karl Marx, Friedrich Engels, »Werke«, Band 19, (Dietz) Berlin 1962, S. 107–112, S. 111).
5 | Georg Wilhelm Friedrich Hegel, »Vorlesungen über die Philosophie der Geschichte«, in: ders., »Werke in 20 Bänden«, Band 12, Frankfurt a. M. (Suhrkamp) 1970, S. 130, 134
6 | Adam Smith, »Der Wohlstand der Nationen«, (dtv) München 2003, S. 311ff
7 | Perry Anderson, »Die Entstehung des absolutistischen Staates«, Frankfurt a. M. (Suhrkamp) 1979, S. 514ff. Das im englischen Original als Anhang enthaltene Kapitel »The Asiatic Mode of Production« zu Marx' Begriff »asiatische Produktionsweise« fehlt in der deutschen Ausgabe.

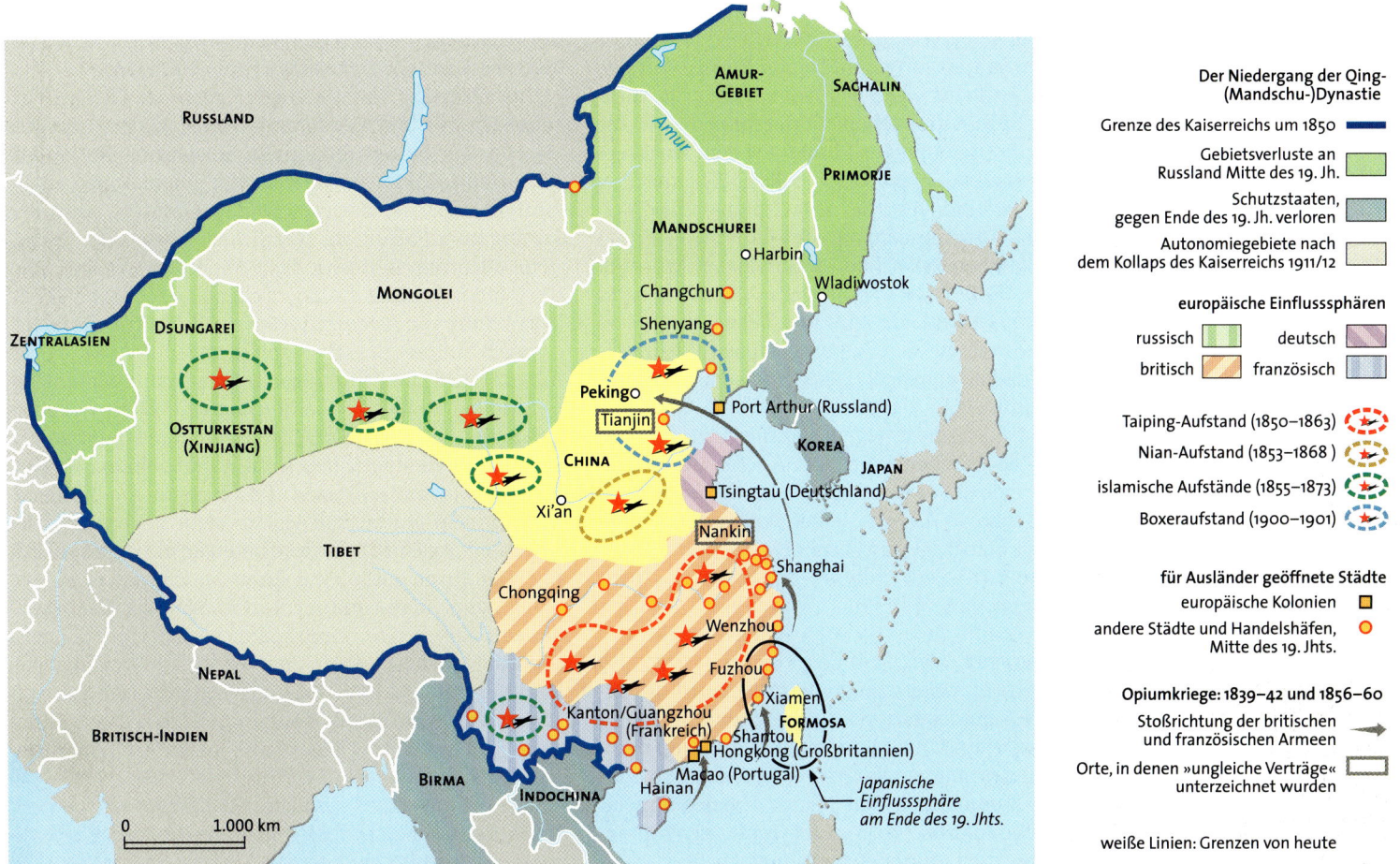

▲ Das chinesische Kaiserreich im 19. Jahrhundert

Der Slogan »Abkehr von Asien – Aufbruch nach Westen« tauchte erstmals 1885 in einem kurzen Essay von Yukichi Fukuzawa (1835–1901) auf, dem liberalen Denker und Gründer der Keio-Universität in Tokio. Mit dem »Abschied von Asien« wollte man sich von der kulturellen Dominanz Chinas und des Konfuzianismus lösen. Mit dem »Aufbruch nach Westen« war der Aufbau eines modernen japanischen Nationalstaats nach europäischem Vorbild gemeint. Fukuzawas Gedankengang ging zusammengefasst wie folgt: Wenn Asien ein kulturell homogener Raum ist, geprägt vom Konfuzianismus, dann muss Japan eben diesen Raum aufgeben, um Nationalstaat zu werden. Die scharfe Gegenüberstellung von Nationalstaat und Kaiserreich, von Völkerrechtssystem und chinesischem Tributsystem sollte eine Neudefinition der Beziehung zwischen Japan und Asien ermöglichen. Japans Selbstverständnis als Nationalstaat konnte nur über die Abkehr von Asien entstehen. Die Dichotomie von zivilisiert und barbarisch bzw. Westen und Osten wurde so nach Asien selbst hineingetragen. Japan solle, so Fukuzawa, nicht nur seine eigene vergangene Identität aufgeben, sondern eine neue Achse in die asiatische Welt einziehen.

Tatsächlich war die Entwicklung Japans zum Nationalstaat weniger eine »Abkehr von Asien und ein Aufbruch nach Europa« als vielmehr die »Besetzung Asiens und die Konfrontation mit Europa«. Der kolonialistische Slogan der 1930er-Jahre von der »großostasiatischen Prosperitätszone« – mit Japan als ökonomischer Führungsmacht – diente am Ende dazu, die japanische Invasion in China zu legitimieren.

Die nationalen Befreiungsbewegungen Asiens schufen dann eine neue Vorstellung von Asien, die an die sozialistischen Ideen der russischen Revolutionäre anschloss. Neu war dabei allerdings die Verknüpfung von politisch-sozialen Reformen und dem Selbstbestimmungsrecht der Völker. Als antikapitalistische soziale Bewegung, die sich gegen den bürgerlichen Nationalstaat richtete, war der Sozialismus von Anfang an internationalistisch und antiimperialistisch. Und wie die »Abkehr von Asien« in Japan entsprang auch die Forderung nach dem Selbstbestimmungsrecht der Völker in Russland aus der Dichotomie von Nationalstaat und Zarenreich.

Kurz nach Ausrufung der provisorischen Regierung der Republik China 1911 veröffentlichte Lenin in der *Newskaja Swesda* und in der *Prawda* mehrere Artikel über China. So schreib er 1912: »Jetzt aber brodelt in China das politische Leben, entfalten sich stürmisch die soziale Bewegung und der demokratische Aufschwung. Nach der russischen Bewegung des Jahres 1905 hat die demokratische Revolution ganz Asien erfasst [...].«[8]

8 | W. I. Lenin, »Das Erwachen Asiens«, In: Lenin, »Werke«, Bd. 19, (Dietz) Berlin 1965, S. 68

■ QUELLEN
Karte oben: Atlas der Volksrepublik China, Ausgabe 2004.
■ Marianne Bastid, »L'Evolution de la société chinoise à la fin de la dynastie des Qing. 1873–1911«, Cahiers du Centre Chine 1, CNRS-EHESS, 1979.
■ Jean Chesneaux, Marianne Bastid, »La Chine - Des guerres de l'opium à la guerre franco-chinoise (1840–1885)«, Hatier, 1974.
GRAFIK: PHILIPPE REKACEWICZ

WWW
Deutsche China-Seiten

Internet Guide for Chinese Studies der Uni Heidelberg
sun.sino.uni-heidelberg.de/igcs/
Chinablätter (Presseschau)
www.chinablaetter.info
Chinapolitik
(von Prof. S. Heilmann)
www.chinapolitik.de
Xiuciai (von Prof. J. Rudolph)
xiauciai.oai.de
Chinesische Blogs
www.stimmen-aus-china.de
das neue china
www.dnc-online.de
Chinaweb
www.chinaweb.de
China-Fotos
www.chinafotos.de

9 | Lenin, »Das rückständige Europa und das fortgeschrittene Asien«, ebd., S. 82
10 | Karl Marx, »Die Revolution in China und in Europa«, Leitartikel in der New York Daily Tribune vom 14.6.1853, in: MEW, Bd. 9., (Dietz) Berlin 1960, S. 95-102. Nach dem ersten Opiumkrieg (1839-1842) kam es in mehreren chinesischen Provinzen zu Aufständen der Bevölkerung gegen Ausbeutung und Korruption.
11 | Dokument 42, in: Sun Yat-sen, »Reden und Schriften«, (Reclam) Leipzig, 1974, S. 349 f
12 | Siehe etwa die Texte in dem von Mizoguchi herausgegebenen Band »Confucianisme et sociétés asiatiques«, (Edition l'Harmattan) Paris 1991.
13 | Ichisada Miyazaki, »Toyo Teki Kensei« (Das Zeitalter der Moderne in Ostasien), in: „Miyazaki Ichisada Zenschu", Tokyo: Iwanami shoten, 1992, S. 240

Und in einem zweiten Aufsatz verurteilt er 1913, dass »im zivilisierten und fortgeschrittenen Europa mit seiner glänzend entwickelten Technik, mit seiner reichen, vielseitigen Kultur und seinen Verfassungen [...] die herrschende Bourgeoisie aus Furcht vor dem wachsenden und erstarkenden Proletariat alles Rückständige, Absterbende, Mittelalterliche unterstützt.«[9] Die Verknüpfung der europäischen mit der asiatischen Revolution hatte Marx bereits im Juni 1853 in einem Artikel in der New York Daily Tribune vollzogen: »Scheinbar ist es eine sehr seltsame und sehr paradoxe Behauptung, dass die nächste Erhebung der Völker Europas [...] in großem Maße davon abhängen dürfte, was sich jetzt im Reich des Himmels [...] abspielt [...].«[10]

Lenins und Fukuzawas gegensätzliche Ansichten basieren auf der gleichen Prämisse: Asiens Modernität wurzelt für beide in der europäischen Moderne, und unabhängig davon, wo Asien in seiner Entwicklung stand und was sein Schicksal sein mochte, seine Modernität manifestierte sich immer nur im Bezug auf das fortschrittliche Europa.

Zwischen Lenins revolutionären Asienvorstellungen und den Ideen von Adam Smith oder Hegel besteht also kein substanzieller Unterschied. Alle drei deuten die Geschichte des Kapitalismus als einen Entwicklungsprozess, der vom alten Orient zum modernen Europa verläuft – von den primitiven, jagenden, nomadischen oder agrarischen Stammeskulturen hin zu Handel und industrieller Produktion. Hegels Konzept der Weltgeschichte, die ihren Ausgang von einem barbarischen und vorgeschichtlichen Asien nimmt, bleibt bestimmend auch für Lenin, der nur die Akzente verschiebt, indem er auf die alte, feudalistische Ordnung zunächst den Kapitalismus als Übergangsphase und schließlich die Moderne mit der proletarischen Revolution und dem Sozialismus folgen lässt.

Lenins Argumentation – insbesondere seine Vorstellung eines inneren Zusammenhangs zwischen Nationalismus und Kapitalismus – erklärt auch den Konnex zwischen dem modernen chinesischen Nationalismus und der Vorstellung von Asien. Im November 1924 reiste Sun Yat-sen, der »Vater der chinesischen Revolution« (siehe Portrait Seite 41), ins japanische Kobe und hielt dort vor Kaufleuten eine viel beachtete Rede über das »Prinzip Großasien«. Er unterschied zwischen dem geografischen Raum Asien – Ursprungsregion der ältesten Kultur –, in dem es dreißig Jahre zuvor noch keinen einzigen völlig selbständigen Staat gegeben habe, und der aktuellen »Wiedergeburt Asiens«. Japan habe den Anfang gemacht, als es einige mit fremden (europäischen) Staaten abgeschlossene »ungleiche Verträge« annullierte, eine Verfassung erließ (1889) und der erste unabhängige Staat auf dem asiatischen Kontinent wurde. Der Redner gratulierte den Japanern zu ihrem militärischen Sieg im Russisch-Japanischen Krieg von 1904/05: »Das war das erste Mal seit mehreren Jahrhunderten, dass eine asiatische Nation über Europa siegte. Die Kunde verbreitete sich schnell über ganz Asien, und alle Nationen Asiens waren freudig bewegt. Es war der Beginn der asiatischen Unabhängigkeitsbewegungen – der nationalen Unabhängigkeitsbewegungen Asiens.«[11]

Das »Prinzip Großasien« oder auch der »Panasianismus« ist in Suns Verständnis etwas anderes als das »Großostasien« des modernen japanischen Nationalismus. Und so endete seine Rede mit einem Appell an die »Bürger Japans«, die entscheiden könnten, ob Japan künftig zum Falken des westlichen »Weges der Tyrannen« oder zum Bollwerk des »Weges der Könige« werde. Sun wollte eine die asiatischen Länder verbindende Vorstellung von Asien entwickeln. Alle Kulturen und Religionen sollten gleichberechtigt nebeneinander bestehen und sich über ihre gemeinsamen Wurzeln verbunden fühlen können, ohne der konfuzianischen oder irgendeiner anderen kulturellen Hegemonie unterworfen zu sein. Die Einheit Asiens sollte auf unabhängigen souveränen Staaten aufbauen. Das europäische Nationalstaatsprinzip wollte Sun jedoch nicht nachahmen. Im Gegenteil: Asien solle sich seine eigenständigen vielfältigen Kulturen und seine Riten bewahren, eben den »Weg der Könige« und nicht den »Weg der Tyrannen« der europäischen Nationalstaaten einschlagen. Sozialistisch ist Suns Asienbild in dem Sinne, dass es sich gegen Kapitalismus und Imperialismus wendet. Nach Sun verkörperten der »Weg der Könige« und auch das traditionelle Tributsystem Chinas eine neue Art von Internationalismus.

Eine Verknüpfung sozialistischer Werte mit chinesischen Traditionen versucht heute etwa auch Yuzo Mizoguchi von der Tokioter Daito-Bunka-Universität.[12] Er hat dargelegt, wie die Kategorien der konfuzianischen Sozialethik die chinesische Ideen- und Sozialgeschichte von der Song-Dynastie (960–1279 u. Z.) bis zur Qing-Ära (bis 1911) geprägt haben. So weise etwa Sun Yatsens »Grundlehre von der Befriedigung der materiellen Bedürfnisse des Volkes«, die eine Bodenreform vorsah, Kontinuitäten zu bestimmten Aspekten der Ming-Zeit (1068–1644) auf. Freilich sind historische Begriffe wie »öffentlich/privat« (gong/si) oder »himmlische Prinzipien« (tianli) und moderne revolutionäre Gleichheitsforderungen sorgfältig auseinanderzuhalten. Doch steckt bereits in dem Versuch, die asiatische Kultur über solche Werte der konfuzianischen Sozialethik zu definieren, eine Kritik an Kapitalismus und Kolonialismus.

Anfang der 1940er-Jahre verfasste der japanische Sinologe Ichisada Miyazaki seine ersten Studien zum »Kapitalismus der Song-Dynastie« im 10. Jahrhundert, in denen er den Ausbau der Verkehrswege und die Kommerzialisierung der Landwirtschaft untersuchte. »Wer in der Geschichte seit der Song-Zeit den Beginn der Moderne erkennt, wird bald die Geschichte der westlichen Moderne vor dem Hintergrund der Entwicklungen in Ostasien sehen.«[13] Miyazaki zeigt in einem großen weltgeschichtlichen Bogen, wie der Bau des Großen Kanals (seit dem 7. Jahrhundert) die Migration in die Metropolen begünstigte und der Warenverkehr mit Gewürzen und Tee ein Netz neuer Handelsverbindungen zwischen Europa und Asien knüpfte. Er beschreibt, wie die Expansion des Mongolenreichs im 12. Jahrhundert den

Kulturtransfer zwischen Europa und Asien vertiefte und nicht nur die innerasiatischen Beziehungen veränderte, sondern auch die Verbindungen mit Europa zu Wasser und zu Lande förderte.

Wenn die Anfänge von »Asiens Moderne« schon im 10. und 11. Jahrhundert auszumachen sind, also drei oder vier Jahrhunderte vor vergleichbaren Entwicklungen in Europa, stellt sich die Frage, ob diese beiden Welten sich unabhängig voneinander entwickelt haben. Ostasien und insbesondere China diente der westlichen Wirtschaft während der industriellen Revolution als Absatzmarkt für Fertigwaren und als Lieferant neuer Rohstoffe: »Die industrielle Revolution ist nicht nur ein Produkt der europäischen Geschichte, schließlich ging es nicht nur um Maschinen, sondern um das ganze ökonomische und soziale Geflecht. [...] Ohne die Kapitalakkumulation durch den Handel mit Ostasien, ohne die asiatische Baumwolle, ohne den chinesischen Absatzmarkt, ohne Verbindungen mit Ostasien hätte die industrielle Revolution womöglich nicht stattgefunden.«[14]

Die geschichtliche Entwicklung ist also ein komplexer Vorgang, in dem verschiedenartige Welten miteinander in Kontakt treten, sich gegenseitig bekämpfen, durchdringen und inspirieren. So gesehen ist Modernität nicht ein Merkmal einer bestimmten Gesellschaft, sondern das Resultat der Interaktion verschiedener Regionen und Kulturen. Und Asien ist keine in sich geschlossene Einheit, weder der Anfang der Weltgeschichte noch ihr Ziel oder Ende, weder das Subjekt der Weltgeschichte noch ein untergeordnetes Objekt. Eine neue Vorstellung von Asien würde umgekehrt also auch eine komplexere Sicht auf die »Weltgeschichte« und ein weniger selbstzentriertes europäisches Selbstverständnis ermöglichen.

Die historischen Asienkonstrukte sind komplex und widersprüchlich – kolonialistisch und antikolonialistisch, konservativ und revolutionär, national und internationalistisch. Sie stammen aus Europa, wirken aber auf die Selbstdeutung der Europäer zurück, sie beziehen sich auf den Nationalstaat und überschneiden sich mit imperialen Visionen, sie entwerfen ein nichteuropäisches zivilisatorisches Konzept und einen geografischen Begriff im Kontext geopolitischer Bestimmungen. Asien neu zu erfinden wäre mithin eine universalgeschichtliche Aufgabe. Sie würde erfordern, den Eurozentrismus zu überwinden, ohne einen Asienzentrismus an seine Stelle zu setzen. Erst so würde man die Herrschaftslogik überwinden, die jeder Art von Zentrismus zugrunde liegt.

Deutsch von Iwan-Michelangelo D'Aprile

14 | Ebd., S. 238

Dieser Artikel ist ein Auszug aus dem Vortrag »Imagining Asia. A Genealogical Analysis«, den Wang an mehreren internationalen Universitäten hielt (z. B. www.lse.ac.uk/collections/LSEPublicLecturesAndEvents/pdf/20040512Hui.pdf). Der Artikel erschien in der vorliegenden Form erstmals in *Le Monde diplomatique* im Februar 2005.

Verlag WESTFÄLISCHES DAMPFBOOT

Hyekyung Cho
Chinas langer Marsch in den Kapitalismus
2005 - 359 S. - € 29,90 - SFR 52,20
ISBN 978-3-89691-621-1

Seit Einführung der Reform- und Öffnungspolitik 1979/80 befindet sich die chinesische Gesellschaft im Prozess einer revolutionsartigen Umwälzung, der als eine kapitalistische Revolution von oben bezeichnet werden kann. Der erfolgreiche Durchlauf der kapitalistischen Revolution ist von einer gewaltigen Wachstumsdynamik begleitet, die dem Land das Etikett einer neuen Weltwirtschaftsmacht eingebracht hat.
Entgegen den Theorien der Anhänger von freier Marktwirtschaft geht der ökonomische Aufstieg der VR China auf die staatliche Regulierung des Wachstumsprozesses zurück. Hyekyung Cho beschreibt den chinesischen Wachstumsprozess in doppelter Prägung von marktwirtschaftlicher Transformation und nachholender Industrialisierung und geht der Frage nach, wie der Staat den gesamten Ablauf des Reformprozesses steuert, mit welchen Kosten der Systemwandel verbunden war, und wie es der KP China gelungen ist, die Untergrabung der im Antikapitalismus verwurzelten Herrschaftslegitimation zu überstehen?

PROKLA 145
Ökonomie der Technik
2006 - 164 S. - € 12,00 - SFR 21,90
ISBN 978-3-89691-345-6

PROKLA 119
Chinesischer Kapitalismus
2000 - 156 S. - € 10,50 - SFR 21,90
ISBN 3-89691-344-1

Worldwatch Institute (Hrsg.)
Zur Lage der Welt 2006
China, Indien und unsere gemeinsame Zukunft
in Zusammenarbeit mit der Heinrich-Böll-Stiftung und Germanwatch
2006 - 320 S. - € 19,90 - SFR 34,90
ISBN 978-3-89691-628-0

Worldwatch Institute (Hrsg.)
Zur Lage der Welt 2007
Der Planet der Städte
in Zusammenarbeit mit der Heinrich-Böll-Stiftung und Germanwatch
2007 - ca. 320 S. – ca. € 19,90 – SFR 34,90
ISBN 978-3-89691-653-2

Hafenweg 26a | D-48155 Münster | Tel.: 0251 3900480 | Fax: 0251 39004850 | www.dampfboot-verlag.de | info@dampfboot-verlag.de

Chinas globaler

Während die chinesische Wirtschaft wächst, gehen Pekings Diplomaten in die Charmeoffensive

Aufstieg braucht Stabilität

Von Martine Bulard

Martine Bulard ist stellvertretende Chefredakteurin von *Le Monde diplomatique*, Paris.

In Peking und Shanghai, in Regierungskreisen, in den Zirkeln renommierter Thinktanks und im universitären Milieu dreht sich derzeit alles um ein Wort, wenn von den geopolitischen Strategien Chinas die Rede ist: Stabilität. Doch was damit gemeint ist, erschließt sich erst in der Gesamtschau auf dieses Land im permanenten Wandel.

Nie zuvor haben die Staatsführer der Volksrepublik so häufig das Ausland bereist wie heute. Auch die Universitäten verhalten sich ausgesprochen weltoffen und bieten neuerdings sogar Politikberatung an. Das gilt auch für Institutionen, die von ausländischen Geldgebern finanziert werden, wie etwa das »Zentrum für internationale Studien«, das der renommierten Peking-Universität (Beida) angegliedert ist. Die Einrichtung residiert in drei ultramodernen Gebäuden: Das Hauptgebäude wurde von einem italienischen Unternehmen gesponsert, die beiden Seitenflügel wurden von zwei verschiedenen Firmen aus Hongkong finanziert. Drei Architekten haben die Entwürfe geliefert, und dennoch fügen sich die Gebäude harmonisch in das historische Ensemble.[1] Die architektonische Botschaft lautet: Öffnung bedeutet nicht etwa Selbstaufgabe, und Stabilität ist keineswegs gleichbedeutend mit Stillstand.

Gegenüber dem Feng-Lian-Turm, wo sich eine Luxusboutique an die andere reiht, liegt das Büro von Kong Quan, dem Sprecher des Außenministeriums: »China ist vor allem auf ein stabiles, der Entwicklung förderliches Umfeld bedacht«, erklärt er. Hunderte Kilometer entfernt, im Herzen der berühmten Fudan-Universität von Shanghai, liegt das Zentrum für Amerikastudien, dessen nagelneue Räumlichkeiten zum Teil von der US-Agentur für internationale Entwicklung (USAID) finanziert wurden. Auch Professor Shen Dingli, ein prominenter Experte für Nuklearfragen, lenkt das Gespräch bald auf das allfällige Thema.[2] Nichts fürchte er so sehr wie eine stets mögliche Destabilisierung auf der koreanischen Halbinsel oder im Nahen Osten, von wo China fast die Hälfte seiner Erdöleinfuhren bezieht.

Shen erklärt uns, was manche Beobachter als Status-quo-Diplomatie bezeichnen. Für Peking sei die etablierte Ordnung, selbst die nicht so willkommene von Amerikas Gnaden, allemal besser als chaotische Zustände, die das Wirtschaftswachstum und die internationalen Ambitionen Chinas nur behindern würden. Wachstum sei die Grundlage des innenpolitischen Sozialkontrakts, der letzten Endes die Fortdauer des Regimes sichere. Und die internationalen Projekte sollen China erneut »zu dem Rang verhelfen, der ihm auf der internationalen Bühne gebührt«, wie es Kong Quan formuliert.

Entgegen einer weit verbreiteten Ansicht folgt die chinesische Diplomatie nicht nur dem Prinzip, sich den Säckel mit Rohstoffen und Getreiden zu füllen. Zwar haben auch die internationalen Beziehungen ihren Beitrag zur Energie- und Nahrungsmittelversorgung des Landes zu leisten. Aber die Wirtschaftspolitik soll noch eine andere Funktion erfüllen: In Chinas Selbstbild als Regional- und Weltmacht gilt eine erfolgreiche Ökonomie als friedenssichernde Maßnahme, ohne die kein Land auskomme, will es international anerkannt werden. Oft wird man hier an die »Geschichte der letzten 500 Jahre« erinnert, deren Lehre heißt: Ohne starke Wirtschaft kann sich keine Nation Gehör verschaffen.

Drei Ereignisse der jüngeren Vergangenheit spielen in den Überlegungen eine entscheidende Rolle: erstens die politischen Unruhen vom Tiananmenplatz 1989, die in der Presse nach wie vor zu den Tabuthemen zählen.[3] Das liegt aber nicht daran, dass Tiananmen das Regime an die Möglichkeit seines Scheiterns erinnern könnte. Politische Opposition ist nach wie vor verboten. Nur die Intellektuellen genießen paradoxerweise mehr Bewegungsspielraum, was freilich nur ein Tribut ans Ausland sei, wie in Peking immer wieder hervorgehoben wird.

Auf den Tiananmen-Schock folgte der Anfang vom Ende von Chinas langen »Flitterwochen« *(miyue)* mit den USA, die sich über fast zwanzig Jahre hingezogen hatten: Sie begannen mit der Aufnahme der Volksrepublik China in die Vereinten Nationen am 25. Oktober 1971 – Taiwan wurde damals ausgeschlossen – und der Chinareise von Präsident Richard Nixon ein Jahr später. Und sie setzten sich fort mit der »strategischen Partnerschaft« während der Reagan-Ära. Dann folgte allerdings eine lange Reihe von Enttäuschungen und Zwischenfällen, wie die Bombardierung der chinesischen Botschaft in Belgrad im Mai 1999 und die verstärkte Zusammenarbeit der USA mit dem Erzfeind Japan.

Das zweite prägende Ereignis war der Zusammenbruch der Sowjetunion. Nicht dass der Untergang des

1 | Beida war Teil des Sommerpalasts, der von den britisch-französischen Truppen während des Opiumkriegs im Oktober 1860 zerstört wurde.
2 | Siehe den folgenden Text von Shen Dengli.
3 | Die Studentendemonstrationen, an denen sich zum Teil auch Arbeiter beteiligten, wurden am 4. Juni 1989 gewaltsam unterdrückt. An der Qinhua-Universität in Peking werden die Ereignisse im Geschichtskurs über die sozialen Bewegungen zwar behandelt, doch andernorts herrscht absolute Zensur. Das gilt sogar für die Nachrichtensendungen von des französischen Auslandssenders TV 5, die nur Ausländer und eine Hand voll Frankophile verfolgen: Kommt ein Journalist auf die Ereignisse zu sprechen, wird der Bildschirm schwarz.

◀ »Englisch Playing Cards for Children.« Hergestellt von der Nanhui-Druckerei, Shanghai

verfeindeten Bruders Bedauern hervorgerufen hätte, doch etliche chinesische Russlandexperten weisen darauf hin, dass die UdSSR durch die aussichtslose Konfrontation mit den Vereinigten Staaten und vor allem durch den kostspieligen Rüstungswettlauf aufgerieben worden sei. Die Lektion ist klar: »Die Vereinigten Staaten forcieren den Rüstungswettlauf und drängen zu einer Steigerung der Militärausgaben«, meint ein Militärexperte, der anonym bleiben möchte. »Wir müssen uns aber auf die Modernisierung unserer Ausrüstung konzentrieren, um unsere Verteidigungsbereitschaft zu stärken.«

Nach Meinung chinesischer Diplomaten hat sich – ganz allgemein gesprochen – die Spaltung der Welt in zwei Lager als zu kostspielig herausgestellt. Und obgleich alle die von den Vereinigten Staaten verkörperte »unipolare Welt« beklagen, will doch niemand zum »bipolaren Planeten« von einst zurück. So schlägt auch niemand vor, sich an die Spitze der Entwicklungsländer zu

stellen, weil man davor zurückschreckt, Opfer zu bringen. »Wir teilen mit vielen Entwicklungsländern das Anliegen, die internationalen Organisationen demokratischer zu gestalten«, meint Kong Quan und verweist auf die Bedeutsamkeit der chinesischen Beziehungen zu Afrika und Lateinamerika. »Aber einen eigenen Block zu bilden, das steht überhaupt nicht zur Debatte. Wir müssen die Mentalität des Kalten Kriegs hinter uns lassen, weshalb ich lieber von ›gemeinsamer Entwicklung‹ spreche. Wir brauchen eine Mentalität der Verhandlungsbereitschaft, was gegenseitige Zugeständnisse voraussetzt. Mit dem Aufschwung des Handels werden auch die Meinungsverschiedenheiten zunehmen. Wir müssen sie im Geist der Verhandlungsbereitschaft lösen.«

Tatsächlich will die chinesische Staatsführung am Aufbau einer multipolaren Welt mitwirken, in der China eines Tages eine herausragende Position einnehmen soll – im Zentrum, nicht an der Spitze. China komme es auf Ausstrahlung, nicht auf Beherrschung an, was keineswegs nur ein formaler Unterschied ist. Quan erinnert daran, dass China auf dem Höhepunkt seiner Macht, zwischen dem 11. und dem 17. Jahrhundert, die größte Flotte der Welt besaß und in wirtschaftlicher und technologischer Hinsicht führend war,[4] ohne dabei jemals – wie die europäischen Kolonialmächte – andere Völker oder Zivilisationen zerstört zu haben.

Das dritte einschneidende Ereignis war, als es der chinesischen Staatsführung gelang, die Finanzkrise zu nutzen, die Asien 1997 und 1998 erschütterte. Damals war China das einzige Land der Region, das an einer Devisenkontrolle festhielt und sich dem Druck des Internationalen Währungsfonds (IWF) widersetzte. Damit sicherte sich die Volksrepublik ihre Wachstumschancen in einer Zeit, da alle Volkswirtschaften, die japanische inbegriffen, in die Rezession abrutschten.[5] Dank der Dollarbindung des Yuan brachte China ein wenig Stabilität in die krisengeschüttelte Region und konnte es sich sogar leisten, einigen der angeschlagenen Tigerstaaten günstige Kredite oder Finanzhilfen zu gewähren.

Im Laufe der Zeit schmiedete die neue Führungsriege eine strategische Doktrin, die auf den »vier Nein« von Staatspräsident Hu Jintao basiert: »Nein zur Hegemonialpolitik, nein zur Machtpolitik, nein zur Blockpolitik, nein zum Rüstungswettlauf.«[6] Sich seiner Schwächen gegenüber dem politischen Giganten USA und den Konkurrenten im asiatischen Raum bewusst, entwickelte Peking, was man als »asymmetrische Diplomatie« bezeichnen könnte: eine äußerst bewegliche Außenpolitik, die bilaterale Beziehungen bevorzugt, gleichwohl aber aktiv an den regionalen Organisationen mitwirkt, wirtschaftliche Kontakte knüpft und überkommene territoriale Spannungen abbaut.

So unterzeichnete China mit Russland am 2. Juni 2005 in Wladiwostok ein Grenzabkommen: Dabei waren nur zwei Prozent der insgesamt 4300 Kilometer langen gemeinsamen Grenze umstritten. Doch der Konflikt hatte seit 1945 die bilateralen Beziehungen vergiftet. »Erstmals in der Geschichte der chinesisch-russischen Beziehungen ist der gesamte Grenzverlauf rechtlich festgeschrieben«, konnte Wladimir Putin am Ende der Verhandlungen verkünden.

Kurz zuvor, am 11. April 2005, unterzeichnete der indische Ministerpräsident Manmohan Singh mit seinem chinesischen Amtskollegen ein Protokoll zur Regelung der seit 1962 schwelenden Grenzstreitigkeiten: Während Peking weite Gebiete des Bundesstaats Arunachal Pradesh im Nordosten Indiens für sich reklamiert (90.000 Quadratkilometer), erhebt Neu-Delhi Anspruch auf die Kaschmirregion Aksai Chin (38.000 Quadratkilometer). »Die Gespräche haben zwar gerade erst begonnen«, erklärt Kong Quan, »aber es ist das erste offizielle Dokument, das die Grenzfrage thematisiert.« Außerdem würde Peking mit dem nach China bevölkerungsreichsten Staat gern eine Freihandelszone bilden.

Die neuerliche Gesprächsbereitschaft ist für die Beziehungen mit Chinas alten Verbündeten nicht folgenlos. Das gilt vor allem für Pakistan: »Wir verhalten uns im Konflikt zwischen Indien und Pakistan eher neutral«, erläutert Yang Baoyun, Vizepräsident des Zentrums für Asien-Pazifik-Studien an der Peking-Universität (Beida) in Peking. Seiner Meinung nach hat Islamabad lan-

4 | Dazu Angus Maddison, »L'économie chinoise, une perspective historique«, Studien der OECD, Paris, 1998
5 | Malaysia hat während der Krise erneut Devisenkontrollen eingeführt. Dazu »Les fourberies de M. Camdessus«, Le Monde diplomatique, Januar 2005
6 | Rede im April 2004, zit. n. Joshua Cooper Ramo, »The Beijing consensus«, The Foreign Policy Centre, London, 2005

ge von den Spannungen profitiert, doch die Mentalitäten beginnen sich zu ändern. Das zeige sich schon an der Wiederaufnahme der Busverbindung zwischen den beiden Teilen Kaschmirs, die sechzig Jahre lang unterbrochen war.[7]

Das verstärkte »Friedensengagement« Chinas äußert sich auch in der aktiven Rolle, die das Land in der seit Oktober 2002 virulenten Krise zwischen den Vereinigten Staaten und Nordkorea in der Atombombenfrage spielt. Von Peking ging die Anregung für die Sechsergruppe aus (China, Japan, Russland, die Vereinigten Staaten sowie Nord- und Südkorea), die versucht, mäßigend auf die Regierung in Pjöngjang einzuwirken.

»Korea ist eine abscheuliche Altlast«, resümiert ein ehemaliger Diplomat, »ein Regime, unter dem die Menschen für den Machterhalt einer Herrscherfamilie verhungern. Aber China steckt in einer Zwickmühle und kann weder vor noch zurück.« Ein Teil der Armee spielt allerdings mit dem Gedanken, dass eine Nuklearisierung so schlimm gar nicht wäre, da Korea dann im Konfliktfall weiterhin die Rolle eines »Wachpostens für China« spielen würde. Jedenfalls hat die Regierung in Peking ihren Nachbarn und auch der US-Administration gezeigt, dass sie durchaus in der Lage ist, altgediente Bündnisse zu überdenken und diplomatisch aktiv zu werden. Das gilt zum Beispiel auch für die verstärkten Beziehungen zu Südkorea: Der langjährige Verbündete der Vereinigten Staaten fürchtet eine Destabilisierung Nordkoreas und ist angesichts der Probleme, die Deutschland mit der Wiedervereinigung hat, im Umgang mit der benachbarten Diktatur vorsichtiger geworden.

Doch der größte Stachel in der Pfote des chinesischen Tigers ist und bleibt das Verhältnis zu Japan. »In den vergangenen dreißig Jahren waren die Beziehungen noch nie so schlecht wie heute«, sorgt sich Yang Baoyun. Diese Einschätzung wird von allen unseren Gesprächspartnern geteilt. Die meisten verweisen dabei auf die Weigerung Japans, sich mit der eigenen Vergangenheit auseinander zu setzen. Heftige Proteste rief zum Beispiel ein Geschichtsbuch hervor, das die japanischen Kriegsverbrechen während der Besatzung herunterspielt, desgleichen der Besuch des Ministerpräsidenten Junichiro Koizumi im Yasukuni-Schrein, wo zahlreicher Kriegsverbrecher gedacht wird.

Abgesehen von den Gebietsstreitigkeiten um eine Inselgruppe, wo reiche Erdöl- und Erdgaslagerstätten vermutet werden – von den Japanern Senkaku- und von China Diaoyu-Inseln genannt (siehe Karte Seite 108) –, moniert Peking die verstärkte militärische Zusammenarbeit zwischen Washington und Tokio. Kazuya Sakatomo, Professor an der Universität Osaka, beurteilt das positiv: »Nach sechzig Jahren hebt Japan sein Haupt und beginnt, Australien in der Rolle des Hilfssheriffs der USA im pazifischen Raum abzulösen. Tokio wird zu einem Pfeiler der amerikanischen Verteidigungsarchitektur im 21. Jahrhundert.«[8]

Washington unterstützt auch Japans Antrag auf ständige Mitgliedschaft im Sicherheitsrat der Vereinten Nationen. Um das zu verhindern, drohte Peking bereits mit seinem Vetorecht: »Bevor Japan einen Sitz im Sicherheitsrat ins Auge fasst, sollte das Land in dieser Frage einen Konsens in der Region erreichen«, erklärte der chinesische UN-Botschafter Wang Guangya am 26. Juni 2005. Peking kann dabei auf Südkorea als regionalen Bundesgenossen zählen. Es hat gegen die militaristischen Sympathien Koizumis ebenfalls heftig protestiert.

Und als in der überarbeiteten Fassung des bilateralen Sicherheitsabkommens zwischen Japan und den Vereinigten Staaten[9] auch das Problem Taiwan auftauchte,

erschütterte das nachhaltig das chinesisch-japanische Verhältnis. Seit der Wiederaufnahme diplomatischer Beziehungen nach 1972 hatte Tokio diese Frage stets ausgeklammert, während Washington die Formulierung »zwei Gesellschaftsordnungen, ein Land« geprägt hatte. Die Eingliederung Taiwans »kann hundert Jahre dauern«, wie ein Diplomat formulierte, aber die Abspaltung sei in keiner Weise hinnehmbar und werde weder in der Bevölkerung noch in Armee und Regierung akzeptiert.

Demnach wären die Drohgebärden aus den Jahren 2004/05 und das im März 2005 verabschiedete Antisezessionsgesetz eher defensiver als offensiver Natur: Bis hierher und nicht weiter, will China der Regierung in Taipeh und deren Verbündeten offenbar zu verstehen geben. Schließlich wissen alle Seiten, dass eine Militäroperation politisch, diplomatisch und wirtschaftlich unverhältnismäßige Kosten verursachen würde. Dennoch gibt es auch Äußerungen wie die von General Zhu Chenghu im Juli 2005: »Wenn die Amerikaner chinesisches Territorium unter Beschuss nehmen, werden wir nicht zögern, Nuklearwaffen einzusetzen.« Auch wenn er das als Privatmann gesagt hat, hätte man die Äußerung dementieren lassen können. Peking befürchtet offenbar, dass Taiwan die Olympischen Spiele 2008 zum Anlass nehmen könnte, seine Unabhängigkeit zu erklären.

Im Mai 2005 bereitete Peking der einst befeindeten Kuomintang-Führung, die seit 1949 das chinesische Festland nicht mehr betreten hatte, einen pompösen Empfang.[10] Die Lateinamerikareise von Staatspräsident Hu Jintao Ende 2004 sollte zwar vor allem die Versorgung mit Erdöl (Venezuela), Rohstoffen, Getreide und Soja (Kuba, Mexiko, Brasilien) sicherstellen. Aber zu-

7 | Seit 7. April 2005 gibt es zwischen Muzaffarabad im pakistanischen Teil Kaschmirs und dem 172 Kilometer entfernten Srinagar im indischen Teil wieder eine Busverbindung.
8 | Zitiert nach Simon Tisdall, »Japan Emerges as America's Deputy Sheriff in The Pacific«, *The Guardian*, 19. April 2005
9 | Die revidierte Fassung des strategischen Abkommens von 1996 wurde am 20. Februar 2005 in Washington unterzeichnet.
10 | Die Kuomintag unter Leitung von Tschiang Kai-schek zog sich 1949 nach Taiwan zurück. Nach 50-jähriger Regierungstätigkeit ist die Partei heute in der Opposition.

gleich wollte man allen Ländern (insbesondere in Zentralamerika), die »noch immer enge Kontakte zu Taipeh pflegen«, vorführen, dass »China den weitaus größeren Markt« zu bieten hat. Um die Regierung in Taipeh unter Druck zu setzen, baut die Führung in Peking kurzfristig vor allem auf die rund 8000 taiwanischen Unternehmer, die in China investiert haben. Die Bush-Administration schließlich hat sich dazu durchgerungen, mäßigend auf die Unabhängigkeitsträume ihres Verbündeten einzuwirken, und auch Japan hält sich neuerdings in dieser Frage zurück.

Doch in Tokio ist man zweifellos beunruhigt, glaubt ein erfahrener chinesischer Diplomat: »Historisch kannte die Region ein starkes China und ein schwaches Japan, anschließend ein geschwächtes China und ein erstarktes Japan. Inzwischen zieht China langsam wieder mit Japan gleich, weshalb Japan aus der Balance gerät.« Die Machtverhältnisse sind in Bewegung geraten, aber von einem neuen Gleichgewicht der Kräfte ist die Region noch weit entfernt. Gewiss, China ist in Asien der noch vor Japan wichtigste Handelspartner der Vereinigten Staaten und hält inzwischen die weltgrößten Devisenreserven (vor allem in Form von US-Schatztiteln). Aber das chinesische Bruttoinlandsprodukt ist noch immer um das Zweieinhalbfache kleiner als das japanische. China kann Washington drohen, seine Dollarreserven abzustoßen, doch in einem solchen Fall würde Japan sofort den Dollar stützen.

Das ungleiche Kräfteverhältnis schließt Konkurrenz nicht aus. Während Japan mit einem ständigen Sitz im UN-Sicherheitsrat seine Rolle als in Asien führende Weltmacht zu festigen hofft – die damit einhergehende Aufrüstung beunruhigt nicht nur den chinesischen Nachbarn –, möchte sich China der Welt als die dominierende asiatische Nation präsentieren.

Mit der nötigen Geduld verschaffte sich Peking bereits Zugang zur Vereinigung südostasiatischer Nationen (Asean), die ursprünglich ein klassisches Instrument des Kalten Krieges war.[11] Nachdem China – das seit 1991 Beobachterstatus hatte – im Oktober 2003 der Sicherheitspartnerschaft beigetreten ist, konnte es sich im November 2004 mit den Asean-Staaten auf die Bildung einer gemeinsamen Freihandelszone einigen.[12]

Die Gründung der Schanghai-Organisation für Zusammenarbeit im April 2001 diente vor allem Chinas Handelsinteressen in der zentralasiatischen Region – Stichwort »Erdöl«. Die Initiative, der außer China auch Russland, Kasachstan, Kirgisien, Tadschikistan und Usbekistan angehören, hat seit dem Afghanistankrieg eine deutlichere politische Färbung angenommen. China teilt die russischen Bedenken angesichts der US-Militärbasen in der Region und beobachtet die islamistischen Bewegungen wie die anderen Mitgliedstaaten mit wachsender Besorgnis – zumal nach chinesischer Lesart die uigurischen Islamisten langfristig nach Unabhängigkeit streben.

Der US-amerikanische Chinaexperte David Shambaugh resümiert: »Die bilaterale und multilaterale Diplomatie Pekings zeigte ein außergewöhnliches Geschick, sich in der Region Asien Vertrauen zu verschaffen. Infolgedessen betrachten die meisten Länder China inzwischen als guten Nachbarn, konstruktiven Partner, aufmerksamen Gesprächspartner und als eine Regionalmacht, die ihnen keine Angst macht.«[13] Kann man deshalb schon von einem »Pekinger Konsens«[14] als neuem Entwicklungsmodell sprechen, wie Joshua Cooper Ramo nahe legt, der dem Council on Foreign Relations in New York und dem Foreign Policy Centre in London angehört? Ist China in der Lage, die wirtschaftliche und politische Führung einer asiatischen Union zu übernehmen? Auf ökonomischer Ebene reichen die Mittel dazu gewiss noch nicht aus: Zwei Drittel der chinesischen Ausfuhren stammen aus ausländischen Unternehmen, die im Lande montieren lassen, was andernorts entworfen wird.

In einigen High-Tech-Sektoren sind die Chinesen zwar führend, und in anderen Sektoren versuchen sie, an die Spitze zu kommen, indem sie ausländische Forschungszentren ins Land holen und Unternehmen aufkaufen, um bekannte Marken zu übernehmen und vom Technologietransfer zu profitieren. Einstweilen aber steht das chinesische Wirtschaftswachstum auf wackligen Beinen und ist noch stark vom Ausland abhängig: In der Produktion von den Asean-Staaten und von Japan, und was die Ausfuhren betrifft, ist China auf die Märkte des Westens angewiesen. Ein Schwachpunkt ist auch das anfällige chinesische Finanzsystem. Die kleinste Missstimmigkeit, beispielsweise mit den Vereinigten

Staaten, könnte die Wachstumsdynamik zum Stillstand bringen und politisch höchst explosive Folgen haben.

China will zügig vorankommen – ohne dabei das Chaos heraufzubeschwören. »Ausstrahlung kann es nur gewinnen«, meint ein Diplomat, »wenn es eine attraktive Kultur vorzuweisen hat – so wie ursprünglich auch unsere Sprache. Konsumieren reicht da nicht. Wir müssen unsere eigenen Werte erfinden, die nicht bloß den Westen kopieren dürfen.« Doch denen, die sich darum bemühen, fehle der öffentliche Raum für Diskussionen. Unser Gesprächspartner befürchtet daher, dass China mit dem Abblocken politischer Freiheiten seine eigene Entwicklung blockiert.

Deutsch von Bodo Schulze

---

11 | Die 1967 in Bangkok gegründete Vereinigung umfasste ursprünglich Malaysia, die Philippinen, Thailand, Indonesien und Singapur. Später kamen das Sultanat Brunei, Vietnam, Birma, Laos und Kambodscha hinzu.

12 | Die Zollbarrieren sollen bis 2010 schrittweise abgebaut werden.

13 | »China Engages Asia. Reshaping the Regional Order«, International Security 29 (3), Washington, Autumn 2004–2005

14 | Siehe Anmerkung 6

Erstmals erschienen in *Le Monde diplomatique* vom September 2005

Sag es auf Chinesisch!
Peking setzt jetzt auf »Soft Power«

Im April 2007 ist es wieder so weit. In der niedersächsischen Landeshauptstadt Hannover soll ein neues Konfuzius-Institut eröffnet werden. Es ist dann das vierte chinesische Sprach- und Kulturinstitut dieser Art in Deutschland (nach Nürnberg-Erlangen, Berlin und Düsseldorf) und eines von weltweit rund einhundert Konfuzius-Instituten, die Chinas Regierung seit Sommer 2004 in bisher 50 Staaten gegründet hat. Bald sollen es weltweit schon 200 sein. Diese Institute, die anders als die vergleichbaren deutschen Goethe-Institute immer mit Anbindung an lokale universitäre Partner gegründet werden, sollen die wachsende Nachfrage nach chinesischen Sprachkenntnissen befriedigen helfen und kulturelles Wissen über China vermitteln.

Die Regierung in Peking hofft, dass bereits in wenigen Jahren 100 Millionen Menschen Chinesisch lernen, das wären mehr als dreimal so viele wie heute. Schließlich werden Chinesischkenntnisse und China-Erfahrungen weltweit für den beruflichen Erfolg immer wichtiger. Peking setzt außerdem darauf, mit der Sprache auch Denkweisen und Wertvorstellungen leichter vermitteln zu können. Oder, wie es Zhao Guocheng, der Direktor der verantwortlichen »Chinesischen Staatlichen Leitungsgruppe für Chinesisch als Fremdsprache«, freimütig ausdrückte, »einige Missverständnisse über China zu korrigieren«.

Die Konfuzius-Institute sind nur ein Teil einer seit 2002 zu beobachtenden Soft-Power-Initiative Pekings. Der US-Politologe Joseph S. Nye, der die Theorie der Soft Power 1990 formulierte, unterscheidet die traditionellen harten Machtmittel Militär und Wirtschaft (die Peking ebenfalls ausbaut) von den weichen Formen der Macht, nämlich Kultur, Werte und Diplomatie. Sie setzen auf Überzeugung durch Attraktivität. Schon das alte Reich der Mitte, das tributpflichtige Delegationen aus seinen Nachbarstaaten empfing, war eine Quelle der Soft Power. Und es war schließlich Konfuzius, dessen Werte ganz Ostasien prägten. Erst im Zeitalter des Imperialismus wurde China unfreiwillig zum Empfänger der westlichen Kultur und ihrer Werte.

Nach dem mehr oder weniger gescheiterten Ideologie- und Revolutionsexport während Maos Kulturrevolution konnte China erst wieder in den 1980er-Jahren Sympathiepunkte sammeln, und zwar mit dem Export von Pandabären. Die putzigen Bären, die an Zoos in aller Welt ausgeliehen wurden, waren ideale Sympathieträger für das sich öffnende China. Während die Regierung in Peking noch heute mit Pandas die Bevölkerung in Taiwan zu spalten versteht, setzt sie international auf die Vermarktung des kulturellen Erbes. Mit der Chinesischen Mauer, der Verbotenen Stadt, der Terrakottaarmee, der chinesischen Küche wie der traditionellen Medizin hat China viel zu bieten. Seit 1995 werden auch die Autoren der klassischen chinesischen Literatur wieder neu übersetzt und verlegt.

»Der Vorsitzende Mao inspiziert das Land von Guangdong« von Chen Yanning in der Hamburger Kunsthalle, wo vom 14. September 2006 bis 18. Februar 2007 die Ausstellung »Mahjong – Chinesische Gegenwartskunst aus der Sammlung Sigg« stattfand.
FOTO: REUTERS | CHRISTIAN CHARISIUS

Ziel ist es, die Welt davon zu überzeugen, dass sie vor China keine Angst zu haben brauche, sondern im Gegenteil von dessen Aufstieg profitieren werde. Von Chinas guten Absichten und seiner gelungenen Modernisierung sollen dann die Olympischen Spiele in Peking 2008 künden. Natürlich stehen die Konfuzius-Institute in Deutschland noch am Anfang, und natürlich kann es beispielsweise der Einfluss des chinesischen Kinos noch längst nicht mit dem Hollywoods aufnehmen. Doch während sich die USA mit dem Einsatz harter Machtmittel weltweit immer unbeliebter machen, wird das noch 1989 zum Paria erklärte China international inzwischen für viele zu einem strategischen Partner. Dabei lohnt die Auseinandersetzung mit Chinas Sprache und Kultur auch für Leute, die mit den derzeitigen Machthabern in Peking nichts im Sinn haben.

Sven Hansen

Die Bomben der

Pekings neue Außenpolitik wird berechenbarer

Pekings großes Interesse an guten Beziehungen mit den USA führt im Irakkrieg und im Konflikt um

Seit Peking und Washington 1979 ihre Beziehungen »normalisiert« haben, hat das Verhältnis zu den USA für die Volksrepublik China die höchste außenpolitische Priorität. Bei Gelegenheit wurde dieses Verhältnis sogar – unisono mit Washington – als »konstruktive strategische Partnerschaft für das 21. Jahrhundert« bezeichnet. Die Hoffnungen, die solche vollmundigen Botschaften ausdrückten, wurden jedoch immer wieder enttäuscht.

Der Einsatz chinesischer Raketen – wenn auch ohne Gefechtsköpfe – bei den Militärmanövern von 1995 und 1996 in der Taiwanstraße, der die Entsendung von US-Flugzeugträgern in die Region auslöste, die Bombardierung der chinesischen Botschaft in Belgrad 1999 im Zuge der Nato-Luftangriffe auf Serbien sowie der Zusammenstoß eines US-Spionageflugzeugs mit einem chinesischen Kampfjet 2001 über dem Südchinesischen Meer sind nur einige der Turbulenzen, die es in den Beziehungen zwischen beiden Ländern immer wieder gab. Und auch heute herrscht noch auf beiden Seiten ein erhebliches Misstrauen, zumal man in Peking wie in Washington dem bilateralen Verhältnis nicht wirklich eine strategische Qualität beimisst.

Dennoch zeigt sich seit 2002 in der chinesischen Diplomatie eine »neue Reife«, die sich von traditionelleren Mustern chinesischer Außenpolitik unterscheidet. Dieser neue Hyperrealismus orientiert sich stärker an den materiellen Interessen des Landes. Das neue Paradigma lässt sich an Chinas Irak- und Nordkoreapolitik belegen, an der sichtbar wird, wie es seine Interessen wahrzunehmen und zu schützen gedenkt. Damit lässt sich auch besser studieren, wie der außenpolitische Entscheidungsprozess in Peking funktioniert.

Es kann kein Zweifel darüber bestehen, dass Saddam Husseins Regierung Verbrechen und Fehler begangen hat. Ebenso klar ist aber auch, dass der Irak keine unmittelbare Bedrohung für andere Staaten darstellte, als die USA im März 2003 ihren Präventivkrieg begannen. Weil dieser Krieg unnötig und rechtlich unbegründet war,

Nachbarn

Nordkoreas Atomwaffenprogramm zu einer schwierigen diplomatischen Gratwanderung

konnte sich China nicht an die Seite Amerikas stellen. Doch man konnte sich auch nicht gänzlich aus dem Konflikt heraushalten, weil die Vereinigten Staaten auch in der UNO Unterstützung für ihren Kurs einforderten und China zu den fünf ständigen Mitgliedern des Weltsicherheitsrats gehört, die ein Vetorecht besitzen.

Es gibt noch weitere Gründe, weshalb China die Vereinigten Staaten nicht unterstützen konnte. China ist in stärkerem Maße auf Öllieferungen aus dem Mittleren Osten angewiesen als die USA. Diese Abhängigkeit wird mit der Verstetigung des Wirtschaftsaufschwungs in China immer größer. Seit Beginn des 21. Jahrhunderts ist die Sicherung der Energieversorgung zu einem zentralen Bestandteil der chinesischen Sicherheitspolitik geworden. Ein Krieg gegen Irak implizierte in den Augen der chinesischen Außenpolitiker die Gefahr, dass die USA ihre Kontrolle über die Öllieferungen aus dem Nahen Osten und anderen Regionen noch verstärken.

Obwohl die Regierung in Peking entschieden gegen den Krieg war, konnte sich China nicht an die Spitze der Kriegsgegner stellen. Das Land ist wirtschaftlich stark von den USA abhängig, mit denen es ein Fünftel seines Außenhandels abwickelt. Man musste also auch die Kosten einer eindeutigen Frontstellung gegen die Irakpolitik Washingtons bedenken. In den chinesischen Zeitungen war zwar nur wenig über die Rechtmäßigkeit des Krieges und damit auch über die Berechtigung der chinesischen Haltung zu lesen, doch zwei Einschätzungen wurden immerhin deutlich. Zum einen war man sich angesichts der Haltung von Frankreich, Deutschland und Russland und deren heftiger Kontroverse mit den USA am 14. Februar 2003 sicher, dass jeder Versuch, ein Mandat für den Krieg zu erhalten, an einem Veto im Sicherheitsrat scheitern musste. Zum anderen gingen die politischen Entscheidungsträger in Peking offenbar davon aus, dass die Bush-Administration den Krieg auch ohne Ermächtigung durch eine UN-Resolution beginnen würde – selbst wenn China gemeinsam mit Frankreich und Russland ein Veto eingelegt hätte.

Dennoch hofften die USA auch nach dem 14. Februar 2003, eine Mehrheit von neun Stimmen für ihren Vorschlag zu erhalten, also wenigstens einen »Achtungserfolg« zu erzielen. Wäre es zu einer Abstimmung im Sicherheitsrat gekommen, wäre China in eine sehr schwierige Lage geraten. Mit den USA zu stimmen war unvorstellbar, doch gegen sie zu stimmen wäre politisch womöglich äußerst riskant gewesen und hätte die Beziehungen zwischen China und den USA gefährdet, an denen beide Länder sehr interessiert waren. Eine Stimmenthaltung schließlich hätte Chinas Stellung als wichtiger weltpolitischer Akteur geschwächt und bei den Gegnern des Irakkrieges den Eindruck der Prinzipienlosigkeit geweckt. Am Ende realisierte die US-Regierung auch dank der Überzeugungsarbeit der chinesischen Diplomaten, dass sie niemals neun Stimmen für ihren Resolutionsentwurf erhalten würde. So konnte der Sicherheitsrat eine offene Spaltung vermeiden, und China blieb möglicherweise eine massive Beeinträchtigung seiner Interessen erspart.

Eine weit größere Herausforderung als die vorgebliche Existenz biologischer oder chemischer Massenvernichtungsmittel im Irak stellt die Entwicklung von Atomwaffen durch Nordkorea dar. Denn erstens haben China und Nordkorea eine gemeinsame Grenze, und zweitens geht es bei diesem Konflikt um Nuklearwaffen. 1994 hatten die USA die Bemühungen Chinas um den Abbau der Spannungen zwischen Pjöngjang und Washington durchaus gewürdigt, auch wenn die tatsächlichen Aktivitäten Chinas nicht ganz durchsichtig waren. Als dann aber Nordkorea im Oktober 2002 nach Aussagen des US-Sondergesandten James Kelly eingestand, dass es tatsächlich die Entwicklung von Atomwaffen betreibt, erfuhren die Beziehungen zwischen China und den USA eine erneute Belastungsprobe.

Washington glaubte damals, Peking habe einen starken Einfluss auf Pjöngjang und solle seine Möglichkeiten im Interesse der USA wie auch im eigenen Interesse nutzen. Anfang 2003 beklagten sich die Vereinigten Staaten vernehmlich, dass China nicht genügend Druck auf Nordkorea ausübe. In Washington zogen manche Regierungsvertreter den sarkastischen Schluss, dass man nunmehr Japan zu einer atomaren Aufrüstung ermutigen solle.

Nun hat Nordkorea – allem internationalen Druck zum Trotz – am 9. Oktober 2006 doch einen Atomwaffentest durchgeführt. Darin zeigt sich, dass die Führung in Pjöngjang allein ihre eigenen Interessen verfolgt und ihre Entscheidung in erster Linie von der Abwägung der

Von Shen Dingli

Shen Dingli ist Direktor des Zentrums für Amerikastudien an der Fudan University in Shanghai sowie Leiter des Instituts für Internationale Studien und des Programms für Abrüstung und regionale Sicherheit.

◀ BILD: AB | NORMAL HANDWRITING

Vor- und Nachteile eines solchen Tests abhängig macht und nicht etwa von den Interessen anderer Länder.

Seit es Nuklearwaffen gibt, haben die USA diese Waffen niemals gegen Länder eingesetzt, die selbst Atommächte sind. Dabei ist es keineswegs so, dass Washington den Einsatz solcher Waffen nie erwogen hätte. Richtig ist vielmehr, dass man es nicht gewagt hat. Mittlerweile freigegebene Geheimdokumente belegen, dass ein präventiver Atomschlag gegen chinesische Anlagen durchaus geplant war, mit dem Ziel, die Entwicklung einer chinesischen Atombombe zu stoppen. Doch am Ende schreckte man davor zurück.

Dieses Thema hat auch mit der Taiwanfrage zu tun. Obwohl die USA mit der »Unabhängigkeit Taiwans« eher sympathisieren und diese Idee sogar unterstützen, müssen sie so tun, als seien sie dagegen. Der schlichte Grund ist, dass man sich in Washington über eines im Klaren ist: Sollte die Anerkennung eines »unabhängigen Taiwan« zur militärischen Konfrontation zwischen China und den USA führen, könnte das auch für die USA katastrophale Folgen haben, weil China über ein beträchtliches atomares Arsenal verfügt.

Diese Tatsachen sind für Nordkorea eine wichtige Lehre: Gegen Länder, die Atomwaffen besitzen, riskieren die USA keinen Krieg, wogegen sie Angriffe auf Staaten ohne Nuklearwaffen wie Irak oder Jugoslawien gewagt haben. Für Pjöngjang folgt daraus, dass man selbst Nuklearwaffen entwickeln muss, die mit geeigneten Trägerwaffen eine abschreckende Drohung gegen US-amerikanische Ziele in Ostasien und der Pazifikregion darstellen.

Dass Nordkorea so imstande ist, die Sicherheit des Staates aus eigener Kraft zu garantieren, gilt wiederum als Voraussetzung für die Verwirklichung der dortigen »Juche«-Ideologie. Einer Politik, die sich nur auf die eigenen Kräfte verlässt, also nicht auf die Entwicklung normaler oder freundschaftlicher Beziehungen mit den USA setzt und auch nicht auf besondere Beziehungen zu China, Russland oder anderen Ländern angewiesen ist.

In Nordkorea glaubt man, dass die USA das Land nicht angreifen werden. Dafür gibt es aus der Sicht Pjöngjangs fünf wesentliche Gründe: erstens Nordkoreas nukleare Abschreckung; zweitens die abschreckende Wirkung der konventionellen nordkoreanischen Streitkräfte; drittens die Opposition Südkoreas und Japans, also der regionalen Verbündeten der USA; viertens die Opposition Chinas, Russlands und anderer Länder; und fünftens mehrere simultane Faktoren, die Washington zur Zurückhaltung zwingen, darunter die Situation im Irak, die nukleare Herausforderung durch den Iran und die instabile Lage im gesamten Mittleren Osten.

Der Abschreckung durch Atomwaffen ist ein wichtiger Faktor, der die USA zur Vorsicht zwingt. Hinzu kommt die reguläre Armee Nordkoreas in Stärke von einer Million Mann plus fünf Millionen in paramilitärischen Einheiten. Die grenznahe Stationierung dieser Bodentruppen wirkt als konventionelle Abschreckung gegenüber Südkorea und den dort stationierten US-Truppen. Was Japan betrifft, so reichen die Raketen vom Typ »Nodong« als militärische Warnung aus. Das bedeutet, dass die USA, falls sie einen Angriff auf Nordkorea ins Auge fassen würden, ganz sicher mit der Opposition Südkoreas und sogar Japans zu rechnen hätten.

Vor kurzem wurde bekannt, dass die Clinton-Regierung Mitte der neunziger Jahre 100.000 tote und verwundete US-Soldaten und direkte Kriegskosten von 100 Milliarden Dollar als Kosten für den militärischen Sturz des nordkoreanischen Regimes veranschlagt hat. Zusätzlich wurden noch indirekte Kosten von einer Billion Dollar gezählt.

Ein Präventivschlag der USA gegen Nordkorea würde auch auf die Opposition Chinas und Russlands stoßen. China und Nordkorea haben 1961 einen Kooperations- und Beistandsvertrag unterzeichnet, der nach wie vor in Kraft ist und nur im beiderseitigen Einvernehmen modifiziert oder beendet werden kann. Bei einer Invasion in Nordkorea wäre China demnach verpflichtet, dem Nachbarstaat zu Hilfe zu kommen. Schon deshalb können die USA bei einer Aggression gegen Nordkorea nicht mit Chinas Unterstützung rechnen.

Washington hat aber kein Interesse daran, sich noch einmal (wie im Koreakrieg 1950 bis 1953) mit China anzulegen, nur weil Pjöngjang Atomwaffen entwickelt. Auch Russlands Beziehungen zu Nordkorea sind ein sensibler Faktor. Schon aus geostrategischen Sicherheitserwägungen wird Moskau ein gewaltsames Vorgehen Washingtons gegen Nordkorea entschieden ablehnen.

Den USA sind in der weltpolitischen Arena ohnehin die Hände gebunden. Der Krieg in Afghanistan ist noch längst nicht zu Ende. Auch mit seinem robusten Auftreten gegenüber Irans Nuklearpolitik wird Washington keinen Erfolg haben. Noch stärker ist es in seiner politischen Handlungsfähigkeit durch die Situation im Irak eingeschränkt. Die Bush-Regierung wird sich angesichts der prekären innenpolitischen Lage gewiss hüten, durch einen Angriff auf Nordkorea ihre politische Zukunft zu gefährden. Das gibt Nordkorea noch mehr Zeit, Atomwaffen zu entwickeln oder sogar zu testen.

China ist derzeit vor allem interessiert, seine wirtschaftliche Entwicklung voranzutreiben, aber auch die nationale Wiedervereinigung zu erlangen. Im Hinblick auf das zweite Ziel sieht Peking seine Hauptaufgabe derzeit darin, gegen eine Unabhängigkeit Taiwans zu arbeiten, während die Wiedervereinigung nur das Endziel darstellt.

Im Hinblick darauf ist Nordkorea für China von einem gewissen Nutzen, da es das militärische Drohpotenzial der USA in Ostasien teilweise zu binden vermag. Zudem

◀ **Pekings Interessen und Bündnisse im asiatischen Raum** GRAFIK: PHILIPPE REKACEWICZ

WWW
Forschungsinstitute

Chinese People's Institute of Foreign Affairs (CPIFA)
www.cpifa.org
Peking-Universität (Beida)
www.pku.edu.cn
Shanghai Institute for International Studies
www.siis.org.cn
Institute of World Economics and Politics, Chinese Academy of Social Science (CASS)
www.iwep.org.cn
China Development Institute
www.cdi.com.cn
China Brief der Jamestown Foundation
www.jamestown.org/publications_view.php?publication_id=4
French Centre for Research on Contemporary China
www.cefc.com.hk
Stiftung Wissenschaft und Politik, Berlin
www.swp-berlin.org

hilft Nordkorea auf der Basis des erwähnten Bündnisvertrags, das Haupteinfallstor zu unseren Gebieten im Nordosten zu verteidigen. Da Nordkorea also einen Beitrag zu Chinas nationaler Sicherheit leistet, kann Peking Pjöngjang unmöglich im Stich lassen. Und völlig undenkbar sind umfassende Sanktionen gegen Nordkorea, nur um weitere Atomwaffentests zu verhindern.

Umgekehrt dürfte Pjöngjang kalkulieren, dass Peking sehr daran interessiert ist, in Korea keinen »Regimewechsel« zu erleben und die politische Stabilität auf der Halbinsel zu bewahren. Deshalb geht man wohl davon aus, dass China sich mit den nordkoreanischen Atomwaffentests wohl oder übel abfinden muss. Desgleichen dürfte man in Nordkorea annehmen, dass auch Russland am Ende keine substanziellen Sanktionen verhängen wird, obwohl man in Moskau über die Atomwaffentests gewiss nicht glücklich ist.

Aus all diesen Gründen dürfte Nordkorea kalkulieren, dass das Regime nicht nur keinen Militärschlag der USA zu befürchten hat, sondern auch keine einschneidenden ökonomischen Sanktionen der internationalen Gemeinschaft. Im Fall weiterer Atomtests werden sich die Nachteile also in Grenzen halten. Dem steht sogar ein möglicher Vorteil gegenüber: Als Atomwaffenstaat könnte Nordkorea seine Ausgaben für konventionelle Rüstung reduzieren und damit mehr Geld für die ökonomische Entwicklung einsetzen. Pjöngjang setzt also auch aus rüstungsökonomischen Gründen auf Atomtests.

In der internationalen Gemeinschaft wächst die Besorgnis, dass die nordkoreanischen Tests Japan und Südkorea dazu bringen könnten, auch Atomwaffen zu entwickeln. Doch das ist nicht sehr wahrscheinlich, denn es impliziert, dass die Allianz zwischen den USA und ihren beiden Partnern in Ostasien als nicht besonders verlässlich gesehen wird. Eine solche Entwicklung würde zwangsläufig das Bündnis mit den USA unterminieren und die sicherheitspolitische Konstellation in Ostasien, die bislang von den USA dominiert wird, noch stärker in Frage stellen.

Die Vereinigten Staaten dürften außerstande sein, Nordkoreas Atomwaffentests zu unterbinden, aber sie besitzen immer noch die Fähigkeit, ihre ostasiatischen Verbündeten an der Entwicklung eigener Atomwaffen zu hindern. Tatsächlich haben einige Politiker in Japan nach Nordkoreas erstem Atomwaffentest eine Diskussion über japanische Atomwaffen losgetreten. Doch die öffentliche Meinung im Lande wie auch der Druck aus Washington brachten diese Stimmen rasch zum Verstummen. Und US-Außenministerin Condoleezza Rice hat sogleich versichert, die USA würden den Schutz Japans mit allen nötigen Mitteln gewährleisten. Ebenso hat der damalige US-Verteidigungsminister Donald Rumsfeld klargestellt, dass der Schutz Südkoreas weiterhin garantiert sei.

Technisch dürfte es für Nordkorea kein großes Problem mehr sein, einsetzbare Nuklearwaffen zu entwickeln und auch zu testen. Man hat jedenfalls schon ausreichend spaltbares Material, um bis zu zehn Atomsprengköpfe von der Stärke der auf Hiroshima und Nagasaki abgeworfenen Bomben herzustellen. Auch zur Herstellung von waffenfähigem Plutonium ist Nordkorea bereits in der Lage. Die Baupläne für Atomwaffen der ersten Generation sind inzwischen ein offenes Geheimnis. Desgleichen ist bekannt, dass die Nordkoreaner den Zündungsmechanismus technologisch beherrschen.

In Pjöngjang rechnet man für den Fall von weiteren Atomwaffentests mit folgenden Konsequenzen: Erstens wird die internationale Gemeinschaft begrenzte Sanktionen beschließen; zweitens wird China gezwungen sein, sich an solchen begrenzten Sanktionen gegen Nordkorea zu beteiligen; drittens werden die USA ihre militärische Kooperation mit ihren Verbündeten in Ostasien verstärken; und viertens wird sich die sicherheitspolitische Lage in Nordostasien wahrscheinlich noch weiter verkomplizieren.

Für das Regime in Nordkorea sind jedoch die eigenen Interessen wichtiger als sein Verhältnis zu China. Deshalb wird es nicht darauf verzichten, mittels Atomwaffentests seine nationale Sicherheit aus eigener Kraft zu gewährleisten statt auf Bündnisbeziehungen angewiesen zu sein. Davon wird es sich durch die Interessen Pekings nicht abhalten lassen, und auch nicht durch einen möglichen chinesischen Druck auf Pjöngjang. Nordkoreas Regime wird also weitere Atomwaffentests durchführen, weil die Vorteile in seinen Augen die Nachteile überwiegen.

Was China betrifft, so hat das Land für den Fall weiterer nordkoreanischer Atomwaffentests keine großen Alternativen, denn die sicherheitspolitischen Beziehungen zwischen China und Nordkorea sind keine Einbahnstraße. Peking kann auf Pjöngjang keinen übermäßigen Druck ausüben. Es hat einfach keine Möglichkeit, die Nordkoreaner daran zu hindern, ihre fundamentalen Interessen zu verfolgen, ohne damit seine eigenen fundamentalen Interessen zu beeinträchtigen. Zwischen beiden Ländern gibt es also eine Interessenbalance, die auch heute noch Bestand hat, da die Gefahr eines »unabhängigen Taiwans« noch drängender geworden ist.

Aus diesen Gründen sind seit 1994 alle chinesischen Bemühungen, Nordkorea zur Einstellung seines Atomwaffenprogramms zu überreden, prinzipiell gescheitert. Sollte Nordkorea weitere Atomwaffentests durchführen, wird China zwar nicht umhin können, sich an eventuellen Sanktionen zu beteiligen, auch an Import- und Exportrestriktionen für nukleare Technologie. Doch ökonomische Sanktionen dürfte und sollte China blockieren. Innerhalb des Spektrums von Optionen – zwischen zu weichen Sanktionen, mit denen wir uns als wenig verantwortungsvolle Macht darstellen würden, und zu harten Sanktionen, die Nordkorea zu extremen Reaktionen zwingen oder aber einen »Regimewechsel« herbeiführen würden – kann sich Peking nur am Kriterium des kleineren Übels orientieren. Daraus folgt, dass wir der Frage der nordkoreanischen Atomtests größte Aufmerksamkeit schenken, ohne indessen einem realitätsblinden Pessimismus zu verfallen.[1]

Deutsch von Michael Bischoff und Niels Kadritzke

---

[1] Am 13. Februar 2007 haben sich Nord- und Südkorea, die USA, China, Russland und Japan bei den so genannten Sechsergesprächen in Peking darauf geeinigt, dass Pjöngjang seine Atomanlage Yongbyon schließt und dafür Energielieferungen erhält. Wenn Nordkorea in einem zweiten Schritt seine Atomaktivitäten vollständig und nachprüfbar einstellt, was international skeptisch beurteilt wird, erhält es weitere Energielieferungen. Zudem wurden Gespräche zur Normalisierung der Beziehungen zwischen Nordkorea und den USA sowie Japans vereinbart.

Dieser Artikel ist eine Zusammenstellung zweier Texte des Autors, die erstmals in Le Monde diplomatique im Oktober 2004 und im November 2006 erschienen.

Hu Jintao (geb. 1942)
Der eiskalte Harmonisierer

Als Staatspräsident, KP-Generalsekretär und Vorsitzender der Zentralen Militärkommission der Volksbefreiungsarmee ist Hu Jintao heute Chinas mächtigster Politiker. Bereits 1992 hat der greise Deng Xiaoping ihn als den Kern der sogenannten vierten Führungsgeneration (nach Mao, Deng und Jiang Zemin) ausgemacht. Damals zog Hu überraschend als jüngstes Mitglied in den mächtigen Ständigen Ausschuss des Politbüros ein, im Jahr darauf wurde er Leiter der Parteischule des Zentralkomitees.

Dem Ausland fiel Hu erstmals im Mai 1999 auf. Damals war er Vizepräsident und nahm nach der Bombardierung der chinesischen Botschaft in Belgrad durch die Nato die sterblichen Überreste der Opfer am Flughafen in Empfang. In dieser diplomatischen Krise war er die Stimme der chinesischen Regierung. Er segnete die öffentlichen Demonstrationen gegen die Bombardierung offiziell ab, ließ die Proteste aber auch kurz darauf friedlich beenden.

Hu stammt aus dem Landkreis Jixi in der ostchinesischen Provinz Anhui. Er wurde an Pekings Eliteuniversität Qinghua zum Wasserbauingenieur ausgebildet und trat bereits als Student der KP bei. Sein Studium beendete er 1965, ein Jahr vor Beginn der Kulturrevolution, die er in der Provinz Gansu verbrachte. Dort stieg er in der regionalen Parteiorganisation auf. 1982 wechselte Hu nach Peking ins Sekretariat des kommunistischen Jugendverbandes, dessen Vorsitzender er wenig später wurde. 1985 wurde er Parteichef in der Provinz Guizhou und 1988 in der Autonomen Provinz Tibet, wo er Anfang 1989 Proteste gewaltsam niederschlagen ließ.

Als Führer in Wartestellung hielt sich Hu unter Jiang Zemin auffällig zurück. Zwischen November 2002 und November 2004 übernahm er nach und nach und erstaunlich reibungslos dessen Führungspositionen in Staat, Partei und Militär. Schrittweise entmachtete Hu, gestützt auf Weggefährten aus seiner Zeit im Jugendverband und der Parteischule, die Gefolgsleute Jiangs aus der sogenannten Shanghai-Clique. Dabei boten ihm die Sars-Krise vom Frühjahr 2003 und Korruptionsskandale wie der in Shanghai im Herbst 2006 Gelegenheiten, um parteiinterne Widersacher loszuwerden.

Der Technokrat Hu taktiert vorsichtig, geht aber eiskalt und entschlossen vor, wenn er sich einmal entschieden hat. Politisch hat er andere Schwerpunkte als sein Vorgänger: Setzte Jiang ganz auf das Wirtschaftswachstum – von dem insbesondere seine Heimat Shanghai profitiert hat – so ist Hu gemeinsam mit Premierminister Wen Jiabao stärker auf einen sozialen und regionalen Ausgleich bedacht. Die jahrelange Arbeit in vernachlässigten Provinzen hat Hus Blick für destabilisierende Fehlentwicklungen und soziale Spannungen geschärft.

Während Jiang Zemin mit seinem Konzept der »Drei Vertretungen« die Partei für Unternehmer öffnete, signalisiert Hu mit seinem propagandistischen Konzept der »harmonischen Gesellschaft« den Opfern der Wirtschaftsreformen, dass er sich der Probleme bewusst ist und sich ihrer annimmt. Außenpolitisch setzt Hu offiziell auf eine »harmonische Weltordnung«, um Ängste vor Chinas Aufstieg zu zerstreuen und weil die Volksrepublik bei ihrem Aufstieg ihrerseits auf ein friedliches Umfeld angewiesen ist. Enttäuscht hat Hu all diejenigen, die innenpolitisch auf demokratische Reformen gehofft hatten. Statt das politische System zu pluralisieren, setzt er vielmehr auf eine Perfektionierung der KP-Herrschaft unter seiner Führung.

Sven Hansen

Chronik — **Kriege und Rebellionen** — 1914–1928 ▶ Seite 36

- **1839–1842** *Erster Opiumkrieg* Pekings Versuch, den Opiumschmuggel britischer Kaufleute zu unterbinden, führt zum Krieg und zur Niederlage Chinas. China muss das Opiumeinfuhrverbot aufheben, fünf Häfen für den britischen Handel öffnen und Hongkong abtreten.
- **1850–1864** *Taiping-Rebellion* Sektenartiger Volksaufstand gegen die Fremdherrschaft der Mandschu-Dynastie, der mit Bauernrevolten in Südchina beginnt und sich bis Nordchina ausbreitet. Die Rebellen führen sozialrevolutionäre Maßnahmen durch. Erst 1864 wird der Aufstand mit ausländischer Hilfe blutig niedergeschlagen.
- **1855/1861/1862** Aufstände von Muslimen in Yunnan, Shaanxi, Gansu und Xinjiang. Ab 1865 verliert Peking die Kontrolle über einen Großteil Xinjiangs.
- **1856–1860** *Zweiter Opiumkrieg* Die Durchsuchung eines britischen Schiffes dient London als Vorwand für eine Intervention, an der sich auch französische Streitkräfte beteiligten. Der Krieg endet erst nach der Besetzung Pekings und der Zerstörung des kaiserlichen Sommerpalastes. China muss weitere Häfen öffnen, landesweit christliche Missionierung zulassen, Ausländern Reisefreiheit gewähren und den Opiumhandel legalisieren.
- **1875–1878** »Befriedung« Xinjiangs, das 1884 dem Kaiserreich formal einverleibt wird
- **1894–1895** Der Chinesisch-Japanische Krieg, bei dem es um die Vorherrschaft in Korea geht, endet mit vernichtender Niederlage Chinas. Peking muss Taiwan an Japan abtreten. Chinas demonstrierte Schwäche lockt weitere imperialistische Mächte an.
- **1897–1899** Die Ermordung zweier Missionare nimmt das deutsche Kaiserreich zum Anlass, die Kiautschou-Bucht in Shandong zu besetzen. Offiziell wird sie für 99 Jahre gepachtet und soll deutsche Musterkolonie werden. Russland ergreift Besitz von Port Arthur (Provinz Liaoning), Großbritannien von Weihai (Shandong) und Frankreich von Kwangtschouwan im Süden Guangdongs. In Peking scheitern Reformen des Kaisers („Hundert-Tage-Reformen") zur Modernisierung am Widerstand der Mandarine, die um ihre Macht fürchten.
- **1900–1901** *Boxeraufstand gegen Fremdherrschaft* Die Belagerung des Pekinger Gesandtschaftsviertels und die Ermordung eines deutschen Diplomaten führen zur Entsendung einer multinationalen Strafexpedition (Großbritannien, USA, Japan, Russland, Deutschland, Frankreich, Österreich-Ungarn, Italien), die den Aufstand brutal niederschlägt.
- **1904–1905** Russisch-Japanischer Krieg, der vorwiegend auf chinesischem Gebiet (Mandschurei) stattfindet, wo sich russischer und japanischer Imperialismus in die Quere kommen.
- **1905** Sun Yat-sen gründet in Tokio den chinesischen Revolutionsbund *(Tongmenhui)*, einen Vorläufer der Kuomintang.
- **1911–1912** Der Wuchang-Aufstand von Soldaten in Wuhan (Provinz Hubei) führt zur Revolution, die das chinesische Kaiserreich beendet. Übergangspräsident Sun Yat-sen ruft in der Hauptstadt Nanjing die Republik China aus, tritt das Präsidentenamt jedoch an Yuan Shikai ab. Sun gründet die Nationale Volkspartei (Kuomintang).

Was sucht China im Mittleren Osten?

Fasziniert und irritiert sieht die Welt, wie China zur globalen Wirtschaftsmacht aufsteigt. Doch das zwingt Peking auch zu einer aktiveren Außenpolitik

Während große Teile des Globus für die chinesische Diplomatie bis vor zwei Jahrzehnten noch weitgehend Terra incognita waren, muss sich die Regierung in Peking heute – auf der Suche nach Absatzmärkten, Investoren, Rohstoffen und Energie – auch in Regionen engagieren, an denen ihr strategisches Interesse traditionell gering war. Dies gilt neben Lateinamerika und Afrika vor allem für den Nahen und Mittleren Osten und Nordafrika.

Seit Mitte der 1990er-Jahre hat Peking seine ökonomischen und politischen Aktivitäten in der Region erheblich verstärkt. Dabei ergibt sich allerdings ein Dilemma: Einerseits will man – durch langfristige Lieferverträge für Erdöl und Erdgas und den Einstieg chinesischer Energieunternehmen – stabilen Zugang zu den Ressourcen im Mittleren Osten erlangen, andererseits will man sich gegenüber den Krisen und Akteuren der Region politisch möglichst neutral und defensiv verhalten.

Dieser Balanceakt wird nicht lange durchzuhalten sein. Chinas wachsende energiepolitische Abhängigkeit wird das Land immer stärker in die Konflikte einer notorisch instabilen Region hineinziehen, in der es bislang keinen nennenswerten Einfluss ausübt.

Pekings Engagement im Nahen Osten steht ganz im Zeichen des inneren ökonomischen Transformationsprozesses. Um die wirtschaftliche Dynamik unter Dampf zu halten, die letztlich auch das Überleben der Einparteienherrschaft sichert, muss die rasant steigende Energienachfrage befriedigt werden. Mit knapp zwei Dritteln wird Kohle im chinesischen Energiemix auch künftig die Hauptrolle spielen. Doch der Anteil von Erdöl und Erdgas wird erheblich steigen, weil das Transportaufkommen und der private Konsum zunehmen, während zugleich die Kohlenutzung an ökologische Grenzen stößt. Schon heute ist China hinter den USA der zweitgrößte Erdölkonsument.

Dabei hat sich Chinas Abhängigkeit von Ölimporten in den letzten zehn Jahren dramatisch verschärft. Während 1995 lediglich 7,6 Prozent des Rohöls aus dem Ausland kamen, stiegen die Importe 2004 auf 40 Prozent und müssen 2030, so die Prognose der Internationalen Energiebehörde, rund 80 Prozent des Rohölbedarfs decken.[1] Hauptlieferanten sind schon heute die Länder des Nahen und Mittleren Ostens und Nordafrikas, vor allem Saudi-Arabien, Iran und Oman, die zusammen für rund 40 Prozent der chinesischen Ölimporte aufkommen. Und in den nächsten Jahren wird die Förderleistung der Region aufgrund der großen Reserven und der geringen Förderkosten weiter ansteigen. China wird dann rund 70 Prozent seiner Ölimporte aus der Region beziehen und vom steten Ölfluss aus den Ländern am Golf noch wesentlich abhängiger sein als die USA oder Europa.

Mittels seiner staatlichen Energieunternehmen betreibt Peking in der Region eine Strategie nach der Formel »two imports and one export«. Mit den Importen sind zum einen die langfristigen Lieferverträge für Erdöl und Erdgas gemeint, die chinesische Konzerne mit Staaten wie Saudi-Arabien, Iran, Oman, Sudan, Jemen, Libyen, Kuwait, Katar und Algerien abschließen. Zum anderen werden kapitalkräftige und oft auch technologisch überlegene Energiekonzerne der Region (vor allem Saudi Aramco) ermutigt, in den chinesischen Downstreamsektor und vor allem in Raffinerien zu investieren. Die beiden Importelemente der Strategie werden ergänzt durch den chinesischen Kapitalexport in Form einer direkten Beteiligung chinesischer Firmen an der Erschließung von Öl- und Gasfeldern wie auch an der Ölförderung.[2]

Trotz der Rivalitäten zwischen den regionalen Akteuren gelang es dabei, Liefer- und Beteiligungsabkommen mit einer Vielzahl von Ländern abzuschließen. Doch als Spätstarter auf dem umkämpften Ölmarkt muss China versuchen, seine schwache Position zu kompensieren, indem es auch riskantere und marginalere Ölquellen anzapft. Viele der direkten Beteiligungsprojekte sind bislang nicht umgesetzt, wirtschaftlich fraglich und aufgrund des politischen Umfelds durchaus unsicher.[3]

Zudem ist China nicht der einzige neue Akteur in der Konkurrenz um die knappen Ressourcen der Region. Zwar wird es als zuverlässiger Importeur geschätzt, doch vor allem die Golfstaaten versuchen ihre Abnehmerstruktur weiter zu diversifizieren und setzen bei ihrer »Look East«-Strategie auch auf Chinas regionale Rivalen Japan, Indien und Südkorea. Auch deshalb wurde die ökonomische und politische Flankierung der chinesischen Öldiplomatie immer wichtiger.

In den letzten Jahren hat es Peking verstanden, im Mittleren Osten auch jenseits des Energiesektors eine Rolle zu spielen: als Handelspartner, Investor, Technologielieferant, Kreditgeber und Entwicklungshelfer. Neben den milliardenschweren Öl- und Gasverträgen verblassen zwar die chinesischen Aktivitäten in anderen Wirtschaftsbereichen. Doch im Baugewerbe und bei Infrastrukturprojekten sind chinesische Firmen wichtige Investoren, etwa beim Ausbau von Stromnetzen und Untergrundbahnen im Iran. Und während in den 1980er-Jahren chinesische Produkte am Persischen Golf höchstens in Form von Plastikfliegenklatschen und Mittelstreckenraketen des Typs »Seidenwurm« willkommen waren, werden heute aus China auch elektronische Produkte, Industriemaschinen und verarbeitete Nahrungsmittel importiert.

Die neue Seidenstraße bleibt allerdings für die meisten Länder der Region eine Einbahnstraße. Denn auf den chinesischen Märkten konnten sie bisher nicht Fuß fassen, wenn man von den petrochemischen Produkten Saudi-Arabiens und der Militärtechnologie Israels absieht. Jedoch schätzt man etwa im Sudan und in Algerien die neue Rolle Chinas als »alternativer Währungsfonds«, der politische Vorzugskredite vergibt, ohne eine »Schocktherapie« nach dem Muster von Weltbank oder Internationalem Weltwährungsfonds vorzuschreiben.

Während die arabischen Länder und der Iran ihr Interesse an einer engeren politischen Zusammenarbeit mit China nicht verhehlen – und gegen eine zweite globale Führungsmacht als ausgleichendem Faktor nichts einzuwenden hätten –, hat Peking im Mittleren Osten

Von Jochen Steinhilber

Jochen Steinhilber arbeitet im Referat Entwicklungspolitik der Friedrich-Ebert-Stiftung, zuletzt publizierte er: »Öl für China: Pekings Strategien der Energiesicherung in Nahost und Nordafrika«, in: *Internationale Politik und Gesellschaft*, Heft 4, 2006.

1 | International Energy Agency: World Energy Outlook, Paris 2004
2 | Erica S. Downs, »China's Quest for Energy«, Santa Monica (Rand) 2003
3 | Das gilt etwa für Ölvorkommen im Dschungel von Myanmar (Birma) oder für ein heikles Tiefseeprojekt mit dem Iran im Süden des Kaspischen Meers, wo die Grenzziehung zu Aserbaidschan umstritten ist.

◀ Der chinesische Staats- und Parteichef Hu Jintao bei der offiziellen Begrüßung des saudischen Königs Abdullah in der Großen Halle des Volkes in Peking am 23. Januar 2006
FOTO: REUTERS | ADRIAN BRADSHAW

politisch weniger ambitionierte Ziele, die sich offenbar nicht an einem »Grand Design« orientieren. Man betreibt vielmehr eine pragmatische Politik, die in erster Linie die ökonomische Modernisierung des Landes im Auge hat. Doch die Situation in der weiteren Region macht es für China immer schwieriger, die politischen Klippen zu umsteuern, die Krisenherde wie der Sudan, der Irak oder der Iran darstellen.

Chinas opportunistische Ölstrategie wird besonders im Sudan deutlich, der sich in jüngster Zeit zum wich-

Chinas wachsende energiepolitische Abhängigkeit wird das Land immer stärker in die Konflikte einer notorisch instabilen Region hineinziehen

tigsten Standort der chinesischen Energieversorger entwickelt hat. 2004 gingen 64 Prozent der sudanischen Öllieferungen nach China, das heute zugleich Sudans wichtigster Ölpartner ist. Und zugleich sein wichtigster Schutzpatron auf internationaler Ebene: Das drohende chinesische Veto im Sicherheitsrat hat verhindert, dass die UN ihre »weichen« Sanktionen vom März 2005 verschärft haben. Als Gegenleistung für diese diplomatische Rückendeckung leistete Khartoum eine Bestandsgarantie für die chinesischen Ölkonzessionen.

Während China im Sudan lange Zeit im Schatten der Weltpolitik agieren konnte, bewegt es sich im Iran auf einem Terrain, das fest auf der US-amerikanischen »Achse des Bösen« verortet ist. Im Vergleich zu anderen Ländern der Region bietet der Iran für die chinesischen Interessen zumindest kurzfristig mehrere Vorteile: Die »Paria«-Situation, die fehlende Konkurrenz von US-Konzernen und generell der Antagonismus zwischen Teheran und Washington schafft Bedingungen, die Pekings Ideal von einer exklusiven strategischen Ölbeziehung sehr nahe kommen. Seit 2000 wurden zwischen chinesischen Firmen und dem Iran viele Vereinbarungen abgeschlossen. Davon blieben einige zwar bloße Absichtserklärungen, doch seit Anfang 2006 hat die Kooperation wieder Fahrt aufgenommen. Im März 2006 wurde der Vertrag über ein seit 2004 diskutiertes 100-Milliarden-Dollar-Energiepaket unterzeichnet, das für die nächsten 25 Jahre den Import von jährlich 10 Millionen Tonnen Flüssiggas und 45 Millionen Barrel Öl vorsieht. Dabei lässt der Zeitpunkt vermuten, dass beide Länder mit Blick auf die Reaktion des UN-Sicherheitsrats auf das iranische Atomprogramm den Preis für Sanktionen erhöhen möchten.

In der Iranfrage bleibt Peking nur die Wahl zwischen mehreren ungünstigen Szenarien. Deshalb übt man sich in politischer Zurückhaltung. Die Rechnung geht bislang auf, weil sich Moskau zum exponierten Gegenspieler Washingtons und zur Schlüsselmacht bei der Lösung des Konflikts entwickelt hat. Sollten jedoch im Sicherheitsrat weitreichende Sanktionen gegen den Iran zur Debatte stehen, wäre China wohl kaum bereit, seine Interessen gegenüber den USA für den Iran zu opfern.

Andererseits zeigen die jüngsten Entwicklungen auf der koreanischen Halbinsel, wie sehr auch die USA auf eine Kooperation mit China angewiesen sind. Ohne Gegenleistung wird Peking deshalb Sanktionen gegen den Iran kaum passieren lassen. Die USA (und Europa) haben freilich für eine chinesische Enthaltung im UN-Sicherheitsrat nur wenig anzubieten. Im handelspolitisch-strategischen Bereich müsste das Angebot in der Größenordnung des Nukleardeals liegen, den die USA gerade mit Indien abgeschlossen haben. Doch da dieses Abkommen dem Kongress auch als Schachzug zur Eindämmung Chinas verkauft wurde, ist eine ähnliche sino-amerikanische Übereinkunft kaum wahrscheinlich.

Was die Energiepolitik betrifft, könnte die Öffnung der irakischen Ölfelder für chinesische Konzerne einen Anreiz bieten. Angesichts der Situation im Irak ist es jedoch fraglich, ob dies für China besonders attraktiv ist, zumal sich Peking auf den Ölfeldern um Kirkuk bereits aktiv ins Spiel gebracht hat.

Vor der Intervention im Irak war China einer der größten Rohöleinkäufer im Rahmen des Oil-for-Food-Programms der UNO. 1997 unterschrieb ein chinesisches Konsortium mit Bagdad ein Abkommen, das für die Zeit nach den UN-Sanktionen eine Förderlizenz für die Hälfte des Al-Ahdab-Feldes vorsah. Allerdings hat Washington diesen Vertrag nach dem Ende des Irakfeldzugs suspendiert.

Auf einen generellen Zugriff auf die zweitgrößten Ölreserven der Welt kann China bisher allerdings nur hoffen, keinesfalls aber sicher setzen. Auch deshalb sind die 40 Prozent der irakischen Ölreserven, die in den kurdischen Gebieten liegen, für China besonders interessant. Die neue irakische Verfassung gestattet es den lokalen Behörden, neue Ölfelder selbständig zu erschließen. Ganz entgegen der allgemeinen Haltung Pekings, das separatistische Bewegungen scharf verurteilt und im eigenen Land entschieden bekämpft, versucht Peking seit einigen Monaten, enge Kontakte zu den kurdischen Parteien und Autoritäten im Irak zu entwickeln. Dabei geht China keinesfalls so weit, einen unabhängigen Kurdenstaat zu unterstützen, der die Region noch weiter destabilisieren würde und auf die separatistischen Bewegungen im eigenen Land (Uiguren und Tibeter) ausstrahlen könnte. Hinter der Forderung nach einem föderalen Irak verbirgt sich jedoch die Hoffnung, an Bagdad vorbei und ohne den Segen Washingtons einen Stützpunkt zu gewinnen. Ein autonomer Nordirak in einem schwachen Gesamtstaat würde den Interessen Chinas am ehesten entsprechen.

Dass die Pekinger Führung den Ruf hat, gegen Regimewechsel und Interventionen einzutreten, kommt ihr bei der Pflege der bilateralen Beziehungen mit den arabischen Staaten und dem Iran also durchaus zugute. Doch gegenüber der US-Politik im Mittleren Osten spielt sie eher die Rolle des Trittbrettfahrers als die des Spielverderbers. Die ordnungspolitische Funktion der USA, insbesondere bei der Sicherung der wichtigsten Seefahrtsstraßen, dient auch den chinesischen Interessen. Und so lotet Peking zwar von Land zu Land den politischen Spielraum aus, den es für die Sicherung der Energieressourcen braucht, vermeidet es aber, sich in heiklen Fragen zu isolieren oder gar offen gegen die USA zu stellen.

Das zeigt sich auch in den interessanten Beziehungen zwischen Peking und Tel Aviv. Eine nicht sehr bekannte Facette der chinesischen Nahostpolitik ist die militärtechnologische Kooperation mit Israel. Nachdem man die strikt proarabische Haltung aufgegeben hat, hofft man, via Israel an die begehrte westliche Militärtechnologie heranzukommen.

Umgekehrt ist China für die israelische Hightech-Militärindustrie ein wichtiger Absatzmarkt. Israel war immer wieder bereit, neben kleineren Waffensystemen auch hochwertige Technologie nach Fernost zu verschiffen: Antiradardrohnen vom Typ »Harpy«, Luft-Luft-Raketen, ja sogar US-Technologien für Kampfjet-Antriebe und vermutlich auch Patriot-Raketen.

Washington ist dieser schwunghafte Handel schon lange ein Dorn im Auge, hat er doch China geholfen, ein militärisches Übergewicht gegenüber Taiwan zu erlangen. Weil dies die Interessen der USA in der Pazifikregion gefährdet, hat Washington die beiden letzten Waffengeschäfte[4] gestoppt und Israel 2005 die rote Karte gezeigt. Sollte jedoch die EU demnächst ihr Waffenembargo gegen China aufheben, wird die israelische Rüstungsindustrie darauf drängen, den Handel mit Peking wieder aufzunehmen.

Betrachtet man die gesamte chinesischen Nahostpolitik, ist eine islamisch-konfuzianische Allianz, wie sie etwa Huntington prophezeit hat, nichts als eine Schimäre. Für die ökonomische Entwicklung Chinas hat das Verhältnis zu Washington eine überragende Bedeutung, denn die USA sind der wichtigste Investor und zugleich der größte Exportmarkt.

Dies und die sicherheitspolitische Situation, etwa mit Blick auf die Taiwanfrage, lassen Peking im Nahen Osten eher auf Kooperation als auf Konfrontation setzen. Dass China heute, trotz immer wieder auftauchender Spekulationen (zuletzt über Lieferungen von Antischiffsraketen an den Iran), Waffen-für-Öl-Geschäfte nicht gezielt als Anreiz einsetzt und auch im Waffenhandel der Region keine Rolle mehr spielt, erklärt sich vor allem aus den sensiblen Beziehungen zu den USA.

Allerdings fragt man sich in Peking, ob das derzeit gute sino-amerikanische Verhältnis langfristig Bestand haben wird oder nur im Zeichen des »Kampfs gegen den Terror« funktioniert, den Peking für seinen Kampf gegen die inneren Minderheiten ausnutzt.[5] Angesichts dieser Unwägbarkeiten und der geschwächten Position der USA im Mittleren Osten versucht China, die US-Vorherrschaft zumindest zu begrenzen – ohne ihr offen entgegenzutreten – und eigene politische Pfade anzulegen.

In diesem Sinne engagiert sich Peking stärker in den Vereinten Nationen, zum Beispiel mit seinem Beitrags zum Libanon-Einsatz. Demselben Ziel dient aber auch die Ausdehnung von regionalen Einflusssphären. So hat man etwa Teheran einen Beobachterstatus in der Shanghai Cooperation Organization geboten, multilaterale Foren wie das China-Arab Cooperation Forum gegründet und die bilateralen Beziehungen zu den wichtigsten Ländern wie Saudi-Arabien ausgebaut.

Für Washington dürfte deshalb eine aggressivere Politik gegenüber China – oder gar ein »Containment« im Stil des Kalten Krieges, von dem in manchem Club rund um den Capitol Hill geraunt wird – wenig Erfolg versprechend sein. Trotz der in gewohnt robuster Diktion vorgetragenen Warnungen vor einem unvermeidlichen Showdown zwischen China und den USA[6] ist die kooperative Einbindung Chinas die bessere Option, und zwar sowohl mit Blick auf die Energieproblematik als auch im Sinne einer politischen Lösung für die Konflikte im Nahen und Mittleren Osten.

Kurzfristig wird diese Perspektive nur schwierig umzusetzen sein, auf mittlere Sicht jedoch besteht Hoffnung. Noch verfolgt Peking seine traditionelle Doktrin, die auf bilaterale Beziehungen zu den potenziellen Energieversorgern und auf größtmögliche Unabhängigkeit vom internationalen Ölmarkt setzt. Denn dieser ist nicht nur von westlichen Konzernen beherrscht, sondern zeigt sich auch gegenüber dem Newcomer China nicht eben großzügig.[7]

Ein Reihe von Maßnahmen könnten helfen, das Misstrauen abzubauen. Dazu gehören gemeinsame Energieforen, die eindeutige Garantie der USA für offene Seerouten, ein offener Wettbewerb bei der Ausschreibung der Öllizenzen im Irak, aber auch die Förderung von chinesisch-europäisch-amerikanischen Joint-Ventures im Energiesektor. Dies wären wichtige Signale zu einem Zeitpunkt, da man sich in China zunehmend fragt, ob die bisherige energiepolitische Strategie, auf exklusive Lieferverträge statt auf den Markt zu setzen, tatsächlich zu mehr Versorgungssicherheit führt.

Auch der Versuch Pekings, sich als Everybody's Darling zu geben, stößt im Nahen und Mittleren Osten an seine Grenzen: Zu sehr ist die Ressourcenfrage mit den regionalen Konflikten und dem Verhältnis zu den USA verknüpft. Durch ein stärkeres Engagement in multilateralen Initiativen könnte China seine politische Passivität schrittweise überwinden. Zumal sich mit Indien bereits ein weiterer Akteur in der Region tummelt, der für die USA ein viel plausiblerer Partner wäre und der Chinas Position in der Region empfindlich schwächen könnte.

Die Möglichkeiten einer aktiven politischen Rolle Pekings sind freilich begrenzt. Doch die grundsätzliche Unterstützung der »Roadmap« eröffnet zumindest die Chance, das Quartett aus UN, USA, EU und Russland zu einem Quintett zu erweitern. Für den Fall, dass der blockierte »Middle East Peace Process« wieder in Gang kommt, könnte China zumindest an multilateralen Arbeitsgruppen zur regionalen ökonomischen Entwicklung und zur Rüstungskontrolle beteiligt werden. Angesichts der Rolle Chinas auf dem Energiesektor und im Nahen und Mittleren Osten spricht jedenfalls vieles dafür, Peking stärker in die Verantwortung für die Lösung der Probleme der Region einzubinden.

4 | Das betrifft ein Frühwarnsystem à la Awacs und die Modernisierung der Harpy-Systeme.
5 | Für seine Unterstützung des »Kriegs gegen den Terror« erreichte China von den USA die Einstufung des East Turkestan Islamic Movement als terroristische Vereinigung, was das harte Vorgehen Pekings gegen die Uiguren erleichtert.
6 | John J. Mearsheimer, »Better to be Godzilla than Bambi«, in: *Foreign Policy*, Issue 146, 2005
7 | Das hat sich insbesondere am Fall Unocal gezeigt

Erstmals erschienen in *Le Monde diplomatique* vom November 2006

©2006
Le Monde diplomatique, Berlin

Chiang Kai-shek (1887–1975)
Der autoritär-nationalistische Generalissimus

▲ **Chiang Kai-shek Memorial Hall in Taipeh, Taiwan.** FOTO: REUTERS | SIMON KWONG

Chiang Kai-shek ist Nachfolger Sun Yat-sens als Chef der Kuomintang und wird 1928 Regierungschef. Aus der südchinesischen Provinz Zhejiang stammend, wo seine Vorfahren Bauern und Salzhändler waren, wird Chiang Soldat und besucht zwei Jahre lang eine Militärakademie in Japan. Er beteiligt sich als junger Artillerieoffizier am Sturz der chinesischen Kaiserdynastie und wird Gründungsmitglied der Kuomintang. Als ein enger Vertrauter Sun Yat-sens wird er mit einer Studienkommission nach Moskau geschickt und anschließend Leiter der neu gegründeten Whampoa-Militärakademie. Dies erweist sich nach Suns Tod als Schlüsselposition im Kampf um dessen Nachfolge.

Chiang führt bis 1928, als er sich zum Generalissimus erklären lässt, erfolgreiche Feldzüge gegen die in Nord- und Zentralchina herrschenden Warlords. Damit eint er das Land wieder ein Stück und untermauert seinen Führungsanspruch in der Kuomintang. Die von Sun geerbte Einheitsfront mit den Kommunisten hat er bereits 1926 aufgekündigt und tausende von ihnen töten lassen. Chiang verbündet sich mit reichen Familien und kooperiert auch mit Teilen der Shanghaier Unterwelt. Seine Ehefrau Soong May-ling, eine Schwester der Witwe Sun Yat-sens, entstammt dem mächtigen Soong-Clan.

1931 bis 1936 führt Chiang fünf Vernichtungsfeldzüge gegen die Kommunisten, die er – von 1934 bis 1938 mit nazideutscher Hilfe – merklich schwächen, aber nicht besiegen kann. Auch seine Truppen sind geschwächt, was die Japaner ab 1937 ausnutzen, so dass Chiang – zeitweilig von Generälen zu einem neuen Bündnis mit den Kommunisten gezwungen – stellenweise einen Zweifrontenkrieg führt. Chiang sieht die Kommunisten als bedrohlicher an als die Japaner, was viele Nationalisten befremdet. Chiang will erst die Kommunisten besiegen, während er den Japanern bereits kampflos die Mandschurei überließ. Letztlich verschafft Japans Invasion den Kommunisten erst richtig Auftrieb, während die von Chiang eingeleitete Modernisierung Chinas ins Stocken gerät.

Nach dem Zweiten Weltkrieg, aus dem Chiangs korruptes und inflationsgeplagtes Regime innenpolitisch angeschlagen, aber international aufgewertet hervorgeht, wird er im Bürgerkrieg gegen die Kommunisten von den USA unterstützt. Seine Truppen wie auch sein Rückhalt in der Bevölkerung erweisen sich jedoch als schwächer im Vergleich zu den Kommunisten, die die unzufriedenen Bauern mobilisieren können. Chiangs Truppen werden nach Süden abgedrängt, bis er schließlich Ende 1949 mit seiner Regierung und ihren Anhängern nach Taiwan flieht. Dort herrscht er als Präsident der Republik China diktatorisch bis zu seinem Tod. Vergeblich hofft er auf die Rückeroberung des Festlandes. Dank Landreform und US-Hilfe erzielt er in Taiwan wirtschaftliche Erfolge.

Auf der Insel gilt Chiang jahrzehntelang als Übervater, was auch an der großen Gedenkstätte in der Hauptstadt Taipeh abzulesen ist. Mit der Demokratisierung, die der anschließenden Herrschaft seines Sohnes Chiang Ching-kuo abgetrotzt wird, erscheint Chiang in kritischerem Licht, erst recht seit die Kuomintang erstmals im Jahr 2000 als Regierungspartei abgewählt wurde. Für Chinas Kommunisten war Chiang jahrzehntelang der Hauptfeind, wird aber heute milder beurteilt. Schließlich hielt er als Nationalist immer an der Wiedervereinigung Taiwans mit dem Festland fest. In den letzten Jahren hofierten Chinas Kommunisten gar die Kuomintang, um die Politik der mit der Unabhängigkeit liebäugelnden taiwanischen Regierung zu hintertreiben. Im Vergleich zur Zeit unter Chiang hat sich aber auch die Kuomintang demokratisiert und weiß nur zu genau, dass inzwischen Taiwans Wähler das letzte Wort haben.

Sven Hansen

Kuomintang-Herrschaft und Revolution (1)

Seite 31 ◀ 1839–1912 ——— 1928–1949 ▶ Seite 41

- **1914** Präsident Yuan Shikai löst das Parlament auf und strebt eine von ihm geführte Diktatur an.
- **1915** Japan präsentiert 21 Forderungen, um China in sein Protektorat umzuwandeln.
- **1916** Plötzlicher Tod Yuan Shikais. Die bis 1927 dauernde Herrschaft der Warlords beginnt.
- **1919** *4.-Mai-Bewegung* Studenten protestieren in Peking gegen den Versailler Vertrag, demzufolge die deutschen Kolonialgebiete nicht an China zurückgegeben werden sollen, sondern an Japan. Es entsteht eine nationale Bewegung für soziale Reformen.
- **1921** Gründung der Kommunistischen Partei Chinas am 1. Juli in Shanghai. Chen Duxiu, eine der treibenden Kräfte der 4.-Mai-Bewegung, wird Generalsekretär. Sun Yat-sen gründet eine nationalistische Regierung im südlichen Guangzhou.
- **1925** Tod Sun Yat-sens. Nachfolger als Kuomintang-Chef wird Chiang Kai-shek.
- **1926** Chiang Kai-shek befreit im Nordfeldzug die Provinzen am Jangtse von der Herrschaft der Warlords.
- **1927** Chiang Kai-shek kündigt die Einheitsfront mit der KP auf und lässt im April tausende Kommunisten in Shanghai und Guangzhou ermorden. Der gescheiterte Aufstand von Nanchang (Provinz Jiangxi) am 1. August gilt als Geburtsstunde der Roten Armee (später Volksbefreiungsarmee).

Waisenkind der Welt Taiwan und die Menschenrechte

Von Lung Yingtai

Lung Yingtai ist Schriftstellerin und Professorin an der National Tsing Hua Universität in Hsinchu (Taiwan) und der Universität Hongkong. 2006 veröffentlichte sie mit Christian Meyer das Buch »Taiwans ›kulturelle Schizophrenie‹ « (Projektverlag, Bochum)

Wenn von Menschenrechten und China die Rede ist, fallen einem sofort die Menschenrechtsverletzungen in der Volksrepublik ein: wie viele Autoren und Journalisten im Gefängnis sitzen, wie viele Hinrichtungen es jedes Jahr gibt und wie vielen Millionen Bauern im Jahr gewaltsam Land und Hof genommen wird. Nur wenige denken beim Thema Menschenrechte an Taiwan. Schließlich ist Taiwans Volkswirtschaft die achtzehntgrößte der Welt, das Land hat ein mit Neuseeland und Spanien vergleichbares Pro-Kopf-Einkommen, und in Taiwan werden 80 Prozent aller Notebookcomputer entworfen. Was gibt es dort schon zu Menschenrechtsverletzungen zu sagen?

Aber lasst uns einen Moment lang vergegenwärtigen, dass es auf dieser Welt eine Gemeinschaft gibt, für die wir besondere Regeln haben: Sie darf nicht an unseren Treffen und Diskussionen teilnehmen, wir laden sie nicht zu Festen und Gedenkveranstaltungen ein, wir meiden ihre Führer und Vertreter und warnen sie nicht einmal, wenn Gefahr im Verzuge ist. Stattdessen verlangen wir, dass sie ihren eigenen Namen nicht benutzen. Verletzt das die Menschenrechte oder nicht?

Im Hinblick auf wirtschaftliche Errungenschaften und Bevölkerungsgröße ist Taiwan ein erfolgreicher und großer Staat. Aber in der Realität ist er von fast allen internationalen Organisationen ausgeschlossen. Taiwan muss andere Nationen dafür bezahlen, dass sie die diplomatischen Beziehungen nicht abbrechen. Und wenn seine politischen Führer andere Staaten besuchen, müssen sie inkognito reisen und werden dabei immer erniedrigt. Hier ein sarkastischer Kommentar über eine Reise von Taiwans Präsident Chen Shui-bian im Mai 2006: »Chen wurde von den USA eine Zwischenlandung verwehrt, er versuchte über Kanada, Mexiko und den Libanon zu fliegen, doch alle drei verweigerten ihm Stopps. Schließlich durfte er, nachdem er versprochen hatte, mehr Waffen zu kaufen, in Abu Dhabi zwischenlanden. Es gelangen ihm noch Stopps in Libyen und Indonesien, aber das verbirgt nicht die Situation: Taiwan ist das Waisenkind der Welt. Chen hat zur Erniedrigung aufgefordert und dabei die 23 Millionen Taiwaner erniedrigt.«[1]

Die internationale Gemeinschaft ist sich vielleicht der politischen Isolation Taiwans bewusst, aber versteht deren Tiefe und Breite nicht. Zum Beispiel, wenn sogar in der Kunst die Taiwaner geschnitten werden. So sind bei Venedigs Biennale taiwanische Künstler nicht auf dem Veranstaltungsgelände zugelassen, sondern müssen außerhalb Flächen selbst anmieten. Und als zu Beginn der Sars-Krise zwei Fälle der Lungenkrankheit in Taiwan entdeckt wurden und seine Behörden die Weltgesundheitsorganisation umgehend um Informationen baten, wurde ihnen gesagt, Taiwan dürfe nur über Peking anfragen. Dabei war Peking nicht einmal bereit, auf seine eigenen SARS-Probleme angemessen zu reagieren.

Wenn in Taiwan Politiker und Meinungsführer über die Zukunft sprechen, stammt der am häufigsten benutzte Begriff aus einer alten Redewendung: »Sitzen und darauf warten unterzugehen«. Die 35 Jahre der Isolation und Ächtung[2] haben den Taiwanern ein Gefühl vermittelt, dass sie vom globalen Dorf verlassen und zurückgewiesen wurden. Laut einer Umfrage von 2005 denken 80 Prozent der befragten Taiwaner, dass Taiwan »international ein sehr niedriges Standing« hat. 80 Prozent wissen aber auch nicht, wo das UN-Hauptquuartier ist, in welcher Stadt der Nobelpreis verliehen wird und wo der größte Regenwald ist. 60 Prozent wissen nicht, welche Währung Deutschland benutzt und auf welchem Kontinent Athen liegt.

Die Umfrageergebnisse stammen aus Taipeh, wo 45 Prozent der Bevölkerung mindestens einen Collegeabschluss haben, im Vergleich zu nur 13 Prozent in Hongkong. Doch der Mangel an Wissen über das globale Dorf resultiert aus dreieinhalb Jahrzehnten Ächtung. Dass den Menschen in Taiwan das Recht auf ein soziales und kulturelles Leben in der Weltgemeinschaft verwehrt wird, verstößt gegen die Allgemeine Erklärung der Menschenrechte der Vereinten Nationen. Aber die Weltgemeinschaft scheint gleichgültig.

37 Jahre lang lebten die Taiwaner unter Kriegsrecht, das erst 1987 endete. Aber die internationale Isolation, die 1971 begann, dauert schon 35 Jahre. In dieser Isolation bauten die Taiwaner die erste und einzige Demokratie in der chinesischsprachigen Welt auf und schufen ein Wirtschaftswunder. In dieser Isolation weiß dann die große Mehrheit der befragten Taiwaner nicht, wo das UN-Hauptquartier ist oder wo Athen lie gt. Taiwaner haben das Gefühl, sie würden wegen ihrer Demokratie bestraft und die Weltgemeinschaft schaue zu, wie Generationen taiwanischer Kinder zwar im globalen Dorf aufwachsen, aber ihrer globalen Bürgerrechte und Würde beraubt werden.

Dies hat zwei Auswirkungen: 1. Es behindert Taiwans Demokratie: Wie kann echte Demokratie entstehen ohne Teilhabe an den globalen Pflichten? 2. Mit zunehmender Isolation wachsen Frustration, Animosität und entsprechend der Wunsch, endgültig mit China zu brechen. Das verstärkt den Konflikt.

Bei Chinas Suche nach Modernität ist Taiwans Demokratie immer die wichtigste Referenz gewesen. Wenn ein demokratisches China für den Weltfrieden entscheidend ist, dann muss das globale Dorf präventiv Krieg verhindern, also Taiwans junge Demokratie schützen und pflegen. Taiwans Isolation muss aufhören.

Deutsch von Sven Hansen

[1] | Lianhe Zaobao, Singapur, 16. Mai, 2006
[2] | Am 25. Oktober 1971 beschloss die UN-Generalversammlung die Aufnahme der Volksrepublik China und den Ausschluss der Republik China (Taiwan).

Böse Geister und Chrysanthemen **Patriotismus in Tokio und Peking**

Das Verhältnis zwischen Japan und China hat unter dem japanischen Ministerpräsidenten Junichiro Koizumi einen Tiefpunkt erreicht. Peking hat wegen dessen wiederholten Besuchen des umstrittenen Yasukuni-Schreins, wo auch Kriegsverbrechern gedacht wird, alle Kontakte auf hoher Ebene eingestellt. Zum Streit über den Umgang mit der Geschichte kommen Territorialkonflikte, die Konkurrenz um Bodenschätze sowie die Rivalität um die Vorherrschaft in Ostasien. Unter Koizumis Nachfolger Shinzo Abe bemühen sich beide Seiten zwar inzwischen um Entspannung. Doch das bilaterale Verhältnis dürfte spannungsgeladen bleiben. Schließlich haben Chinas Machthaber auf die nationalistische Karte gesetzt, um von Problemen abzulenken, und in Japan ist man gern stolz, Japaner zu sein.

Von Claude Leblanc
Claude Leblanc ist Journalist.

Die Konflikte zwischen China und Japan haben eine lange Geschichte. Während das Reich der Mitte, über Jahrhunderte die vorherrschende Macht in Asien, gegen Ende des 19. Jahrhunderts von Europa abhängig geworden war, konnte Japan ein solches Schicksal abwehren. Im Bestreben, mit den erobernden Westmächten gleichzuziehen, beanspruchte das Reich der aufgehenden Sonne ebenfalls sein eigenes Kolonialreich. Das Opfer war China, gegen das Japan einen Angriffskrieg führte, der im April 1895 mit dem Vertrag von Shimonoseki endete. Darin musste China seinen Verzicht auf Taiwan erklären und das faktische Protektorat Japans über Korea anerkennen.

Die zutiefst gedemütigten Chinesen haben sich von dieser Niederlage nie erholt. Bis heute, über ein Jahrhundert später, belastet sie das Verhältnis zu Japan immer noch nachhaltig. Der Kampf gegen die japanische Besatzungsmacht war ein Motor der Renaissance des chinesischen Nationalismus, der das vordringliche Ziel hatte, die nationale Einheit wiederherzustellen. Seither wurde der Stolz, einen Beitrag zur japanischen Niederlage im Zweiten Weltkrieg geleistet zu haben, von den Herrschenden sorgfältig gepflegt. Und auch geschickt instrumentalisiert, etwa während schwieriger Verhandlungen mit Tokio oder als Antwort auf japanische Drohungen, die Entwicklungshilfe einzustellen.

Die Auswirkungen dieses Nationalismus hielten sich allerdings immer in Grenzen. Chinesen und Japaner verfügten lange Zeit nicht über die nötigen Mittel, um sich als direkte Rivalen um die führende Rolle in Asien aufzuspielen. Erst das Ende des Kalten Krieges hat für beide Länder wieder die Voraussetzungen für eine unmittelbare Konfrontation geschaffen.

Während Japan, gerade weil es ökonomisch angeschlagen war, umso dringlicher eine politische Rolle im asiatischen Kontext anstrebte, versuchte China, das inzwischen zweistellige Wachstumsraten erzielte, seine zentrale Position auf dem regionalen Schachbrett zurückzuerobern, ohne sich seine Pläne von Tokio durchkreuzen zu lassen. Und angesichts zunehmender Proteste aus dem Innern der Gesellschaft befand man in Peking, dass sich der Appell an das Nationalgefühl als ideales Mittel anbietet, um die Frustrationen eines Teils der chinesischen Bevölkerung abzufangen.

»Seit die Kommunistische Partei Chinas nicht mehr kommunistisch ist, hält sie es für ihre Pflicht, chinesisch zu sein«, schrieb Thomas Christensen in *Foreign Affairs*.[1]

Dieser Nationalismus richtet sich nicht ausschließlich gegen Japan, aber die Annäherung, die nach dem 11. September 2001 im Namen des Kampfs gegen den Terrorismus zwischen Peking und Washington erfolgte, hat die Tendenz der chinesischen Machthaber bestärkt, ihren Hauptfeind in Tokio zu suchen. Zu einer ihrer obersten Prioritäten machten sie die patriotische Erziehung *(aiguo jiaoyu)*. In den Schulbüchern und bei jeder sich bietenden Gelegenheit wird an die Demütigung erinnert, die China in der Vergangenheit unter dem Einfluss der »bösen Geister des Westens« *(yang guizi)* und der »bösen Geister« *(guizi)* schlechthin – das heißt der Japaner – erlitten hat.[2] Die japanische Tageszeitung *Yomiuri Shimbun*[3] hat im September 2004 ein Beispiel für diese patriotische Erziehung publiziert. Demnach sind nicht weniger als neun Kapitel der an chinesischen Oberschulen meistverbreiteten Geschichte Chinas, erschienen im Verlag für Volkserziehung, der japanischen Invasion gewidmet. Dabei werden die von der Kaiserlichen Armee begangenen Gräueltaten noch besonders hervorgehoben. »Angesichts der marktwirtschaftlichen Entwicklung und der Erschütterung der sozialistischen Ideologie besteht die einzige Überlebenschance der Kommunistischen Partei Chinas jetzt offenbar in einem maßlos überhöhten Patriotismus«, kommentiert die japanische Zeitung.[4]

Beunruhigend ist dabei vor allem, dass die chinesische Führung große Probleme hat, die nationalistischen Entgleisungen einer seit Jahren durch ihre eigene Propaganda aufgeheizten öffentlichen Meinung in Schach zu halten.[5] Ein großer Teil der Aktionen militanter chinesischer Nationalisten läuft mittlerweile übers Internet. Trotz aller Bemühungen, den Gebrauch der weltweiten Vernetzung als Mittel der freien Meinungsäußerung einzuschränken, ist es dem Regime nicht gelungen, den schlimmsten Hetzern das Wort abzuschneiden. Angesichts der ständig wachsenden Zahl von Internetbenutzern haben die Behörden schon genug mit der Verfolgung von Cyberdissidenten zu tun,[6] als dass sie auch noch Jagd auf Nationalisten machen könnten. Dabei wird das Internet nicht nur zur Mobilisierung der öffentlichen Meinung benutzt, sondern es gibt auch immer wieder Attacken chinesischer Hacker auf offizielle japanische Websites.

Während die japanische Regierung den zunehmenden Nationalismus im Nachbarland aufmerksam beobachtet, registrieren viele Beobachter mit Sorge ganz

1 | *Foreign Affairs*, 1996, Nº 5
2 | Siehe Chi Li, »Triste Vi«, Arles 1998
3 | *Yomiuri Shimbun*, Tokio, 3. September 2004
4 | Ebenda, 5. August 2004
5 | Im April 2005 kam es nach der Zulassung eines geschichtsrevisionistischen Schulbuches in Japan in mehreren chinesischen Metropolen zu größeren anti-japanischen Protesten und Ausschreitungen. Sie wurden von der Regierung zunächst geduldet und instrumentalisiert, dann aber erfolgreich unterdrückt.
6 | Reporter ohne Grenzen, »Internet sous surveillance«, Paris 2004

◀ Parade in Peking zum 50. Jahrestag des Volksrepublik China am 1. Oktober 1999
FOTO: KATHARINA HESSE

ähnliche Tendenzen auch auf den japanischen Inseln. Der Widerstand gegen nationalistische Positionen, die im Lauf der letzten zehn Jahre immer deutlicher und regelmäßiger artikuliert wurden, hat erkennbar abgenommen. Nach der japanischen Kapitulation von 1945 ließ die Sehnsucht nach einem strahlenden Reich der aufgehenden Sonne rechtsextreme Gruppierungen entstehen, die in allen Städten auf dieselbe Weise auftreten: Geschmückt mit der Nationalflagge und der Chrysantheme, fahren sie mit schwarzen Lieferwagen durch die Straßen und schwingen Reden, in denen sie die Größe Japans beschwören und die ungerechten territorialen Verluste beklagen. Ihre lärmenden Auftritte finden jedoch wenig Beachtung.

Aufmerksamer beobachtet man im Ausland die Versuche der japanischen Regierung, eine bestimmte Lesart der Geschichte vorzuschreiben oder Schulbücher von Passagen freizuhalten, die an die Gräueltaten der Kaiserlichen Armee in Asien erinnern. Jedes Mal, wenn neue Schulbücher herauskommen, protestieren die meisten asiatischen Länder beim japanischen Erziehungsministerium nachdrücklich gegen solche Geschichtszensur. Solche Klagen werden von den mächtigen japanischen Lehrergewerkschaften unterstützt, die sich nicht nur auf dem Rechtsweg zur Wehr setzen, sondern ihre Mitglieder auch aufrufen, die tabuisierten Themen im Unterricht zu behandeln. Bei der feierlichen Eröffnung des neuen Schuljahres im April 2004 weigerten sich zahlreiche Lehrer, die Nationalflagge zu grüßen und die Nationalhymne mitzusingen.[7] Natürlich konnte diese Haltung nicht verhindern, dass einige Politiker nationalistische Thesen formulieren oder regelmäßig den Yasukuni-Schrein in Tokio besuchen, wo japanischer Soldaten – einschließlich der Kriegsverbrecher – gedacht wird. Aber sie hat solche Tendenzen doch schwächen können.

Das war auch deshalb leichter möglich, weil Japan sich nicht gegen andere Länder behaupten musste. Unter der militärischen Obhut der USA, die Japan zum letzten Schutzwall gegen den Kommunismus gemacht hatten, konnte man sich ganz auf die eigene ökonomische Entwicklung konzentrieren und zur weltweit zweitgrößten Wirtschaftsmacht heranwachsen.

Dann aber brachten die Umwälzungen, die Ende der 1980er-Jahre mit dem Zusammenbruch des sowjetischen Systems in Gang kamen, die Spekulationsblase auf Japans Aktien- und Finanzmärkten zum Platzen. Innerhalb kürzester Zeit sahen sich die Japaner mit einer neuen Weltordnung konfrontiert, auf die sie nicht vorbereitet waren. Sie hatten sich daran gewöhnt, vom großen Freund Amerika beschützt und beschirmt zu werden, jetzt aber standen sie vor der brutalen Wahrheit, dass dieser Freund wohl nicht mehr ganz die gleichen Ziele verfolgte. Nachdem es keine sowjetische Bedrohung mehr gab, orientierte sich Washington eher in Richtung Peking als an Tokio. Seither werden die nationalistischen Parolen klarer artikuliert und verstecken sich nicht mehr hinter vagen Begriffen wie »Respekt vor dem Kaiser«.

In der jungen Generation, der die Wirtschaftskrise hart zugesetzt hat, lassen sich viele von den Sirenen des Nationalismus verführen. Das zeigt sich etwa am Erfolg der Comics von Yoshinori Kobayashi, der seine Leser – vor allem in dem berühmten Manifest des neuen Stolzes *(Shin gomanizumu)* – dazu auffordert, als stolze Japaner aufzutreten, die sich von niemand anderem etwas sagen lassen müssen.[8] Der Skandal um HIV-verseuchte Blutkonserven, das schlechte Krisenmanagement beim Erdbeben von Kobe 1995 oder auch der Sarin-Anschlag, den die Aum-Sekte im März desselben Jahres in der U-Bahn von Tokio verübte, boten Gelegenheit genug, die Staatsorgane zu kritisieren und die Japaner aufzurufen, sich nicht von »Weichbäuchen« regieren zu lassen. Kein Wunder, dass ein Rechtsnationalist wie Shintaro Ishihara, der zum Beispiel 1989 das Pamphlet »Ein Japan, das Nein sagen kann« *(No to ieru Nippon)* mitverfasst hat, mit deutlichem Vorsprung vor allen Rivalen zum Bürgermeister von Tokio gewählt wurde. Als Vollblutprovokateur sorgt Ishihara mit seinen donnernden Sprüchen über die Nachbarländer oft genug für Schlagzeilen.

Auch der Yasukuni-Schrein zieht immer mehr junge Menschen an. Nach einer im April 2004 durchgeführten Umfrage der *Asahi Shimbun* waren 63 Prozent der 20- bis 30-Jährigen für eine Änderung der pazifistischen Verfassung, die ein Resultat des Zweiten Weltkriegs ist. Sie sind also bereit, die Existenz einer regulären Armee zu legalisieren, während die Älteren sich mehrheitlich dagegen aussprechen.[9] Trotz aller Offenheit für westliche Einflüsse scheint die Jugend in jüngster Zeit sehr stolz auf ihre Vergangenheit und auf ihre nationalen Wurzeln zu sein. In ihren Augen gibt es keinen Grund mehr, sich der japanischen Nationalität zu schämen und sich die Last der militärischen Vergangenheit aufbürden zu lassen.

Sollte es in China zu weiteren antijapanischen Ausbrüchen kommen, dürfte dies den Nationalismus in Japan weiter befeuern. Die Kluft zwischen China und Japan war seit 1945 niemals größer als heute.[10]

Deutsch von Grete Osterwald

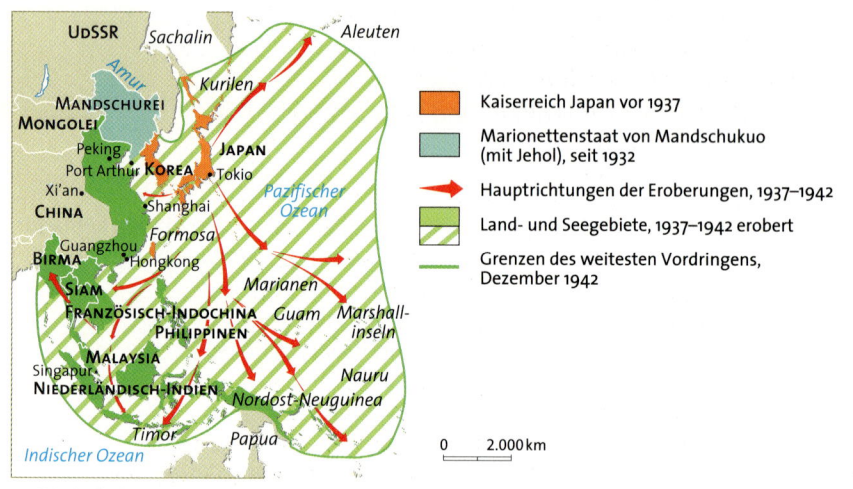

▲ Die Zeit der japanischen Besatzung

GRAFIK: PHILIPPE REKACEWICZ

7 | Im September 2006 sprach das Bezirksgericht Tokio Lehrer der Hauptstadt frei, die sich geweigert hatten, die Nationalhymne wie von der Schulbehörde im Oktober 2003 angeordnet vor der Nationalflagge stehend mitzusingen. 350 Tokioter Lehrer hatten Disziplinarstrafen erhalten, ein halbes Dutzend sogar ihren Arbeitsplatz verloren.
8 | Vgl. Philippe Pons, »Revisionismus im Manga-Comi«, in *Le Monde diplomatique*, Oktober 2001
9 | Laut Artikel 9 der Verfassung darf Japan keine Armee unterhalten. Es geht also darum, diesen Artikel abzuschaffen und die Verfassung der Tatsache anzupassen, dass sich Japan ein Instrument der Selbstverteidigung zugelegt hat, das alle Merkmale einer regulären Armee aufweist.
10 | Im Oktober 2006 ist Japans neuer konservativer Premierminister Shinzo Abe nach Peking gereist, eine Verbesserung der Beziehungen einzuleiten. Peking hat die Geste Abes angenommen, der noch nicht zu erkennen gegeben hat, ob er auch den Yasukuni-Schrein besuchen wird. Im April 2007 will Chinas Premierminister Wen Jiabao nach Tokio reisen. Das wäre der erste Japan-Besuch eines chinesischen Premiers seit sieben Jahren.

Erstmals erschienen in *Le Monde diplomatique* vom Oktober 2004

Sun Yat-sen (1866–1925)
Der Vater des modernen China

Sun Yat-sen ist der einzige chinesische Politiker, der sowohl in der Volksrepublik wie auch in Taiwan hohes Ansehen genießt. Sun, der als Vater des modernen China gilt, stammte aus einem Bauerndorf nahe der portugiesischen Kolonie Macao in der südchinesischen Provinz Guangdong. 1879 zog er zu seinem Bruder nach Hawaii. Dort wurde er, ebenso wie später in Hongkong, an christlichen Schulen unterrichtet und trat dem Christentum bei. Nach dem Medizinstudium ließ er sich in Hongkong als Arzt nieder, entwickelte sich aber bald zum ersten chinesischen Berufsrevolutionär. Sein Ziel war – nachdem er sich mit gemäßigten Reformvorschlägen nicht hatte durchsetzen können – der Sturz des Kaiserreiches und die Erneuerung Chinas.

Nach einem fehlgeschlagenen Aufstand in Guangzhou musste Sun Yat-sen China verlassen. Sein Weg führte ihn über Japan und die USA nach Großbritannien. Dort wurde er von Angehörigen der chinesischen Botschaft entführt, die ihn nach China zur Hinrichtung bringen sollten. Der Fall schlug in London hohe Wellen und brachte Sun, der schließlich fliehen konnte, auch international den Ruf eines Revolutionärs ein. Wenig später ging er wieder nach Japan, wo er unter Exilanten für seine radikalen Vorstellungen warb. Auslandschinesen waren für seine Ideen empfänglich, weil sie die Niederschlagung des Boxeraufstandes als große Demütigung empfanden – und spendeten Geld. 1905 wurde Sun Vorsitzender des in Tokio ansässigen chinesischen Revolutionsbundes *(Tongmenghui),* dessen Programm auf seinen »Drei Grundlehren vom Volk« (Nationalismus, Demokratie, Volkswohlfahrt) beruhte. Seine wiederholten Versuche, in China Aufstände anzuzetteln, scheiterten jedoch.

Als 1911 dann doch ohne Suns direkte Mitwirkung das zweitausendjährige Kaiserreich stürzte, wurde er von den Ereignissen während einer Reise durch die USA überrascht. Die Revolutionäre einigten sich auf ihn als vorläufigen Präsidenten. Aus taktischen Gründen trat er das Amt jedoch schnell an General Yuan Shikai ab, um diesen zur Unterstützung der Revolution zu bewegen. Den Revolutionsbund wandelte Sun mit anderen Gruppen zur Nationalen Volkspartei *(Kuomintang)* um. Sie wurde unter seiner Führung zu Chinas erster moderner Partei nach westlichem Muster. Nachdem er sich schon bald mit dem diktatorischen Yuan überworfen hatte, musste Sun abermals ins Ausland fliehen.

Später gründete er in Guangzhou eine Gegenregierung und bildete taktische Allianzen mit Warlords. 1923 bat er die Sowjetunion um Unterstützung, um die Kuomintang in eine moderne leninistische Partei der Mitte umzuwandeln. Durch Vermittlung der Komintern kommt es wenig später zur Bildung der ersten Einheitsfront zwischen Kuomintang und Chinas junger Kommunistischer Partei. Um nicht länger von den unzuverlässigen Warlords abhängig zu sein, gründete Sun 1924 die Whampoa-Militärakademie bei Guangzhou. Sie wurde von seinem Vertrauten Chiang Kai-shek geführt und bildete bald die wichtigsten militärischen Führer von Kuomintang und KP aus. Bevor Sun jedoch mit dem längst geplanten Feldzug die Macht der Warlords brechen und China unter seiner Führung einigen konnte, erlag er im März 1925 einem Krebsleiden.

Als die Allianz zwischen Kuomintang und Kommunisten später zerbrach, erhoben beide Seiten Anspruch auf sein politisches Erbe. Suns Witwe Soong Ching-ling schlug sich während des Bürgerkrieges auf die Seite der Kommunisten und war 1949 bis 1981 Vizepräsidentin der Volksrepublik. Taiwan, das offiziell nach der von Sun gegründeten Republik China benannt ist, verehrt ihn als Vater der Republik. Auf dem Festland wird er als Nationalist und Vorkämpfer des Sozialismus gewürdigt und zugleich benutzt, um gegenüber Taiwan das gemeinsame politische Erbe und die angestrebte Wiedervereinigung zu betonen.

Sven Hansen

Seite 36 ◀ 1914–1927   **Kuomintang-Herrschaft und Revolution (2)**   1950–1976 ▶ Seite 61

- **1928** Der zweite Nordfeldzug, in dessen Verlauf auch Peking eingenommen wird, führt im November zur Gründung der Nationalregierung in Nanjing unter Vorsitz von Chiang Kai-shek. In Südchina bilden Kommunisten befreite Gebiete, darunter Mao Tse-tung ab 1931 in Jiangxi.
- **1931/1932** Japan besetzt die Mandschurei und erklärt sie zum Kaiserreich Mandschukuo.
- **1934/35** *Langer Marsch* Auf einem 12.000 Kilometer langen Rückzug vor Chiang Kai-sheks Truppen verlegt die Rote Armee ihr Hauptquartier nach Yan'an (Shaanxi). Von rund 100.000 Kämpfern überleben etwa 10.000. Auf dem Marsch wird Mao zum unumstrittenen Führer, der Marsch selbst zum KP-Heldenmythos.
- **1937** Antijapanisches Zweckbündnis zwischen Kuomintang und Kommunisten. Nach dem »Zwischenfall bei der Marco-Polo-Brück« bei Peking im Juli offener unerklärter Kriegszustand mit Japan. Nach der Eroberung Shanghais durch japanische Truppen ermorden diese beim weiteren Vormarsch beim Massaker von Nanjing dort im Dezember 100.000 bis 300.000 Menschen.
- **1938** Die Nationalregierung zieht sich vor dem japanischen Vormarsch nach Chongqing (Sichuan) zurück.
- **1940** Gründung einer projapanischen Marionettenregierung unter Wang Jingwei in Nanjing.
- **1941** Mitten im Krieg gegen die Japaner greifen Kuomintang-Truppen die neue 4. Armee der Kommunisten in Anhui an und vernichten sie zum Großteil. Der Kriegseintritt der USA nach Japans Angriff auf Pearl Harbour ändert das strategische Gewicht Chinas.
- **1942–43** In Henan fordert eine Hungersnot mehr als zwei Millionen Tote.
- **1945** Japan kapituliert am 15. August, die Republik China wird Gründungsmitglied der Vereinten Nationen und Ständiges Mitglied im Weltsicherheitsrat.
- **1946** Der Waffenstillstand zwischen Nationalregierung und Kommunisten bricht im Juni zusammen.
- **1947/1948** Die Kommunisten erobern zunächst die Mandschurei und gewinnen in der »Hui-Hai-Kampagne« (bis Januar 1949) die entscheidenden Vorteile.
- **1949** Mao proklamiert am 1. Oktober in Peking, das wieder Hauptstadt wird, die Volksrepublik. Mao ist KP-Vorsitzender, Chef der zentralen Militärkommission und Staatspräsident. Zhou Enlai wird Ministerpräsident. Chiang Kai-shek flieht mit seinen verbliebenen Truppen, Beamten und Anhängern nach Taiwan.

发票号
INVOICE NO.

货号
ART. NO.

尺码
SIZE

色号
COLOUR NO.

数量
QUANTITY

毛重
GROSS WT.

Chinas Drang nach Süden

Auf dem Weg zur regionalen Vormacht

Am 25. April 2005 haben China und Indonesien in Jakarta einen Vertrag über eine »strategische Partnerschaft« unterzeichnet. Eine bemerkenswerte Entwicklung, denn das Indonesien des Generals Suharto hatte erst 1990 mit Peking wieder diplomatische Beziehungen aufgenommen, nachdem es 23 Jahre lang keinerlei offizielle Kontakte gegeben hatte.

Den Rang eines »strategischen Partners« hatte Peking bislang den USA, Russland und Indien vorbehalten. Die Öffnung gegenüber Jakarta ist eine bemerkenswert pragmatische Entscheidung: Schließlich sind kommunistische Organisationen in Indonesien nach wie vor verboten. Aber Peking strebt offenbar auf der südostasiatischen Bühne wieder eine Hauptrolle an.

Der erste Ostasiengipfel, der im Dezember 2005 in Malaysia stattfand, markierte zugleich einen Endpunkt und einen Aufbruch. An dem Treffen nahmen neben den zehn Asean-Mitgliedstaaten auch China, Japan und Südkorea (»Asean+3«) teil. Zusätzlich waren drei Staaten geladen, die als Anrainer von den Entwicklungen in der Region direkt betroffen sind: Indien, Australien und Neuseeland. Zwei politische Hauptdarsteller dagegen fehlten: Die USA und Russland hatten ihren regionalen Auftritt bereits beim Asiatisch-Pazifischen Wirtschaftsforum (Apec), das zuvor, im November, in Südkorea stattfand.[1]

Südostasien muss sich mit der Rolle des neuen China auseinandersetzen, das sozialistischen Ballast abgeworfen hat und im Begriff ist, die regionalen Kräfteverhältnisse neu auszutarieren. Ist China eher eine Bedrohung oder eine neue Hoffnung? Womöglich beides. Diese Ambivalenz wird offenbar in den meisten Staaten Südostasiens empfunden. »Der Aufstieg Chinas nützt uns allen«, erklärte Singapurs Staatsgründer Lee Kuan Yew im April 2005, »sollte er aber nicht friedlich verlaufen, wird es Chaos und Gewalt geben.« Mit anderen Worten: Man befürwortet die regionale Partnerschaft, zugleich aber will man das eigene Gewicht vergrößern, um nicht ständig dem chinesischen Druck nachgeben zu müssen.

Auf dem Gipfel von Malaysia dachte offenbar kaum ein Staat daran, den USA den Zutritt zu diesem Club zu erleichtern (außer Singapur und Japan, das seine militärische Allianz mit den Vereinigten Staaten bekräftigt und sich durch eine Verfassungsänderung neue militärische Optionen verschaffen will). Schließlich sollte hier das Fundament einer »ostasiatischen Gemeinschaft« mit »eigener Identität« und »gemeinsamen Werten« gelegt werden.

Dass auf Wunsch Indonesiens, Japans und Singapurs immerhin Indien, Australien und Neuseeland eingeladen wurden, müsste US-Außenministerin Condoleezza Rice eigentlich beruhigen. Denn zuvor hatte sie bemängelt, hier entstehe ein »introvertierter« und »geschlossener« Klub.[2] Und dennoch stehen die Zeichen für China günstig: Auf der neuen Bühne wird Peking eine Hauptrolle spielen, wobei seine Führung gleich versichert, dass sich niemand von der »friedlichen Entwicklung« bedroht fühlen müsse.

Das war nicht immer so. 1974, ein Jahr vor dem Sieg der kommunistischen Kräfte in Vietnam, hatte China das Nachbarland vor vollendete Tatsachen gestellt, als seine Truppen das südvietnamesische Militär von den Paracel-Inseln vertrieben. Diese Gruppe von Atollen liegt im nördlichen Teil des Südchinesischen Meers. Dort verlaufen nicht nur die wichtigsten Schifffahrtsrouten zwischen Nahem und Fernem Osten, sondern es soll auch Öl- und Gasvorkommen geben. Und im Februar 1979 besetzten chinesische Truppen einige der Spratley-Inseln im Süden des Südchinesischen Meers, die auch von Vietnam beansprucht werden. Zugleich überschritten chinesische Truppen die Nordgrenze Vietnams.[3]

Gleich nach der »Normalisierung« der Beziehungen zwischen Peking und Hanoi 1992 verabschiedete der chinesische Volkskongress ein Gesetz, das 80 Prozent des Seegebiets im Südchinesischen Meer zum chinesischen Hoheitsgebiet erklärte. Zehn Jahre später einigte sich Peking, ohne seine Ansprüche aufzugeben, mit den Asean-Staaten auf einen »Verhaltenskodex«, der auf ein Stillhalteabkommen zwischen den sechs Staaten hinausläuft, die um diese Gebiete und ihre Rohstoffvorkommen rivalisieren.[4] Im März 2005 schließlich verständigten sich China, Vietnam und die Philippinen auf eine gemeinsame Ausbeutung der Erdölvorkommen.

Der Asean-Pakt wurde 1967 von fünf antikommunistischen Regimen (Indonesien, Malaysia, Philippinen, Singapur und Thailand) gegründet; 1984 kam das gerade unabhängig gewordene Sultanat Brunei hinzu. Die Länder des früheren Indochina, Vietnam, Laos und Kambodscha sowie Birma (Myanmar), traten erst nach dem Ende des Kalten Krieges bei. Seither muss sich das Bündnis mit Chinas stetigem Machtzuwachs arrangieren.

Natürlich weiß man in den Hauptstädten der Region, dass China in der Weltrangliste der Wirtschaftsmächte bereits an siebter Stelle steht – und, was den Umfang des Außenhandels betrifft, sogar an dritter hinter den USA und Großbritannien. 2004 betrugen die Auslands-

Von Jean-Claude Pomonti

Jean-Claude Pomonti lebt in Bangkok und berichtet seit über dreißig Jahren u. a. für die Tageszeitung Le Monde über Südostasien.

[1] Im philippinischen Cebu fand am 15. Januar 2007 bereits der zweite Ostasiengipfel statt - wie beim ersten waren die USA und Russland nicht geladen.
[2] In einem Gespräch mit dem Außenminister Singapurs, George Yeo. Zitiert nach: Far Eastern Economic Review (Hongkong), Juli/August 2005
[3] Beide Aktionen wurden damals als »Strafe« für Vietnams Militärintervention in Kambodscha deklariert.
[4] Neben China und Taiwan unterhalten Vietnam, Malaysia und die Philippinen Stützpunkte auf diesen Inseln. Auch Brunei erhebt Gebietsansprüche, ist jedoch nicht militärisch präsent.

BILD: AB | NORMALHANDWRITING

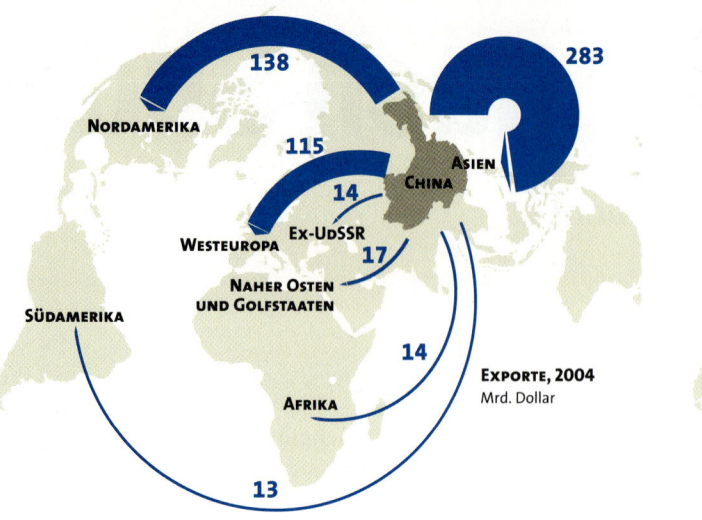

▲ **Ein- und Ausfuhren: Der größte Markt ist Asien**

Exporte, 2004 (Mrd. Dollar): Nordamerika 138, Westeuropa 115, Ex-UdSSR 14, Naher Osten und Golfstaaten 17, Afrika 14, Südamerika 13, Asien 283.

Importe, 2004 (Mrd. Dollar): Nordamerika 54, Westeuropa 76, Ex-UdSSR 16, Naher Osten und Golfstaaten 22, Afrika 16, Südamerika 20, Asien 319.

---

5 | Bericht der UNO-Welthandels- und Entwicklungskonferenz (Unctad), Genf, September 2005
6 | Siehe *The Nation* (Bangkok), 29. April 2005, und *Xinhua* (Peking), 23. Oktober 2005
7 | In der indonesischen Provinz Kalimantan auf Borneo werden jährlich 1,2 Millionen Bäume (bei einem Gesamtbestand von 27 Millionen) abgeholzt. Die Weltbank hat bereits 2001 darauf hingewiesen, dass diese Entwicklung, falls sie ungebremst weitergeht, bis 2010 zu einem völligen Kahlschlag im Tiefland von Kalimantan führen wird. Siehe dazu: Bericht des World Wide Fund for Nature (WWF) »Treasure Island at Risk«, Genf, 7. Juni 2005
8 | »The Last Frontier«, eine Untersuchung der Environmental Investigation Agency (London) unter Mitwirkung der indonesischen NGO Telepak, London, 17. Februar 2005 (www.eia-international.org)

■ QUELLEN
Diagramm oben links:
Online-Daten der WTO, Dezember 2005.
Diagramm oben rechts:
The Economist, 19. 11. 2005.
■ China Statistical Yearbook 2005, China Statistics Press.
■ Asian Development Bank (ADB).
Karte S. 45 oben rechts:
ADB. Weltbank.
Karte S. 45 mitte rechts: World Investment Report, Unctad.
■ Weltbank, 2005.
Diagramm S. 45 unten rechts:
»Chine. Atelier du monde, marché pour l'Europe«, La Lettre du CEPII 245, Mai 2005.
GRAFIK: PHILIPPE REKACEWICZ

---

investitionen in China knapp 52 Milliarden Euro. Nur in die USA und nach Großbritannien flossen höhere Investitionen.[5] Arme Länder der Region, wie Kambodscha, Laos oder Birma, sind immer stärker von chinesischer Hilfe abhängig, die ihnen aus strategischem Interesse auch gewährt wird.

Diese neuen Klientelverhältnisse mit den Staaten am Mekong entstehen parallel zu einer innerchinesischen Entwicklung: Der Blick geht in den bisher unterentwickelten Westen des Landes, der an das alte Indochina grenzt. Das Terrain bietet sich an: Thailand meidet jede Auseinandersetzung mit China, Vietnam muss sich mit einem starken chinesischen Einfluss arrangieren, und für die international isolierte Militärjunta von Birma bleibt Peking der einzige Rückhalt.

Seit 2004 sorgten die chinesischen Finanzbeiträge zur Asiatischen Entwicklungsbank (ADB) für einen deutlichen Schub bei einer Reihe von Infrastrukturprojekten in der Mekong-Region. Unter anderem wird der Bau einer Straße vorangetrieben, die von Yunnan durch Laos in den Norden Thailands führt. Dort soll in Ban Huey Sai auch eine neue Brücke über den Mekong entstehen. China hat weit flussaufwärts bereits zwei Staudämme errichtet, drei weitere sind in Bau. An der Grenze zwischen Birma und Laos wurden von chinesischen Ingenieuren Klippen und Felsen gesprengt, um die Schifffahrt zu erleichtern. Ähnliche Projekte weiter flussaufwärts scheiterten bisher am Widerstand thailändischer Fischer. Schon jetzt sind drastische Folgen sichtbar: Die Menge düngender Sedimente, die sich nach Überschwemmungen auf den Feldern ablagern, wird geringer. Die Schwankungen des Flusspegels erfolgen viel rascher. Die Ufer sind zunehmend von Erosion betroffen, Fischarten werden in ihren Wanderungsbewegungen eingeschränkt, und die Erträge aus dem Fischfang sinken.

Im November 2004 einigte sich China mit den Asean-Ländern auf die Einrichtung einer Freihandelszone. Ihr sollen bis 2010 die entwickelten und bis 2015 auch die ärmsten Länder des Regionalpakts angehören. Bis 2004 hatte das Handelsvolumen zwischen den neuen Partnern bereits 80 Milliarden Euro erreicht, dessen jährliche Wachstumsrate liegt bei 25 Prozent.[6] Damit sind die Asean-Staaten heute der viertgrößte Handelspartner Chinas, nach der EU, den USA und Japan. Mit 190 Millionen Euro (2004) sind die Investitionen Chinas in Südostasien bislang noch eher bescheiden (Japan hat im selben Jahr 2,5 Milliarden Euro aufgewendet), aber sie nehmen rasch zu: Allein Indonesien rechnet für die kommenden zehn Jahre mit insgesamt 25 Milliarden Euro aus der Volksrepublik.

Chinesische Kleinmotorräder beherrschen bereits den Mopedmarkt in Vietnam und Thailand. Auch in Indonesien fehlt es nicht an Abnehmern für die minderwertigen, aber billigen Konsumartikel aus China. Vor allem die Preise für die meist illegal importierten Textilien sind von lokalen Herstellern nicht zu unterbieten. Einige Fabriken werden schließen müssen: Chinesische Kleidung aus Polyester kostet nur ein Drittel so viel wie indonesische.

2005 verbesserten eine Reihe von Wirtschaftsabkommen die Beziehungen zwischen China und Indonesien deutlich. Auf Borneo, im Grenzgebiet zu den malaysischen Bundesstaaten Sarawak und Sabah, will man zum Beispiel eine Palmölplantage von 1,8 Millionen Hektar gemeinsam anlegen und betreiben. Knapp 7 Milliarden Euro könnten aus China in das Projekt fließen, das an die 200.000 Arbeitsplätze schaffen soll. Umweltschützer laufen bereits Sturm und warnen vor irreparablen Schäden durch Waldrodung.[7]

Chinas Vormarsch in Südostasien hat vor allem mit dem unersättlichen Hunger des Landes nach Rohstoffen zu tun. Die britische Nichtregierungsorganisation Environmental Investigation Agency (EIA) schätzte im Februar 2005, dass aus Westpapua, dem indonesischen Teil Neuguineas, bereits 2,3 Millionen Kubikmeter Holz in den chinesischen Hafen Zhangjiagang nahe Shanghai verschifft wurden.[8] Dabei haben China und Indonesien im Dezember 2002 ein Abkommen zur Bekämpfung des illegalen Holzhandels unterzeichnet und 2003 war die Ausfuhr von Rohhölzern von Jakarta verboten worden.

Doch China verbraucht jährlich etwa 280 Millionen Kubikmeter Holz, von denen nicht einmal die Hälfte aus dem eigenen Land stammt. Also nimmt man alles, was man kriegen kann. Die zitierte EIA-Studie (»The Last Frontier«), an der auch die indonesische Organisation Telapak mitwirkte, zeigt, dass die illegale Holzausfuhr nur mit Hilfe gefälschter Herkunftsbescheinigungen funktioniert. Daran sind zahlreiche Mittelsmänner beteiligt – von hochrangigen Mitgliedern der indonesischen Streitkräfte bis zu regionalen Gangstersyndikaten.

Etwa 500 Sägewerke im chinesischen Nanxun (Provinz Zhejiang), die Dielenbretter und Gartenmöbel produzieren, verarbeiten das sehr harte und dauerhafte Merbau-Holz aus Papua. »Die Gewinnspannen sind enorm«, heißt es in dem EIA-Report. »China zahlt bis zu 270 Dollar pro Kubikmeter Merbau-Holz. Die Einwohner West-Papuas erhalten höchstens 10 Dollar pro Kubikmeter für den Holzeinschlag auf ihrem Siedlungsgebiet.«Aus einem Kubikmeter Merbau kann man 26 Quadratmeter Parkett herstellen. Das bringt in London oder New York etwa 2000 Dollar. Die von der indonesischen Regierung Anfang 2005 angekündigte »umfassende Unterdrückung« des illegalen Holzhandels bewirkt wenig: In Indonesien gehört die Korruption zum Alltag. Und China ist seit 2003 nach den USA der weltweit zweitgrößte Importeur von Holz.

In den Wäldern im Norden Birmas (Myanmars) sieht es nicht besser aus. In einem Bericht vom 18. Oktober 2005 hält die britische Nichtregierungsorganisation Global Witness fest: »Durchschnittlich alle sieben Minuten überquert ein Lastwagen mit 15 Tonnen Holz, das in Myanmar illegal geschlagen wurde, die Grenze nach China. [...] 2004 wurde mehr als eine Million Kubikmeter Holz illegal aus dem Norden Myanmars in die chinesische Provinz Yunnan gebracht, das sind 95 Prozent der Holzexporte aus Myanmar nach China.«

Die Führer der Stammesverbände arbeiten dabei mit dem Militär zusammen. Deshalb sind die Exporte des illegal geschlagenen Holzes nicht zu stoppen. 1984 wurde das Holzfällen von nur vier Firmen betrieben, heute sind es etwa hundert. Zwar ließ Peking im September 2001 verlauten, man werde gegen die illegalen Aktivitäten vorgehen. Doch darüber kann man in den interessierten Kreisen nur lächeln. Nach Schätzung von Global Witness hat der Holzschmuggel seither um 60 Prozent zugenommen.

In einer Region wie Südostasien, in der es seit langem eine bedeutende chinesische Diaspora gibt, wird das jüngste Auftreten Chinas als systematische Einbindungsstrategie wahrgenommen. Das Vordringen chinesischer Waren, notfalls auch auf illegalen Wegen, dient häufig als Türöffner für Investitionen. China braucht dringend Rohstoffe, wenn es sein Wirtschaftswachstum nicht gefährden will. Den Staaten Südostasiens ist klar, dass sie sich langfristig mit einer Vormachtstellung Chinas arrangieren müssen.

Deutsch von Edgar Peinelt

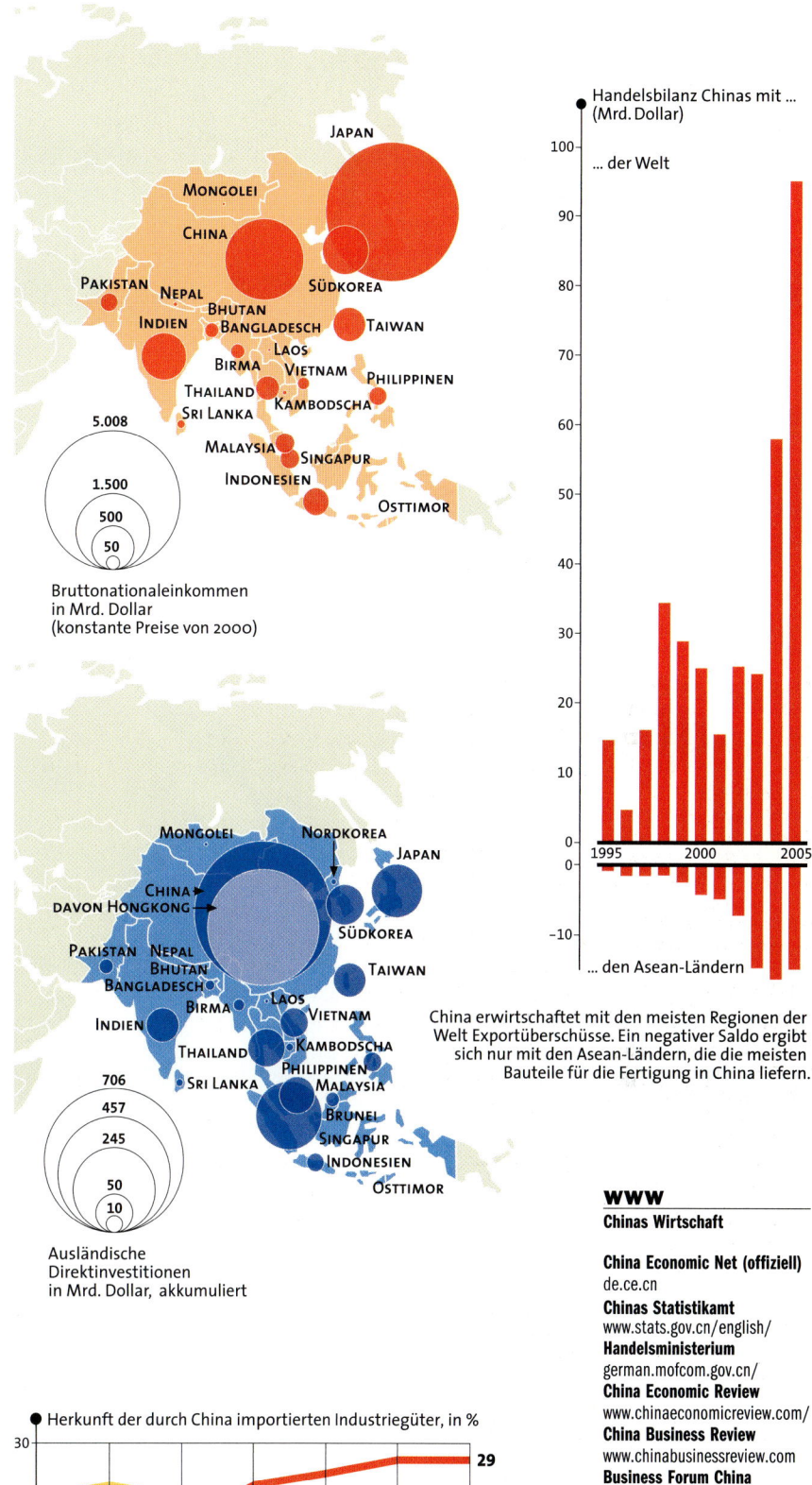

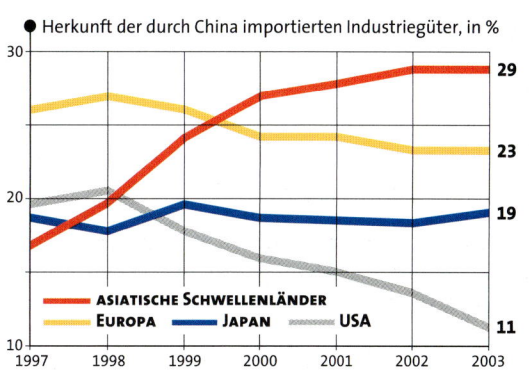

Bruttonationaleinkommen in Mrd. Dollar (konstante Preise von 2000)

Ausländische Direktinvestitionen in Mrd. Dollar, akkumuliert

Herkunft der durch China importierten Industriegüter, in %

Handelsbilanz Chinas mit ... (Mrd. Dollar)

... der Welt

... den Asean-Ländern

China erwirtschaftet mit den meisten Regionen der Welt Exportüberschüsse. Ein negativer Saldo ergibt sich nur mit den Asean-Ländern, die die meisten Bauteile für die Fertigung in China liefern.

www
Chinas Wirtschaft

China Economic Net (offiziell)
de.ce.cn
Chinas Statistikamt
www.stats.gov.cn/english/
Handelsministerium
german.mofcom.gov.cn/
China Economic Review
www.chinaeconomicreview.com/
China Business Review
www.chinabusinessreview.com
Business Forum China
www.bfchina.cn
Institute of Contemporary Observation
www.ico-china.org/guwm1/English/Eksy.htm
Deutsche Handelskammern in China
china.ahk.de/en/home/

Erstmals erschienen in *Le Monde diplomatique* vom Dezember 2005

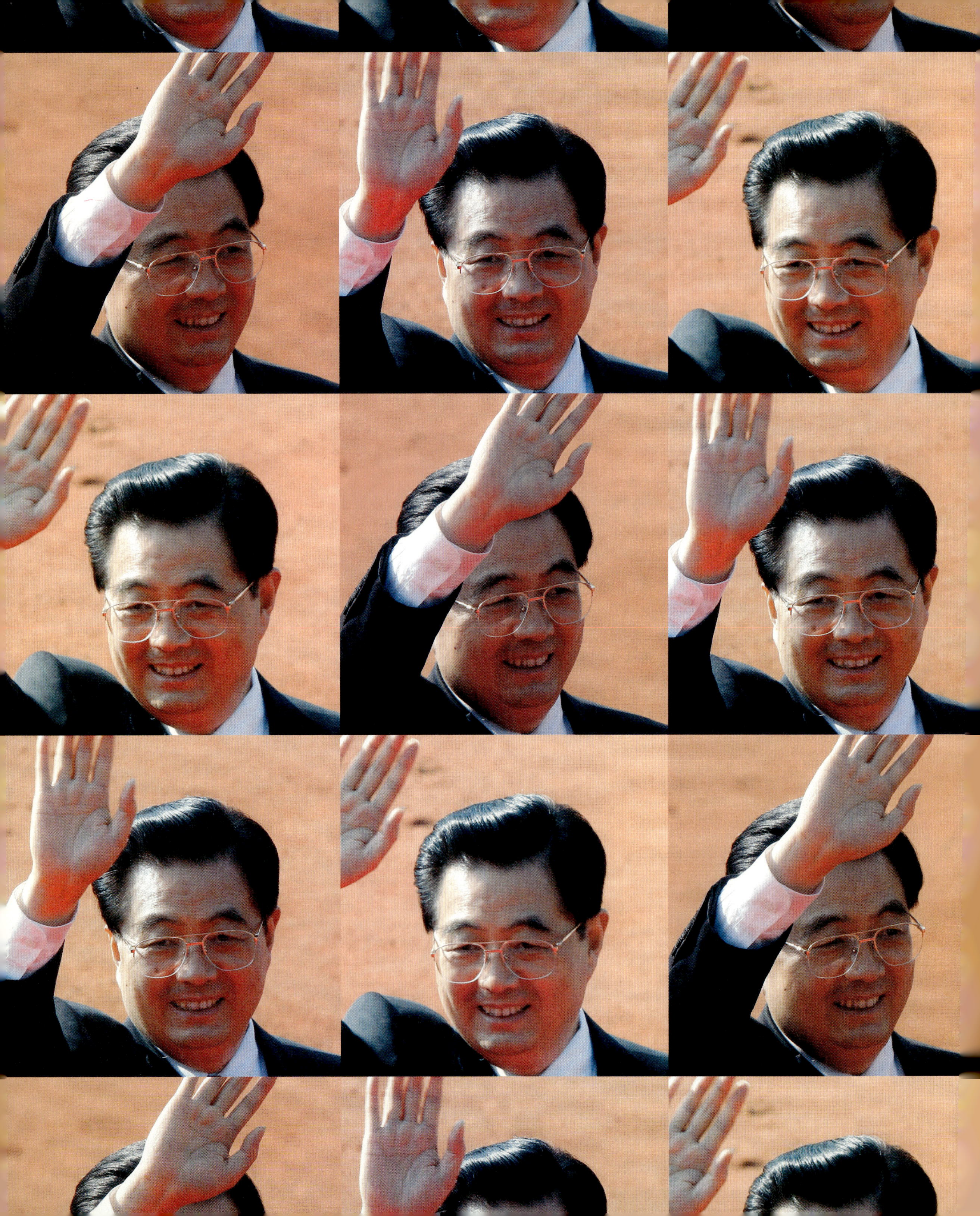

Weiße Elefanten in der Grauzone

Chinas gewissenlose Geschäfte in Afrika

Von Jean-Christophe Servant

Jean-Christophe Servant ist Journalist mit den Schwerpunkten Afrika und Musik.

Mit einer ungewöhnlichen Agenda trafen Delegierte aus China Anfang Dezember 2004 zu einer Unterredung mit dem angolanischen Staatspräsidenten José Eduardo Dos Santos in der Hauptstadt Luanda ein. Einige Tage zuvor hatte die britische Organisation Global Witness Informationen veröffentlicht, wonach ein Kredit von 2 Milliarden Dollar der chinesischen Eximbank an das notorisch korrupte Angola möglicherweise in unvorgesehene Kanäle fließen könnte. Offiziell sind die Gelder für den Wiederaufbau der durch dreißig Jahre Bürgerkrieg zerstörten Infrastruktur des Landes bestimmt, für Stromnetz, Eisenbahnen und Verwaltungsgebäude. Als Gegenleistung soll China 10.000 Barrel Öl pro Tag erhalten.

Ein Teil des Geldes wurde inzwischen tatsächlich zur Finanzierung der Regierungspropaganda für die Parlamentswahlen im kommenden Jahr verwendet. António Pereira Mendes de Campos Van-Dúnem, ein unter ausländischen Geschäftsleuten wohlbekannter Mittelsmann, musste deshalb am 9. Dezember 2004 auf chinesischen Druck hin seinen Posten als Sekretär des angolanischen Ministerrats zur Verfügung stellen.

Für eine sehr kurze Zeit wich Peking damit vom Grundprinzip seines langen handelspolitischen Marschs nach Afrika ab: dem Prinzip, sich nicht in die inneren Angelegenheiten seiner Vertragspartner einzumischen. Diese Prise Moral dürfte jedoch den erfolgreichen Gang der chinesisch-afrikanischen Geschäfte nicht beeinträchtigen.

Kurz nach der Unabhängigkeit Angolas 1975 hatte Peking mit dem Land im südlichen Afrika gebrochen, weil es sich zu sehr an die Sowjetunion anlehnte. Dreißig Jahre später hat China diesen Irrtum weitgehend korrigiert. Die ehemalige portugiesische Kolonie exportiert inzwischen ein Viertel ihrer Erdölproduktion nach China und ist Pekings zweitwichtigster afrikanischer Handelspartner. Luanda plant sogar Direktflüge nach Peking und will dem Vernehmen nach in der Hauptstadt den Bau eines chinesischen Viertels für Führungskräfte aus Asien fördern.

Kurzfristig könnte sich der ins Gerede gekommene Kredit mit einem Zinssatz von 1,5 Prozent und einer Laufzeit von 17 Jahren für Peking durchaus als Verlustgeschäft erweisen. Doch langfristig sichert er chinesischen Unternehmen den Löwenanteil am profitträchtigen Wiederaufbaugeschäft. In der Bevölkerung sorgt dies für Beunruhigung. »Der Vertrag sieht vor, dass 30 Prozent der Kreditsumme für Aufträge an örtliche Unternehmen verwendet werden müssen«, erklärt der unabhängige Ökonom José Cerqueira. »Aber das bedeutet, dass 70 Prozent davon an andere gehen. Und dabei ist der Wiederaufbau einer der wenigen Sektoren, in dem Angolaner noch Arbeit finden können«[1]

In Peking hat inzwischen die ideologische Rhetorik zugunsten einer pragmatischeren Sichtweise abgedankt. Im Übrigen ist für Außenhandel und Wirtschaftskooperation dasselbe Ministerium zuständig. Bis Mitte der Siebzigerjahre ging es in erster Linie um die Stärkung der Solidarität zwischen zwei Kontinenten, die zur selben Kategorie der unterentwickelten Länder gehörten. Chinas Präsenz in Afrika beschränkte sich auf Techniker, die dem kurz zuvor von kolonialer Vormundschaft befreiten Bruderland mit Rat und Tat zur Seite stehen und einen Beitrag zu dessen Aufstieg leisten sollten. 15.000 Ärzte und über 10.000 Agraringenieure wurden damals in diesen Teil der Dritten Welt gesandt, der zum Nebenschauplatz des Kalten Kriegs geworden war.

Als antiimperialistisches Gegengewicht zum Westen suchte China in Gebieten Fuß zu fassen, welche die Vereinigten Staaten und die Sowjetunion übersehen hatten. Die ehrgeizigsten Bauvorhaben – etwa die Tanzam-Eisenbahn von Tansania nach Sambia – sowie militärische Kooperationsabkommen blieben den Verbündeten in Ostafrika – Äthiopien, Uganda, Tansania, Sambia – sowie den wichtigsten Blockfreien – etwa Ägypten – vorbehalten. Von 1955 bis 1977 verkaufte China Militärgerät im Wert von 142 Millionen Dollar nach Afrika.

1977 erreichte der Außenhandel zwischen dem Reich der Mitte und dem Schwarzen Kontinent den Rekordwert von 817 Millionen Dollar. In den Achtzigerjahren, als sich der Norden und die UdSSR von Afrika abwandten und die westliche Entwicklungshilfe um die Hälfte sank, erhielt Peking seine Beziehungen aufrecht. Nur der Export revolutionärer Rezepte wurde eingestellt, das Hauptgewicht auf Außenhandel und Auslandsinvestitionen gelegt. Als der Norden infolge der veränderten geopolitischen Lage nach dem Ende des Kalten Kriegs und der ungewissen Entwicklung im Nahen Osten erneut den Weg nach Afrika fand, um seine Be-

[1] UN-Koordinationsbüro für humanitäre Angelegenheiten, 14. Januar 2005, http://ochaonline.un.org

◀ Chinas Präsident Hu Jintao auf Staatsbesuch
FOTOS: REUTERS

zugsquellen für Erdöl zu diversifizieren, war China bereits zur »Werkbank der Welt« geworden und schielte begehrlich auf den Rohstoffreichtum des Kontinents.

Als weltweit zweitgrößter Rohölverbraucher bezieht China mehr als ein Viertel seiner Öleinfuhren aus dem Golf von Guinea und dem sudanesischen Hinterland. Der Energiehunger eines Landes, das 2020 schätzungsweise 60 Prozent seines Energieverbrauchs durch Importe wird bestreiten müssen, kennt keine Grenzen mehr. Nicht einmal Staaten, die wie der Tschad diplomatische Beziehungen zu Taiwan unterhalten, sind ausgenommen.[2] Zwar tätigt China mit Afrika noch immer nur 2 Prozent seines Außenhandels, doch die »Politik der Öffnung« zeigte Wirkung: Im Laufe der 1990er-Jahre wuchs der beiderseitige Handelsaustausch um 700 Prozent.[3]

In der Folge der rund 40 Handelsabkommen, die seit dem ersten chinesisch-afrikanischen Forum im Jahr 2000 in Peking unterzeichnet wurden, verdoppelte sich das Handelsvolumen bis Ende 2004 noch einmal auf jetzt über 20 Milliarden Dollar. Ende dieses Jahres dürfte China nach den USA und Frankreich, aber noch vor Großbritannien der drittwichtigste Handelspartner Afrikas sein.

Die 674 chinesischen Staatsunternehmen, die auf dem Schwarzen Erdteil präsent sind, investieren sowohl in profitträchtige Sektoren – Bergbau, Fischerei, Edelhölzer, Telekommunikation – als auch in solche, aus denen sich westliche Unternehmen mangels Gewinnaussichten zurückgezogen haben. So wurden etwa die Ausbeutung der sambischen Kupferminen von Chambezi und die Erdölprospektion in Gabun wieder aufgenommen, die nach allgemeiner Ansicht kaum noch Erfolg versprechen. Von den insgesamt 15 Milliarden Dollar an Auslandsdirektinvestitionen, die 2004 nach Afrika flossen, stammten 900 Millionen Dollar aus China.

Tausende von Projekten befinden sich in Arbeit, davon 500 unter Leitung des Tiefbauunternehmens »China Road and Bridge Corporation«. Peking hat sich des äthiopischen Telekommunikationsmarkts bemächtigt, einige Geschäftsbereiche des kongolesischen Bergbauunternehmens Gécamine übernommen, die Straße zwischen den kenianischen Städten Mombasa und Nairobi ausgebaut und den ersten nigerianischen Satelliten in die Erdumlaufbahn geschossen. Acht afrikanische Länder wurden von Staats wegen als touristisches Reiseziel für chinesische Bürger eingestuft.

Diese Wirtschafts- und Handelsoffensive ist von intensiven diplomatischen Aktivitäten begleitet. Staatspräsident Hu Jintao, der sein Amt im März 2003 antrat, stattete Gabun bereits einen Staatsbesuch ab. Unter der Ägide der chinesischen Ministerien für Handel und Auswärtiges, die jeweils eigene Afrikaabteilungen unterhalten, fanden bislang rund einhundert offizielle afrikanisch-chinesische Zusammenkünfte statt.

In vielen Ländern Afrikas, die von Krisen geschüttelt werden oder mit der westlichen Diplomatie Probleme haben, erntet China die Früchte seiner Nichteinmischungspolitik. Ein Paradebeispiel für den moralfernen Pragmatismus der chinesischen Diplomatie sind die Beziehungen zum Sudan, der sich aufgrund der dramatischen Lage in Darfur heftige Kritik seitens der Vereinten Nationen gefallen lassen muss. Wie die stellvertretende Leiterin der Abteilung Internationale Beziehungen am Pekinger Institut für westasiatische und afrikanische Studien, He Weping, gegenüber dem Autor erklärte, ist der »Schutz der individuellen Freiheitsrechte« für China kein Grund, sich bei der »Ausübung der nationalen Souveränität« Beschränkungen aufzuerlegen. Zweifellos habe diese Sichtweise maßgeblich zu den Erfolgen Pekings in Afrika beigetragen.

Zehn Jahre nach Beginn der Erdölförderung im südsudanesischen Muglad importiert China 50 Prozent der örtlichen Fördermenge. Dreizehn der fünfzehn ausländischen Ölgesellschaften, die den sudanesischen Markt beherrschen, stammen aus China, darunter die China National Oil Company und die Zongyan Petroleum Corporation. Mit aller Deutlichkeit trat der realpolitische Zynismus Pekings zutage, als der UN-Sicherheitsrat im September 2004 über die Resolution 1564 abstimmte, die ein Waffenembargo für den Sudan wegen der damaligen Massaker in Darfur zum Gegenstand hatte. Der chinesische UN-Botschafter Wang Guangya drohte mit einem Veto, bevor er sich schließlich der Stimme enthielt. Dabei war der von den Vereinigten Staaten eingebrachte Entschließungsvorschlag bereits einigermaßen entschärft worden. Ermessen lässt sich an diesem Vorfall, wie stabil die Beziehungen zwischen Peking und Khartoum sind.

Viele afrikanische Autokraten rühmen den Geist »gegenseitiger Achtung« und den »Respekt für Unterschiedlichkeite« der Kultur, die nach einem Wort des gabunischen Staatspräsidenten und langjährigen Chinafreunds Omar Bongo Ondimba[4] die Handelsbeziehungen und die Zusammenarbeit mit China prägen. Die transnationalen Unternehmen, die auf dem »nützliche« Kontinent seit langen Jahren zu Hause sind, verfolgen die neue chinesische »Safari« im afrikanischen Eldorado allerdings mit Sorge.[5] Auch die offiziell auf *Good Governance* bedachte US-Diplomatie reagiert irritiert auf die chinesischen Wirtschaftspraktiken. Gal Luft, Experte für Energiesicherheit und Exekutivdirektor des neokonservativen Institute for the Analysis of Global Security in Washington, meint: »Die Chinesen neigen dazu, ihre Geschäfte auf eine Weise zu führen, die bei Amerikanern und Europäern langsam auf Ablehnung stößt: mit Schmiergeldern und anderen unschönen Transaktionen. Deshalb arbeiten manche afrikanische Länder lieber mit chinesischen als mit westlichen Unternehmen zusammen, deren Handlungsspielraum im Zuge von

---

2 | Der Tschad unterhielt bis zum August 2006 diplomatische Beziehungen zu Taiwan. Seither unterhält die VR China mit 48 der 53 Länder Afrikas diplomatische Beziehungen.
3 | www.chinafrique.com
4 | Ondimba und sein Amtskollege Denis Sassou-Nguesso aus dem Kongo wurden von allen Staatspräsidenten am häufigsten nach Peking eingeladen – je neunmal.
5 | Howard French, »A Resource-hungry China Speeds Trade With Afric«, *The New York Times* 9. August 2004.

Kampagnen für mehr Finanztransparenz zunehmend enger wird.«[6]

Diese »andere Weise, Geschäfte zu machen« – wie Ruandas Finanzminister Donald Kaberuka es formulierte – beunruhigt vor allem Nichtregierungsorganisationen, die bereits seit langem den Zynismus westlicher Geschäftspraktiken in Afrika anprangern. Zwar seien die Auflagen der internationalen Finanzorganisationen nach wie vor zu kritisieren, weil sie die Empfängerländer diskussionslos dem Diktat der Geldgeber unterwerfen. Die chinesische Wirtschaftskooperation jedoch, die an keinerlei Konditionen geknüpfte Kredite vergibt und »schlüsselfertige« Lösungen favorisiert, lasse selbst ein Mindestmaß an finanzieller Transparenz vermissen und führe vielfach zu »weißen Elefanten«, den aus den Sechzigerjahren bekannten, mit dem Geld westlicher Geber finanzierten Investitionsruinen.

Nach Meinung des scheidenden Leiters des Care-Programms für Angola, Douglas Steinberg, »lassen die chinesischen Kreditkonditionen Angola einen weitaus größeren Handlungsspielraum als andere Kreditvereinbarungen, zumal die des Internationalen Währungsfonds. Faktisch enthebt dies die Regierungsbehörden der Verpflichtung zur Transparenz.«[7] Umweltschutzorganisationen wiederum beobachten aufmerksam, dass 60 Prozent der afrikanischen Tropenholzexporte nach Asien und dort zu 96 Prozent nach China gehen.

Anlass zu Besorgnis geben auch die chinesischen Rüstungsexporte. Nachdem China Ende des 20. Jahrhunderts bereits den bewaffneten Konflikt zwischen Eritrea und Äthiopien für Waffenlieferungen im Wert von einer Milliarde Dollar nutzte, steht das Land nun im Verdacht, Anfang 2000 den Sudan mit Militärtechnologie beliefert zu haben. Darüber hinaus unterstützt China auch Simbabwe, ein ebenfalls vom Westen geächtetes Land, mit Waffenlieferungen. Vor allem in den Ländern der Entwicklungsgemeinschaft Südliches Afrika (SADC)[8] ist eine beeindruckende Konzentration von chinesischen Militärattachés festzustellen. Auch hier »sind finanzielle Erwägungen offenbar wichtiger als ideologische und geopolitische Ambitionen, die zu Zeiten des Kalten Kriegs überwogen«.[9]

Bei alldem sei die Frage erlaubt, ob das chinesische Win-win-Modell, bei dem nach Ansicht Pekings von vornherein keiner der Partner verlieren kann, im Endeffekt nicht nur eine weitere Spielart des Neokolonialismus ist, diesmal getarnt als Süd-Süd-Kooperation. Afrikanische Beobachter fragen sich denn auch, wo die Grenzen der chinesischen Handelspolitik liegen und ob die Textil- und Stahlimporte aus Asien das afrikanische Wirtschaftsgefüge nicht durch direkte Konkurrenz beeinträchtigen. Südafrika, das seine Beziehungen zu Taiwan 1997 abbrach und seither zu Chinas wichtigstem afrikanischem Partner aufrückte, sieht sich gleichzeitig »mit einer einladenden Kooperationsperspektive und einer schrecklichen Bedrohung« konfrontiert, wie der Vizepräsident des Institute of International Affairs der Universität Witwatersrand in Johannesburg, Moeletsi Mbeki, meint. »Im Austausch gegen die Rohstoffe, die wir ihnen verkaufen, nehmen wir ihre Fertigwaren ab. Und das vorhersehbare Resultat kann nur eins sein: eine negative Handelsbilanz. Wiederholt sich damit nicht eine alte Geschichte?[10]

Tatsächlich stieg Südafrikas Handelsbilanzdefizit gegenüber China von 24 Millionen Dollar 1992 auf nunmehr über 400 Millionen Dollar. Im September 2004 drohte eine der größten Organisationen im mächtigen Gewerkschaftsverband Cosatu daher, Verkäufer von chinesischen Waren zu boykottieren, weil sie angeblich zur Zunahme der Arbeitslosigkeit beitragen. Dieselbe Ratlosigkeit herrscht auf der Avenue Charles de Gaulle in Dakar, wo chinesische Billigwaren von Schuhen bis hin zu Arzneimitteln die Bürgersteige und Auslagen überschwemmen. Zugleich sind die Textilwerkstätten von Lesotho mangels Ersatz für das im Januar 2005 ausgelaufene Multifaserabkommen[11] von der Schließung bedroht.

Ratlosigkeit herrscht auf der Avenue Charles de Gaulle in Dakar, wo chinesische Billigwaren die Bürgersteige und Auslagen überschwemmen

Deswegen geizt der chinesische Partner nicht mit Versprechungen und Geschenken, appelliert an den Geist von Bandung[12] und annullierte seit 2000 bilaterale Schulden in Höhe von 10 Milliarden Dollar. Gefördert durch den Pekinger »Fonds zur Entwicklung der Humanressourcen Afrikas« absolvieren derzeit 10.000 Afrikaner eine Ausbildung in China.[13] Von Liberia bis zur Demokratischen Republik Kongo engagiert sich China bei friedenserhaltenden Maßnahmen und entsandte 2004 über 1500 Blauhelme auf den Kontinent. Offiziell unterstützt Peking alle drei afrikanischen Länder, die sich um einen ständigen Sitz im UN-Sicherheitsrat bewerben: Südafrika, Ägypten und – in erster Linie – Nigeria.

Mit der neuen strategischen Partnerschaft zwischen Asien und Afrika,[14] die den privaten Sektor betrifft und vor allem Peking zugute kommen wird, kündigt sich in den chinesisch-afrikanischen Handelsbeziehungen ein weiterer großer Sprung nach vorn an. Überdies versprach Staatspräsident Hu Jintao während seiner Gabunreise »vermehrte wirtschaftliche Zusammenarbeit in den Bereichen Infrastruktur, Landwirtschaft und Entwicklung der Humanressourcen«. Ein frommer Wunsch?

Eines ist jedenfalls sicher: China »verhält sich inzwischen wie jede andere Macht, die auf ihre wohlverstandenen Interessen bedacht ist. Das Land konzentriert seine Kooperationsangebote auf Länder mit hohem Potenzial, sei es Rohstoffreichtum, starke Kaufkraft oder diplomatischer Einfluss.«[15]

Deutsch von Bodo Schulze

---

6 | »Bottom of the Barrel: Africa's Oil Boom and the Poor«, www.catholicrelief.org
7 | »Oil-backed loan will finance recovery projects«, Integrated Regional Information Networks, 21. Februar 2005, www.irinnews.org
8 | Insgesamt 14 Länder, als nördlichstes die Demokratische Republik Kongo
9 | Logan Wright, »Seizing An Opportunity«, The Armed Forces Journal, Washington, Oktober 2001
10 | Paul Mooney, »China's African Safary«, YaleGlobal, 3. Januar 2005, yaleglobal.yale.edu
11 | Das 1974 von 47 Staaten unterzeichnete Multifaserabkommen gestattete es den Entwicklungsländern, bestimmte Quoten ihrer Textilproduktion in die USA und nach Europa auszuführen, und beschränkte gleichzeitig ihre Textilimporte.
12 | Jean Lacouture, »Neige nicht länger dein Haupt, mein Bruder. Die Asien-Afrika-Konferenz in Bandung 1955«, Le Monde diplomatique, April 2005
13 | Der Fonds zur Entwicklung der Humanressourcen Afrikas wurde in der Folge des ersten chinesisch-afrikanischen Forums 2000 in Peking geschaffen.
14 | Die neue strategische Partnerschaft zwischen Asien und Afrika, die vor allem Handel und Investitionen fördern soll, wurde auf dem Asien-Afrika-Gipfel im April 2005 initiiert, auf dem der 50. Jahrestag der Konferenz von Bandung gefeiert wurde.
15 | Marc Aicardi de Saint-Paul, »La Chine et l'Afrique, entre engagement et intérêt«, Géopolitique africaine 14, Paris, Frühjahr 2004

Erstmals erschienen in Le Monde diplomatique vom Mai 2005

Geschichte einer Transformation

Ein realer

Die Kommunistische Partei Chinas hat das Land seit der Revolution 1949 permanent umgebau
Dabei waren ihr die realen Interessen stets wichtiger als ideologische Positioner

Sozialismus, der keiner war

Von Roland Lew

Roland Lew ist Mitherausgeber von »Siècle des Communismes«, 2. Auflage, Paris (Seuil, Points) 2004.

Allenthalben verkünden die Prognosen: Schon 2025 wird die aufsteigende Wirtschaftsmacht China es als einziges Land mit den USA aufnehmen können. Manche Experten meinen, dass China bis spätestens 2050 die gesamte EU überholt haben wird. Die chinesische Wirtschaftskraft wird lauthals gerühmt, gegenteilige Stimmen finden kaum Gehör.

Es ist unbestreitbar, dass sich Chinas Staat und mehr noch die Kommunistische Partei – eine Bezeichnung, die tagtäglich widersinniger wird – als beständiger erwiesen haben, als angesichts der vielen erkennbaren Schwachstellen zu erwarten war. Man brauchte seinerzeit kein Hellseher zu sein, um zu ahnen, dass die Zeit nach 1976 als Nach-Mao-Ära – wie auf andere Weise die sowjetische Nach-Stalin-Ära – eine Phase der Entmaoisierung sein würde. Dafür sprach schon die negative Regierungsbilanz, vor allem in der Zeit der Kulturrevolution. Doch zwischen dem, was man sich unter »Entmaoisierung« vorstellte, und dem, was tatsächlich geschah, liegen Welten. Niemand konnte eine derartige Entwicklung voraussahnen, schon gar nicht unter Führung der KP.

Zu Beginn der Wende um 1978 musste sich die Reformbewegung um Deng Xiaoping zwischen gefährlichen Klippen und vielfältigen Widerständen hindurchlavieren. Sie schien richtungslos und bisweilen chaotisch, sodass wachsende Spannungen innerhalb der Partei wie auch zwischen Führung und Bevölkerung erwartet wurden. Doch tatsächlich erlebte das Land nur eine einzige dramatische Krise: die vom Frühjahr 1989 auf dem Tiananmenplatz. Sie war eine reale Legitimitätskrise: Teile der Studentenschaft und der städtischen Bevölkerung brachten ihre Ablehnung der fortdauernden autoritären Ordnung und der Korruption in massenhaften Demonstrationen zum Ausdruck. Damals ging es den Machthabern um zweierlei – um die Überwindung einer kritischen Phase des wirtschaftlichen Reformprozesses und um die Stärkung ihrer diktatorischen Logik. Diese Logik wurde anfänglich mit repressiver Gewalt, doch alsbald flexibler und geschickter durchgesetzt.

Um die Reformen zu bewerkstelligen, setzte die Regierung auf die erprobten autoritären Methoden, vor allem auch, weil sie mit Hilfe ihres Gewaltmonopols – also mit der Armee im Rücken – hart um ihr politisches Überleben kämpfte. Doch dass ihr dies gelang, lag nicht zuletzt daran, dass Teile der städtischen Bevölkerung sie unterstützten. Hinzu kam, dass sich die bäuerliche Bevölkerung, die die für die Repression benötigten Milizionäre stellt, weitgehend neutral verhielt. Nach und nach gewann die Partei auch die Unterstützung der vom wirtschaftlichen Reformkurs profitierenden städtischen Gesellschaftsschichten zurück und schließlich sogar Sympathien bei Teilen der Intelligenz. Vor allem entstanden eine Mittelschicht und eine neue bürgerliche Klasse von Unternehmern, die unter Mao Tse-tung zerschlagen worden waren und jetzt aufgewertet und in die Partei integriert wurden. Inzwischen ist die chinesische Regierung zwar nicht unbedingt beliebt, kann sich aber auf eine wirkliche gesellschaftliche Basis stützen.

Einen derartigen Sprung nach vorn hätte niemand der Kommunistischen Partei zugetraut. Das lag großenteils daran, dass man aus ihrer »Identität« nicht schlau wurde. Lange Zeit hat man verkannt, in welchem Ausmaß die Kommunistische Partei in ihren Beweggründen und Zielen sowie in der eigenen Geschichte bereits seit den Dreißigerjahren von nationalistischen Ideen geprägt ist. Diese nationalistische Dimension erklärt die Entwicklung der chinesischen KP weit besser als der Kommunismus, der als rein ideologische Drapierung diente. Für China steht also noch eine ähnliche Analyse aus, wie sie Moshe Lewin für die Sowjetunion der Stalin-Ära geleistet hat:[1] Eine Analyse, die sich von den – sozialistischen – Selbstansprüchen der Partei löst, ja diese ignoriert und den originären Charakter des Regimes erfasst.

Im Fall Chinas – Ähnliches gilt auch für andere Länder, wie Vietnam – hatte sich im Kommunismus ein revolutionärer Nationalismus verpuppt, der mit einer anderen Form des Nationalismus, der Kuomintang[2], rivalisierte. Dieser Kommunismus ist nationalistisch, denn es geht ihm darum – wie die seit den 1920er-Jahren geltende Parole lautet –, die Nation den imperialistischen Räubern zu entreißen, sie zu verteidigen, um letztlich ihre Einheit wiederherzustellen. Diesem dramatischen Gebot der Stunde zu folgen war damals die wirksamste, ja vielleicht die einzig mögliche Methode, die Nation tiefgreifend zu mobilisieren und vor allem ihre aktivsten Kräfte zu gewinnen (die hauptsächlich in den

[1] | Siehe Moshe Lewin, »Le siècle soviétique«, Paris (Fayard) 2003; und: »Rückblick auf ein Kapitel Sowjetgeschichte. Reformkommunist Juri Andropow«, *Le Monde diplomatique,* März 2003
[2] | 1912 von Sun Yat-sen gegründete Partei. Nach dessen Tod 1925 übernahm Chiang Kai-shek die Führung. Er schwor die Partei auf die Einheit des Landes ein, zunächst gegen die japanischen Eroberer, dann gegen die Kommunisten.

◀ Arbeiter des Hausgeräteherstellers Haier in Qingdao im März 2005 beim Treueeid auf die Firmenziele, den sie tagtäglich vor Schichtbeginn ablegen.
FOTO: KATHARINA HESSE

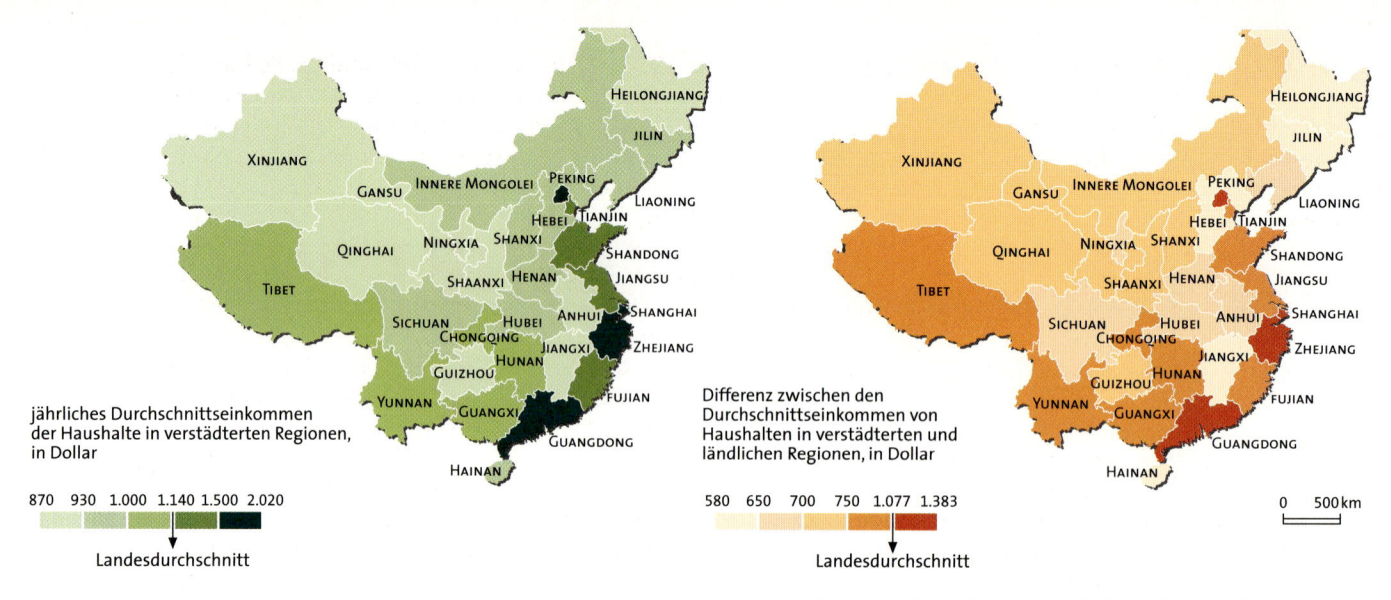

jährliches Durchschnittseinkommen der Haushalte in verstädterten Regionen, in Dollar

870 930 1.000 1.140 1.500 2.020
↓
Landesdurchschnitt

Differenz zwischen den Durchschnittseinkommen von Haushalten in verstädterten und ländlichen Regionen, in Dollar

580 650 700 750 1.077 1.383
↓
Landesdurchschnitt

0   500 km

In den reichsten Provinzen ist die Ungleichheit am größten ▲

Städten, insbesondere unter den Intellektuellen zu finden sind).

Man kann sich darüber streiten, ob der chinesische Kommunismus von Anfang an nationalistisch war. Fest steht, dass eine der Grundpositionen, mit denen die Partei seit 1937 immer mehr Anhänger gewann, der legitime Befreiungskampf gegen den japanischen Aggressor war. Und dieses Konzept war tatsächlich revolutionär, denn um das proklamierte Ziel zu verwirklichen, musste das Land umgestaltet werden, und zwar nach dem Vorbild jenes industriellen Westens, den man aus dem Land jagen und gleichzeitig nachahmen wollte. Hierzu bedurfte es der Mobilisierung der Volksmassen – eine unerhört neue Theorie und Praxis, die einen revolutionären Bruch markierte und traditionelle, bei den Eliten tief verwurzelte Werte und Verhaltensweisen in Frage stellte. Der Staat sollte als alleiniger Motor dieses Projekts in sozialer wie ökonomischer Hinsicht den Wandel in die Wege leiten, wozu es einer Partei bedurfte, die straff organisiert und zentralisiert war, von einer Mobilisierungsideologie durchdrungen und fest entschlossen, die inneren und äußeren Feinde zu besiegen. Auf diese Weise geriet das allgemeine Programm unter den Einfluss des Leninismus und orientierte sich am sowjetischen Beispiel, insbesondere dem der Stalinzeit.[3]

Das nationalistische Primat, samt der antiimperialistischen Dimension und dem Willen zur westlichen Modernität, erforderte einen Pragmatismus, der mit der kommunistischen Ideologie kaum vereinbar ist. So entstand bereits früh eine Fixierung auf Ziele wie den Anschluss der Äußeren Mongolei an die künftige Volksrepublik, dem sich Stalin schon vor 1949 widersetzte, und vor allem den immer wieder formulierten Anspruch auf Taiwan.[4]

Um den »realen Sozialismus« chinesischer Prägung zu verstehen, muss man zur Kenntnis nehmen, dass die neuen revolutionären Eliten sich lange vor 1949 in der chinesische KP breitmachen. Diese Eliten hatten keine Verbundenheit mit den Volksmassen und verschafften sich rasch gesellschaftliche Privilegien, anfangs noch in bescheidenem Maßstab. Doch den Bauern entging diese Entwicklung ebenso wenig wie die Entstehung der neuen gesellschaftlichen Hierarchien, die wachsende Bedeutung der Parteikader und der Status des Großen Vorsitzenden Mao Tse-tung. Mao und Stalin besaßen die gleiche despotische Logik: Ihre Motive oder – um es deutlich zu sagen – ihre launenhaften und manchmal aberwitzigen Beschlüsse liefen bisweilen den nationalen Erfordernissen zuwider, doch am Ende wurden sie diesen dann doch gerecht. Der Tyrann konnte sich zahllose absurde Entscheidungen leisten und völlig willkürlich Leiden verordnen. Doch auf Dauer konnte er den Pakt, den er mit dem Volk eingegangen war, nicht brechen. Und dieser verpflichtete ihn auf die Verteidigung der Nation und darauf, dass die Modernisierung des Landes als wirksamste Methode dieser Verteidigung anzusehen sei.

Alles Weitere (sprich: ein Großteil der neuen emanzipatorischen Ziele, die man dem westlichen Sozialismus entlehnt hatte – wie Demokratie oder »Volksmacht«) wurde bald als zweitrangig oder gar als lästig angesehen. Deshalb verfolgte das Regime gewaltsam jene Minderheiten, die sich für die pluralistischen Ideen aus dem Westen empfänglich zeigten und an der revolutionären Bedeutung der Volksbefreiung festhielten. Auch Mao selbst hat dieses Konzept, das er in den Zwanzigerjahren vertreten hatte, sehr schnell aufgegeben, etwa die Forderung nach »Selbstbefreiung der bäuerlichen Massen«.

Der »reale Sozialismus« ist eine historische Erfindung, für die es immer noch keinen treffenden Namen gibt, obwohl sie bereits zu Grabe getragen wurde. Seine Geschichte beginnt in der Sowjetunion mit der Machtergreifung durch die Bolschewisten, die ihre politische

[3] | Zwischen der KP Chinas und Stalin kam es schon 1949 zu Auseinandersetzungen über die Frage der nationalen Interessen. Bis zum offiziellen Bruch mit der UdSSR Anfang der Sechzigerjahre blieb dieser Konflikt allerdings geheim.

[4] | Die Insel kam 1683 zu China. 1895 wurde sie von den Japanern annektiert, 1945 zurückgegeben. Nach dem Sieg der Kommunisten 1949 wurde sie zum Refugium der Nationalisten um Chiang Kai-shek.

■ QUELLEN
Karte: China Statistical Yearbook 2005.
GRAFIK: PHILIPPE REKACEWICZ

Praxis rasch den realen Machtverhältnissen anpassten. Man denke nur an die Kehrtwende im Staatsverständnis: von der noch 1917 von Lenin (in *Staat und Revolution*) emphatisch vertretenen Ablehnung der Staatsmacht zum autoritären und den Massen misstrauenden Staatssozialismus, wie er schon 1918 ausgerufen wurde. Ganz zu schweigen von der Verfolgung realer (durchaus vorhandener) wie eingebildeter Feinde. Dieser Richtungswechsel mündete in eine »Nationalisierung«, also in die Beschränkung des Kommunismus auf Russland, die Stalin entgegen der internationalistischen Tradition des Bolschewismus schon vor seinem Machtantritt verfocht. Bei den anderen kommunistischen Experimenten, die nicht wie in Osteuropa von außen aufgezwungen wurden, sondern wie in Jugoslawien, China, Vietnam oder Kuba das Resultat interner Kämpfe waren, hatten die Kommunisten bereits auf die nationalistische Karte gesetzt, bevor sie an die Macht gelangten.

Der »reale Sozialismus« chinesischer Prägung ist in Wirklichkeit eine historische Variante des Nationalismus, eine neuartige Form der Modernisierung, die man vom (sowohl kapitalistischen wie sozialistisch-antikapitalistischen) Westen übernahm. Insbesondere übernahm man die Organisierung der Massen und die mobilisierende Kraft des Nationalismus – die beide Produkte des 19. Jahrhunderts sind. Dieser Nationalismus ist staatsautoritär und antidemokratisch, was zum einen mit der damaligen Kriegssituation zu tun hat, zum anderen von einer Tradition herrührt, der pluralistische und demokratische Ideen fremd waren. Das Emanzipationsstreben des breiten Volkes konnte nur in dem Maße Gestalt annehmen, als es mit der Logik des Parteistaates und dem Machtstreben der Nation vereinbar war. Eine (begrenzte) gesellschaftliche Emanzipation kann gemäß dieser Logik nur von oben kommen.

Im Falle Chinas war der nationalistische Imperativ so übermächtig, und die Katastrophen des 19. und 20. Jahrhunderts hatten so viele Wunden hinterlassen, dass die kommunistischen Eliten gezwungen waren, völlig unabhängig von den Dogmen und Erklärungen des Regimes eine große Anpassungsfähigkeit zu entwickeln. Das zeigt sich am deutlichsten bei der Frage des Marktes, den Stalin wie Mao gleichermaßen ablehnten. In Wahrheit hat diese Frage die ganze Geschichte des »realen Sozialismus« begleitet – eine Debatte, die mal offen, mal verklausuliert geführt wurde. Und in beiden Ländern, in Volkschina wie in Sowjetrussland, hat es stets einen Markt gegeben, einen informellen, illegalen oder geduldeten Markt, was offiziell aber meist bestritten wurde. Die Problematik war stets präsent und wurde, wo die Bedingungen es zuließen, auch zum Thema (partei-)öffentlicher Auseinandersetzungen. Der marktwirtschaftliche Sozialismus ist also keine Entdeckung der Deng-Xiaoping-Ära. Ähnliches hatte es schon in der UdSSR gegeben, von Bucharin bis zu den Debatten der Sechzigerjahre, aber weniger offen auch in China.

Gerade das, was historisch die Stärke und den Erfolg des modernisierenden und mobilisierenden Nationalismus der KP ausgemacht hatte, hatte Zug um Zug den »realen Sozialismus« abgewandelt und schließlich de facto zu dessen Abschaffung geführt. Die Herausforderungen und Gefahren, denen sich das Land und seine Führungselite heute zu stellen haben, lösen ganz ähnliche Reaktionen aus wie in der Vergangenheit: Man stößt Veränderungsprozesse an, um die Herrschaft über das Land zu sichern und den langen Marsch zur Großmacht erfolgreich fortzusetzen. Diese Absicht wird heute immer offener zugegeben.

Das Ziel der »Reformen« von Deng Xiaoping, den »realen Sozialismus« zu revitalisieren, ließ ein anderes Modell am Horizont auftauchen. Demnach will sich das neue China in das siegreiche System des globalen Kapitalismus einordnen, dabei aber die nationale Unabhängigkeit möglichst bewahren und die dominierende Rolle des Staates und der ihn tragenden Partei sichern. Das Umdenken fiel den Eliten nicht leicht, was einige der Irritationen in der Deng-Xiaoping-Ära erklärt. Doch der Überlebenstrieb vieler Funktionäre machte die Umgestaltung leichter als erwartet.

Die zweite Überraschung kam aus der Gesellschaft selbst. Die auf Mao folgende Führungselite übernahm eine soziale Trümmerlandschaft (vor allem in den Städten) mit einem traumatisierten Volk, das die Kulturrevolution mit ihrer repressiven Gewalt und ihren oftmals unverständlichen Zielen hinter sich hatte. Als das Land nach dem Ende der Mao-Ära begann, die politische Öffnung insbesondere zu den USA anzustreben und sich auch wirtschaftlich zu öffnen, war es für viele Kader eine schockierende Erkenntnis, wie schwach China gegenüber seinen potenziellen Gegnern in Asien und im Westen war. Der Wandel war überfällig. Die Aufgabe war heikel, stellte sich jedoch zumindest für die Parteioberen als lösbar heraus – und zwar ausgerechnet wegen der äußerst disparaten Resultate der maoistischen Modernisierung: Das Land war zwar erstarrt, hatte sich aber vor allem in den Städten schon zu sehr verändert, um sich Stagnation leisten zu können.

Viele Beobachter machen den Fehler, die Veränderungen der ersten Jahre der Mao-Ära zu übersehen und die aktuellen Erfolge allein auf die letzten 25 Jahren zu verbuchen. Die Mao-Jahre waren teils gewiss erratisch und grausam – man denke nur an die allgemeine Armut und die Repression zur Zeit des Großen Sprungs nach vorn (1957–1961) –, doch in dieser Zeit entstanden auch die Grundlagen für ein gesellschaftlich und wirtschaftlich moderneres China, vor allem in den Städten. Vor dem Hintergrund dieses neuen China erscheint Mao (wie seine Kampfgefährten) als überholt, weil er zu diktatorisch und in seinen Visionen zu stark rückwärts gewandt war. Der Wille zur Modernität wie das Bestreben der Parteikader, stabilere Strukturen aufzubauen, gerieten in Widerspruch zu einem despotischen Willkürregime. Darin ähnelte das China der Nach-Mao-Ära durchaus der Sowjetunion nach Stalin[5], wobei dieser Prozess in beiden Fällen schon zu Lebzeiten der Gewaltherrscher untergründig eingesetzt hatte. Es ist kein Zufall, dass der Maoismus aus dem Innern der Partei heraus liquidiert wurde.

5 | Moshe Lewin, »La formation du système soviétique«, Paris (Gallimard) 1987, besonders die Kapitel 11 und 12

Gegen Ende der Mao-Ära hatte es den Anschein, als sei das terrorisierte Land auf allen gesellschaftlichen Ebenen erstarrt. In Wirklichkeit schlugen sich die Menschen in allen Bereichen schlecht und recht durch, indem sie passiv auf bessere Tage warteten oder sich individuell auf eine andere Zukunft vorbereiteten. Selbst die gigantischen Bauernmassen, die scheinbar gehorsam die widersprüchlichsten Direktiven befolgt hatten, gingen ihre eigenen Wege und hielten eine bemerkenswerte Distanz zum Regime.

Obwohl von der chinesischen KP streng kontrolliert und gegängelt, bewies diese Gesellschaft eine doppelte Fähigkeit: zum einen die, die traditionellen Werte gegen modernere Zielsetzungen der Regierung zu verteidigen, zum anderen jene, sich auf neue Entwicklungen selbst dann einzulassen, wenn die Machthaber auf die Bremse traten. So hielten die Bauern einerseits an Werten wie Familie und Klan wie auch an Traditionen und verbotenen religiösen Überzeugungen fest. Andererseits aber trieben sie ganz unauffällig den schon vor 1949 eingeleiteten Veränderungsprozess voran und brachten damit eine zügige Wende auf dem Land in Gang, die zugleich eine Rückwendung zum und eine Abkehr vom alten China bedeutete. Das gilt noch stärker für die Städte: Hier entwickeln sich hinter der scheinbaren Einförmigkeit des Lebens und Denkens bedeutsame soziale Differenzierungen, hier wächst vor allem bei jungen Leuten die Neigung zum Individualismus, hier entstehen neue unternehmerische Fähigkeiten, neue Familienstrukturen und neue Formen des Umgangs zwischen Männern und Frauen. Und all diese Entwicklungen kamen mittels, trotz und jenseits des Systems in Gang.

Diese vielfältige Dynamik in allen Bereichen der Gesellschaft steht in auffälligem Kontrast zu einer außerhalb der Eliten bis heute verbreiteten allgemeinen politischen Passivität. Zur aktiven Teilnahme an der Politik bedarf es eines Lernprozesses, der langwierig und schmerzhaft sein wird. Denn der Maoismus war nicht nur diktatorisch und demokratiefeindlich, er zielte bewusst und von Anfang an auf die Fragmentierung der Gesellschaft und insbesondere der Arbeiterklasse. All seinen Parolen zum Trotz war das Mao-Regime, wie das von Stalin und seinen Nachfolgern, zutiefst entpolitisierend. Es hat die antidemokratischen Tendenzen verfestigt, ja sogar verschärft und das Volk genauso ausgeschlossen wie die Regime vor ihm.

Das erklärt womöglich den aktuellen Kontrast zwischen der Anpassungsfähigkeit der Eliten und der Schwäche und Duldungsbereitschaft der vielen. So strömen etwa schon seit Jahren zig Millionen Bauern in die Städte. Auch Millionen von Städtern versuchen sich im Kleinhandel und mit privaten Geschäften, andere nutzen die wachsenden Freiräume zu künstlerischer oder geistiger Betätigung, jenseits der offiziellen Dogmen des Marxismus-Leninismus-Maoismus, denen man aber noch ab und zu Reverenz erweisen sollte. Andererseits driften aber auch Millionen in die Arbeitslosigkeit und damit in die neue Armut ab, oder sie schlagen sich mit Gelegenheitsjobs durch.

Dieses kapitalistische, geschäftstüchtige China ist mittlerweile so inegalitär geworden, dass es die ersten Dollarmilliardäre hervorbringt und daneben eine neue städtische Massenarmut, während die Menschen in entlegenen Regionen nach wie vor in Armut leben, als gäbe es überhaupt kein Wirtschaftswachstum.

Die starke gesellschaftliche Dynamik bei gleichzeitigen sozialen Gegensätzen und die politische Ohnmacht machen verständlich, warum sich das Regime trotz Revolten wie der von 1989 und der in den Städten wie auf dem Land häufigen, aber nur selten gewalttätigen Unruhen im Sattel halten und den Veränderungsprozess weiter vorantreiben konnte. Noch beeindruckender ist, dass es bislang auch die nicht einkalkulierten Folgen seiner Reformen bewältigt hat, auch wenn dies nicht ohne weiteres möglich schien.

In Anbetracht dieser Umstände haben sich Staat und Partei als erstaunlich robust erwiesen. Zwar mussten die Machthaber den Erwartungen und dem Druck aus der Gesellschaft zum Teil nachgeben und vor allem auf die Initiativen und Interessen der regionalen und örtlichen Kader sowie der neuen gesellschaftlichen Akteure eingehen. Dabei haben sie jedoch auf die (ohnehin unmögliche) totale Überwachung des ideologischen, gesellschaftlichen und wirtschaftlichen Geschehens – sprich auf die totalitär genannte Logik – verzichtet, um nur die großen Leitlinien und die wichtigsten Instrumente ihrer Durchsetzung vorzugeben. Das hat bislang unerwartet gut funktioniert, wobei man sich natürlich das Monopol für die Repressionsinstrumente erhalten hat, die man nach wie vor nach Gutdünken einsetzen kann.

Die gegenwärtigen Erfolge sind keine Garantie für die Zukunft. Seit zehn oder fünfzehn Jahren gibt es unverändert dieselben Probleme: die Unzufriedenheit unter den Bauern, die vom chinesischen Wirtschaftswunder nichts abbekommen haben (von den fetten Jahren zu Beginn der Reform einmal abgesehen); die zugespitzte soziale Frage in den Städten (zugewanderte Bauern, Arbeitslosigkeit und teils hemmungslose Ausbeutung durch das einheimische und das ausländische Kapital); ungelöste Umweltprobleme (auch wenn Partei und Regierung diese mittlerweile ernster nehmen); eine unzulängliche Energie- und Lebensmittelversorgung; die wachsende Arroganz der neuen Reichen und der neuen Parteieliten; die immer noch grassierende Korruption usw.

China steht heute sicher selbstbewusster da als je zuvor in seiner neueren Geschichte. Aber noch ist ungewiss, ob das Land je die stabile und gut funktionierende Großmacht sein wird, die sich viele erhoffen und die andere befürchten. Für das Land, und vor allem für seine Eliten, ginge damit ein Traum in Erfüllung, der sie für die verheerenden Desaster der jüngeren Vergangenheit entschädigen würde. Dabei wird China der Welt beweisen müssen, dass es sich nicht damit zufriedengibt, zu einer »anderen Supermacht« aufzusteigen.

Deutsch von Josef Winiger

Erstmals erschienen in *Le Monde diplomatique* vom Oktober 2004

Mao Tse-tung (1893–1976)
Der Große Vorsitzende

▲ **Porträt von Mao Tse-tung am Tiananmenplatz** FOTO: CLARO CORTES | REUTERS

Mao Tse-tung hat Chinas Kommunisten mit einer Bauernarmee 1949 an die Macht gebracht, forderte mit seinem Weg zum Sozialismus die Sowjetunion ideologisch heraus und ließ sich während der Kulturrevolution in einem monströsen Personenkult als absoluter Herrscher feiern. Im Westen wurde er für rebellische Studenten zur antibürgerlichen Kultfigur. Seine sprunghafte Politik führte mehrfach in Katastrophen mit Millionen Toten. Dennoch blieb er auch nach seinem Tod die Ikone der Kommunistischen Partei, die sich trotz ihrer derzeit kapitalistischen Politik weder öffentlich von ihm distanzieren noch die Vergangenheit ernsthaft aufarbeiten mag.

Mao wurde 1893 im zentralchinesischen Shaoshan (Provinz Hunan) in einer Bauernfamilie geboren. Er nahm als Mitglied der antikaiserlichen Armee an der Revolution von 1911 teil, setzte aber seine Ausbildung zum Lehrer in Changsha fort. 1918 wurde er Hilfsbibliothekar an der Peking-Universität und kam in Kontakt mit linken Intellektuellen. Er wurde bereits auf dem 2. Kongress der jungen Kommunistischen Partei ins Zentralkomitee gewählt. Während der Einheitsfront mit der Kuomintang bekleidete er in beiden Parteien Ämter, bei denen das Los der Bauern im Mittelpunkt stand. Nach dem Bruch des Bündnisses führte er 1927 in Changsha einen Aufstand an, musste sich mit seinen Truppen aber ins Gebirge zurückziehen, wo er eine bäuerliche Guerillabasis aufbaute.

Damit begab er sich auf Konfrontationskurs zur Komintern. Deren Anweisungen sahen den Aufstand des Proletariats vor, während Mao ganz auf die Bauern setzte. Seine Basis baute er zur Jiangxi-Sowjetrepublik aus, konnte sie aber letztlich nicht gegen die Übermacht der Kuomintang-Truppen verteidigen. Ab 1934 führte er die Rote Armee auf den Langen Marsch ins nördliche Yan'an (Provinz Shaanxi), wo er eine neue Basis aufbaute. Unterwegs wurde Mao zum Führer der KP und setzte seine Linie des bäuerlichen Guerillakampfes wie der Unabhängigkeit der chinesischen Kommunisten von der Komintern durch.

Eine neue Einheitsfront mit der Kuomintang sowie der Krieg gegen die japanische Aggression führte zum Ausbau der Roten Armee zu einer schlagkräftigen Truppe. Sie fügte der Armee der Kuomintang nach dem Zweiten Weltkrieg empfindliche Niederlagen zu und führte die Revolution zum Sieg. Am 1. Oktober 1949 rief Mao in Peking mit den Worten »Das chinesische Volk ist aufgestanden« die Volksrepublik aus.

1951 schickte er Truppen in den Koreakrieg, woraufhin sich sein Gegner USA fest an Taiwan band. Damit musste er seine Hoffnungen auf die Eroberung der Insel begraben. Innenpolitisch gründete sich Maos diktatorische Herrschaft auf Kampagnen im Stil permanenter Klassenkämpfe. Am bekanntesten sind die »Hundert-Blumen-Bewegung« 1956/57 und »Der große Sprung nach vorn« 1958–61. Erstere endete mit der Anti-rechts-Kampagne und der Verhaftung von hunderttausenden Intellektuellen, Letzterer brachte ein wirtschaftliches Chaos mit etwa 30 Millionen Hungertoten.

Die Folge waren Machteinbußen, die Mao jedoch mit der 1966 proklamierten Kulturrevolution wieder wettmachte. Die Gewalt fanatisierter Jugendlicher richtete sich offiziell gegen reaktionäre Strömungen, letztlich aber gegen innerparteiliche Kritiker wie Liu Shaoqi und Deng Xiaoping sowie den etablierten Parteiapparat. Das international isolierte China stürzte erneut ins Chaos. Mit der Aufnahme der Volksrepublik in die UNO 1971 und dem Peking-Besuch von US-Präsident Nixon gelangen jedoch außenpolitische Paukenschläge.

1972 erlitt der an Parkinson erkrankte Mao einen ersten Schlaganfall. Als er 1976 starb, wollte die sogenannte Viererbande seine radikale Politik fortführen, wurde aber rasch ausgeschaltet. Deng Xiaoping setzte sich im Nachfolgekampf durch. Unter seiner Führung gestand die KP 1981 erstmals offiziell die Misserfolge maoistischer Kampagnen ein. Die Kulturrevolution wurde als »grober Fehler« bezeichnet, doch sei Maos Herrschaft zu 70 Prozent positiv und nur zu 30 Prozent negativ gewesen.

Trotz seiner Verbrechen, die Mao aus westlicher Sicht neuerdings in die Nähe von Stalin rücken, wird er in China heute vor allem als Gründer der Volksrepublik verehrt. Sein Konterfei ziert nach wie vor Banknoten und den Eingang zu Pekings Verbotener Stadt am Tiananmen-Platz, wo auch das Mao-Mausoleum steht. Maos 30. Todestag am 9. September 2006 ließ die aktuelle Staats- und Parteiführung ohne offizielle Würdigung verstreichen. Sie möchte jede Diskussion über ihn verhindern, denn die könnte ihre eigene Legitimität in Frage stellen.

Sven Hansen

Postmaoistischer Staat

Die blutige Niederschlagung der Demokratiebewegung auf dem Pekinger Platz des Himmlischen Friedens 1989 markiert eine Wende in der chinesischen Geschichte. Der Aufstand, der weit mehr war als der Protest von Studenten und liberal gesinnten Intellektuellen, hat breite Bevölkerungsschichten mobilisiert, die ihre politischen und sozialen Forderungen geltend machten. Seither geht Chinas »Übergang« zur Marktwirtschaft mit Riesenschritten voran. Das rasante Wirtschaftswachstum führt zu enormer sozialer Ungleichheit. Doch das autoritäre Regime garantiert die Ruhe im Lande.

Stark sein an zwei Fronten

d Neoliberalismus in China

Von Wang Hui

Wang Hui ist Professor für Geistes- und Sozialwissenschaften an der Qinghua Universität Peking und Chefredakteur der Intellektuellenzeitschrift *Dushu* (Lesen).

Seit Ende der Siebzigerjahre und verstärkt seit 1989 fährt die chinesische Regierung einen radikalen Liberalisierungskurs und beteiligt sich begeistert an der Globalisierung. So ausführlich die damit einhergehenden marktwirtschaftlichen Reformen bisher kommentiert wurden, so wenig Aufmerksamkeit schenkten die Beobachter dem Wechselspiel zwischen Staat und Markt. Dabei führten die Reformen und die forcierte Urbanisierungspolitik seit 1984 zu nachhaltiger Umverteilung. Von der Privatisierung der vormals in Staatsbesitz befindlichen Ressourcen profitierten neue Interessengruppen, die den Reformprozess für eigene Ziele nutzten. Die sozialen Ungleichheiten nahmen erheblich zu, die sozialen Sicherungssysteme lösten sich auf, Landflucht und Massenarbeitslosigkeit brachten das soziale Gefüge aus dem Gleichgewicht.

Nichts von alldem hätte ohne die gezielten Eingriffe des Staates vonstatten gehen können, der sich fortan auf die Politik im engeren Sinne konzentrierte, seine sonstigen gesellschaftlichen Funktionen aber an den Markt abtrat. Dieser Dualismus von politischer Kontinuität und wirtschaftlich-sozialem Umbruch ist ein spezielles Merkmal des chinesischen Neoliberalismus. So überwand die Regierung ihre Legitimitätskrise nach 1989 und verhindert seitdem jede öffentliche Diskussion über Alternativen zum Neoliberalismus. Chinas Beitritt zur Welthandelsorganisation (WTO) markiert die einstweilen letzte Etappe in diesem Prozess.

Um die Gründe für diese Entwicklung zu verstehen, müssen wir einen Blick auf die wirtschaftlichen Veränderungen der Jahre 1978–1989 werfen und die Rolle des Staats bei der Einführung der Marktwirtschaft analysieren. Den entscheidenden Wendepunkt bildete die Niederlage der sozialen Bewegung von 1989, deren gesellschaftliche und demokratische Bestrebungen auf dem Tiananmen-Platz zunichte gemacht wurden.

Obwohl die meisten Untersuchungen die Bedeutung der Studenten, Intellektuellen und staatlichen »Reformer« hervorheben, mobilisierte die soziale Bewegung dieser Jahre in Wirklichkeit viel größere Teile der Gesellschaft. Dass die Studenten eine wichtige Rolle spielten, ist unbestritten – schließlich hatte die »Aufklärung« der Achtzigerjahre die alten Ideologien unterhöhlt und dem kritischen Denken neue Perspektiven eröffnet. Doch der spontane Charakter und das Ausmaß der Mobilisierung zeigen, dass die Bewegung von 1989 weit über die Studentenschaft hinausging.

Im Grunde waren die Intellektuellen weder in der Lage, realistische gesellschaftliche Ziele zu formulieren, noch, die Tragweite der Bewegung wirklich zu erfassen. Da sie immer nur den sozialistischen Staat im Visier ihrer Kritik hatten, konnten sie das Besondere an den neuen gesellschaftlichen Widersprüchen weder wahrnehmen noch begreifen. Während der maoistische Staat die systembedingte Ungleichheit durch Zwangsmaßnahmen und Planwirtschaft perpetuierte und mit dem Mäntelchen sozialistischer Gleichheit behängte, verwandelte der »Reformstaat« die latente Ungleichheit in deutlich sichtbare Einkommensunterschiede zwischen den sozialen Schichten. Dass der Protest der Achtzigerjahre daher eine zutiefst sozialistische Dimension besaß, haben die Systemkritiker schlicht übersehen – wobei hier nicht vom »Sozialismus« der alten Staatsideologie die Rede ist, sondern von Ansätzen eines neuen Sozialismus, der auf Gleichheit, Gerechtigkeit und Demokratie abzielt.

Ungeachtet ihrer sozialen Vielfalt richtete sich die Bewegung insgesamt gegen jedwede Monopolansprüche und Privilegien, sie trat für Demokratie und soziale Sicherheit ein. Mit Ausnahme der nicht unmittelbar beteiligten Bauern engagierten sich in den mittleren und größeren Städten Menschen aus allen Schichten. Diese umfassende Mobilisierung ließ die Widersprüche innerhalb des Staats offen zutage treten.

Hinsichtlich der staatlichen Reformen lassen sich zwei Phasen unterscheiden. Das erste Maßnahmenpaket betraf die ländlichen Gebiete. Durch Anhebung der Agrarpreise, Ankurbelung des Konsums und Entwicklung lokaler Industrien verringerten sich die Einkommensunterschiede zwischen Stadt und Land. Zwar spielte bei dieser positiven Entwicklung auch die partielle Einführung von Marktmechanismen eine Rolle. Doch im Grunde schrieben diese Reformen nur die chinesische Tradition egalitärer Landverteilung fort. Die landwirtschaftliche Produktivität stieg, und die Polarisierung zwischen ländlichen und städtischen Gebieten nahm eine Zeit lang ab.

Die zweite Reformphase begann 1984. Sie betraf die Städte und wird als entscheidend für die Entwicklung marktwirtschaftlicher Verhältnisse gesehen. Wirtschaftspolitisch wurden in dieser Periode die Dezentralisierung der Entscheidungsprozesse und die freie Verfügung der Betriebe über einen Teil der erwirtschafteten Gewinne durchgesetzt, eine Umverteilung, die als *fangquan rangli* bekannt ist.[1] Schon seit 1978 waren die staatlichen Ausgaben drastisch gesunken, die Kommunen hatten erweiterte Entscheidungskompetenzen und größere Ausgabenautonomie gewonnen.[2]

1 | Dazu Zhang Wanli, »Twenty Years of Research on Social Class and Strata in China«, *Shehuiwue janjiu,* Peking 2000
2 | Wang Shaoguang, »Der Aufbau eines mächtigen demokratischen Staats - ›Regimetyp‹ und ›staatliche Handlungsfähigkeit‹«, in: »Dangdai zhongguo yanjiu zhongxin lunwen« [Beiträge des Zentrums zur Erforschung des heutigen China], Bd. 4, 1991

◄ Bei einer Protestveranstaltung in Peking im Frühjahr 2001 gegen die Baufirma Wangjing New Town, der Betrug und Pfusch am Bau vorgeworfen wird. Die Schriftzeichen auf dem Schild bedeuten »korrupt«.
FOTO [M]: KATHARINA HESSE

Der Soziologe Zhang Wanli schreibt hierzu: Die Dezentralisierung »hat die Machtbefugnisse der staatlichen Stellen mit Blick auf die Einkommensverteilung in keiner Weise geschmälert, sondern allein die Zuständigkeit der Zentralregierung abgebaut. [...] Die Einmischung der Verwaltung ins wirtschaftliche Leben nahm

Die 89er-Bewegung ist im Kontext der Globalisierung der Märkte und des wachsenden Protests gegen das herrschende Weltsystem zu sehen

nicht etwa ab, sondern verstärkte sich. Die lokalen Behörden griffen viel direkter in die Wirtschaft ein als zuvor die Zentralregierung. So führte die Dezentralisierung keineswegs zum Verschwinden, sondern allein zu einer kleinteiligeren Funktionsweise der herkömmlichen Planwirtschaft.«[3]

Reformiert wurden vor allem die Staatsbetriebe. Sie erhielten anfangs mehr Autonomie und wurden aufgefordert, Unternehmensprozesse umzuorganisieren und neue Managementmethoden einzuführen. Als darauf die Arbeitslosenzahlen stiegen, rückte der Staat von Betriebsschließungen wieder ab und zog es vor, die Belegschaften umzuschichten. An der grundsätzlichen Orientierung in Richtung »Marktwirtschaft« änderte sich aber nichts. Die Gesamtentwicklung – Unternehmensfusionen, Betriebsschließungen, Belegschaftsumschichtungen – führte zu gravierenden Veränderungen in den Produktionsverhältnissen. Nachdem der Staat seine ausschließliche Zuständigkeit für Industrie und Handel einmal aufgegeben und planwirtschaftliche Vorgaben durch makroökonomische Regulierung ersetzt hatte, verschärften sich die ungleichgewichtige Ressourcenverteilung, die schon für das alte System charakteristisch war, und die neuen schichtenspezifischen und individuellen Einkommensunterschiede.

Dieses Resultat war mangels demokratischer Kontrolle und eines geeigneten Wirtschaftssystems beinahe unausweichlich. Die Interessen der Arbeitnehmer, aber auch der Staatsbediensteten wurden in gravierender Weise verletzt. Ihre wirtschaftliche Stellung verschlechterte sich, ihr Einkommen stagnierte, soziale Errungenschaften wurden abgebaut, die unterschiedlichen Interessen polarisierten sich, von der fehlenden Arbeitsplatzsicherheit für die Älteren, Schwachen, Kranken, Behinderten und für schwangere Frauen ganz zu schweigen.[4] Dennoch fanden die Reformen Anklang, weil sie befreiend wirkten und den Ideenstreit anregten. Dass die staatliche Stabilität nach wie vor unangefochten blieb, lässt sich nicht allein mit dem ausgeübten Zwang erklären, sondern lag auch daran, dass der Staatsapparat die skizzierte Dynamik aufrechtzuerhalten wusste.

Die galoppierende Inflation, die Mitte der Achtzigerjahre die Wirtschaft in ein Chaos zu stürzen drohte und das soziale Gefüge erschütterte, verschaffte der Debatte neue Nahrung. Zwei Alternativen standen zur Diskussion: entweder eine radikale Landreform und umfassende Privatisierung der Staatsbetriebe oder staatlich gelenkte Strukturanpassungsprozesse unter partieller Freigabe der Preise. Am Ende entschied man sich für den zweiten Weg, der insgesamt erfolgreich war. Die Preisreform zwang die alten Monopolbetriebe zur Anpassung und wirkte sich stimulierend auf den Markt aus. Zumal der Vergleich mit der »spontanen Privatisierung« in Russland zeigt, dass der eingeschlagene Weg richtig war.

Ausländische Unternehmen bevorzugen die Ostküste ▼

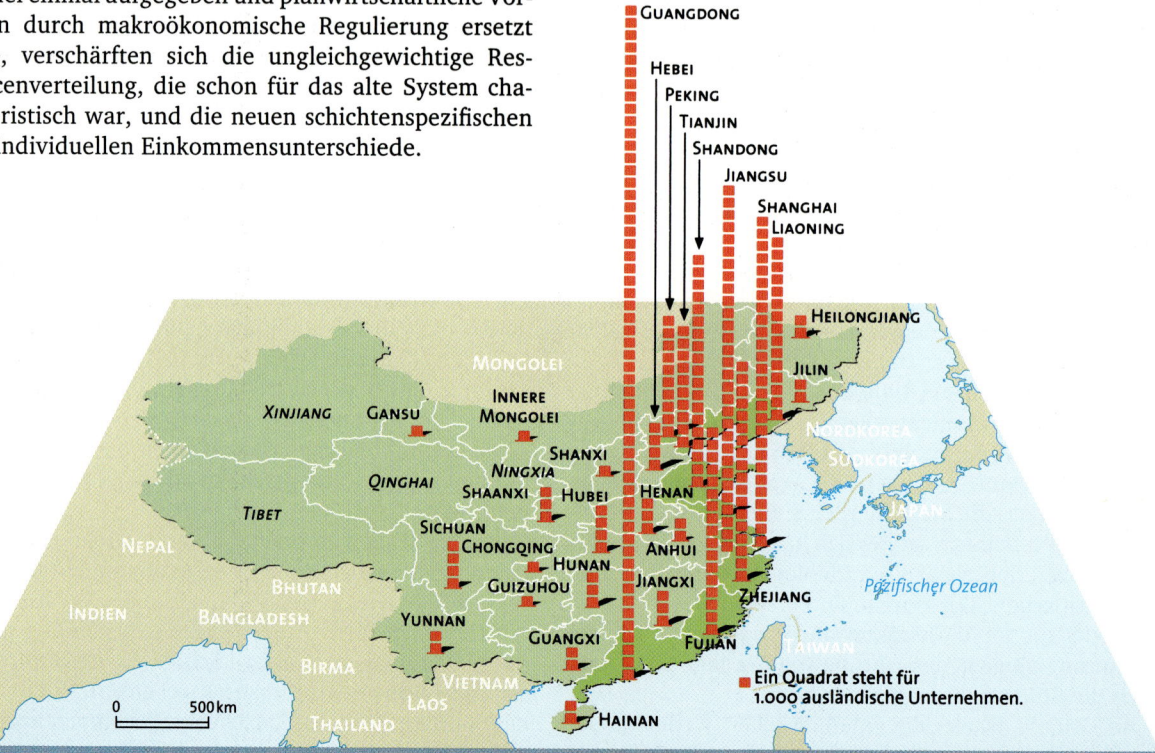

Ein Quadrat steht für 1.000 ausländische Unternehmen.

3 | Siehe Anmerkung 1, S. 28 f.
4 | Zhao Renwei, »Einige Besonderheiten der Einkommensverteilung in China während der Übergangsphase«, in: Zhao, »Forschungen über die Einkommensverteilung in der chinesischen Bevölkerung«, Peking 1994; Feng Tongqing u. a., »Die Lage der chinesischen Arbeiter. Innere Struktur und gegenseitige Beziehungen«, Zhongguo sheshui chubanshe, Peking 1993; Zhang Wanli, s. Anm. 1

GRAFIK: PHILIPPE REKACEWICZ

Allerdings traten nun neue Probleme auf. China fuhr damals ein »zweigleisiges Preissystem«. Die Preise für Produktionsmittel legte der Plan fest, die Preise für Konsumgüter regelte der Markt. Damit war der Korruption Tür und Tor geöffnet. Staatliche Ressourcen gelangten auf mehr oder weniger »legalen« Wegen in die Taschen einiger weniger Profiteure. Eine Hand voll »Rentiers«[5] riss in diesem Tauschhandel zwischen Macht und Geld einen Teil des öffentlichen Reichtums an sich. Mehr noch: Seit 1988 haben Staatsbetriebe, Kommunen und Ministerien das Recht, Handels- und Finanzierungsverträge mit dem Ausland abzuschließen. Dadurch gerieten Güter, für die eigentlich der Plan greifen sollte, doch in den Sog des Markts,[6] was einen weiteren Inflationsschub auslöste.

Um diesen Schwierigkeiten zu begegnen, kündigte die Regierung im Mai und Juni 1988 an, das zweigleisige Preissystem abzuschaffen und die allgemeine Preisliberalisierung voranzutreiben. Panik und soziale Unruhen waren die Folge. Darauf kehrte die Regierung zu einer strikteren Kontrolle der Wirtschaft zurück. Die Widersprüche zwischen dem Staat und den Einzelinteressen konnten sich so nur verschärfen.

Entscheidender Auslöser der sozialen Bewegung von 1989 waren die gravierenden sozialen Ungleichheiten, die die Reformpolitik mit sich gebracht hatte. In den städtischen Gebieten waren drastische Einkommensunterschiede entstanden. Ein Arbeiter konnte sich kaum mehr seine »eiserne Reisration« leisten. Viele Beschäftigte der Staatsbetriebe waren arbeitslos geworden – freilich hatte die Arbeitslosigkeit noch nicht die heutigen Ausmaße angenommen. Infolge der Inflation schnellten die Lebenshaltungskosten in die Höhe, während die soziale Entwicklung stagnierte. Auch die Einkünfte der Staatsbediensteten sanken im Vergleich zum Einkommen anderer Schichten. Wer auf dem freien Markt eine Stelle fand, verdiente ungleich mehr als seine ehemaligen Kollegen im öffentlichen Sektor.[7]

Die Stagnation der Landreform nach 1985 zerstörte alle Illusionen, die über das Reformprogramm noch bestanden hatten. Nicht dass die chinesische Öffentlichkeit die Planwirtschaft gut gefunden hätte. Doch je offener die neuen Ungleichheiten zutage traten, umso misstrauischer wurde der Systemwandel beäugt. Die Legitimität der Reformen wurde zunehmend in Frage gestellt.

Die Studenten und Intellektuellen forderten vor allem Verfassungsrechte, mehr Demokratie, Presse- und Versammlungsfreiheit, kurz: rechtsstaatliche Garantien. Sie verlangten die Anerkennung als legale patriotische Studentenbewegung. Andere Bevölkerungsgruppen unterstützten diese Forderungen, wollten sie aber mit konkreteren sozialen Inhalten füllen. Sie opponierten gegen Korruption und Veruntreuung öffentlicher Gelder, kritisierten die »Partei der Prinzen« (die privilegierte Klasse), sie forderten Preisstabilität, soziale Gerechtigkeit und soziale Garantien. Darüber hinaus verlangten sie, dass der Staat die Sonderwirtschaftszone Yangpu auf der Insel Hainan, die ausländischen Unternehmen überlassen worden war, wieder in eigene Regie nehmen sollte. Dazu kam die Forderung nach gerechterer Verteilung des gesellschaftlichen Reichtums. So kritisch die Bewegung dem »alten« Regime gegenüberstand, so unzweifelhaft wandte sie sich mit ihren Forderungen und ihrem Protest an den »neuen Reformstaat«. Dabei unterstellt die Unterscheidung zwischen »altem« und »neuem« Regime keineswegs eine Diskontinuität innerhalb der staatlichen Entwicklung, sie verweist vielmehr auf einen Wandel der staatlichen Aufgaben. Denn der »neue Reformstaat« war ganz und gar vom politischen Erbe des alten Regimes abhängig.

Insgesamt war die Bewegung eine spontane Reaktion auf staatlichen Autoritarismus und soziale Verelendung. Andererseits fanden sich in ihren Reihen auch solche Interessengruppen, die von der Dezentralisierung der Entscheidungsstrukturen und der Verfügungsgewalt über gesellschaftlichen Reichtum profitiert hatten. Sie hatten ihre eigenen Zukunftsvorstellungen und verlangten von der Regierung ein radikales Privatisierungsprogramm. Sie instrumentalisierten die Bewegung, um die Kräfteverhältnisse innerhalb der Regierung in der gewünschten Weise zu verändern.

Vor der Weltöffentlichkeit posierten die chinesischen Neoliberalen als Regimekritiker, die gegen »Tyrannei« und für »Freiheit« kämpfen. Sie verschleierten ihre vielschichtigen Beziehungen zum Staat, ohne die es ihnen nicht gelungen wäre, den Binnenmarkt zu entwickeln und ihre Politik der Dezentralisierung und Privatisierung durchzusetzen. Weil jede demokratische Kontrolle fehlte, sorgten die entsprechenden Gesetze auch noch für eine »Legalisierung« der Aneignung von Ressourcen. Und aufgrund der Verquickung des chinesischen »Neoliberalismus« mit dem Weltwirtschaftssystem gelang es den »radikalen Reformern«, ihre eigene Lesart der sozialen Bewegung von 1989 in Umlauf zu bringen und den Protest als Ausdruck wirtschaftsliberaler Bestrebungen darzustellen.

Die Ereignisse von 1989 lassen sich eben nicht nach dem Schema »pro oder contra Reform« verstehen. Die Debatte zwischen den Neoliberalen und den anderen Gruppen der 89er-Bewegung kreiste vielmehr um die Frage nach der Art der Erneuerung. So einig man sich über die Notwendigkeit politischer und wirtschaftlicher Reformen war, so umstritten war ihr konkreter Inhalt. Die Mehrheit wünschte eine grundlegende Erneuerung des politischen und rechtlichen Systems, strebte nach sozialer Gerechtigkeit und echter Demokratisierung des Wirtschaftslebens. Dass diese Bestrebungen den Interessen der Privatwirtschaft entgegenstanden, versteht sich von selbst.

Der Kampf für Demokratie, Gleichheit und soziale Gerechtigkeit wurde auf dem Tiananmen-Platz mit Militärgewalt niedergeschlagen. Die historischen Möglichkeiten dieser Bewegung wurden zunichte gemacht. Doch erklärt sich diese Niederlage zum Teil auch aus der Unfähigkeit der Bewegung, soziale und demokratische Forderungen zu verbinden und sich als soziale Kraft zu stabilisieren.

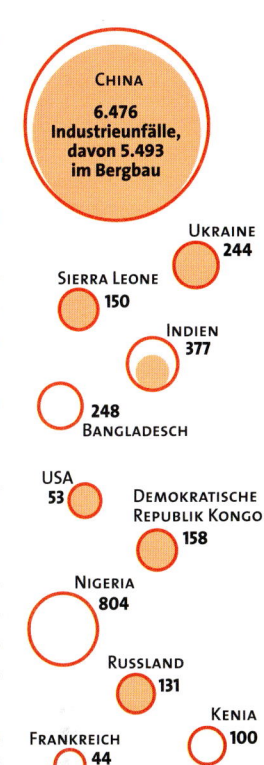

CHINA
6.476 Industrieunfälle, davon 5.493 im Bergbau

UKRAINE 244

SIERRA LEONE 150

INDIEN 377

BANGLADESCH 248

USA 53

DEMOKRATISCHE REPUBLIK KONGO 158

NIGERIA 804

RUSSLAND 131

KENIA 100

FRANKREICH 44

Arbeitsunfälle nach gemeldeten Vorkommnissen, Gesamtzahl von 2000 bis 2005

davon im Bergbau

■ QUELLE
International Disaster Database, www.em-dat.net, Université catholique de Louvain, Belgien.
GRAFIK: PHILIPPE REKACEWICZ

---

[5] | Hu Heyuan, »Eine Schätzung der Vermögenseinkommen in China 1988«, in: *Jingji tizhi bijiao* [Vergleichende Wirtschaftsforschung], Bd. 7, 1989
[6] | Guo Shuqing, »Transformation des Wirtschaftssystems, makroökonomische Anpassung und Kontrolle«, Tianjin renmin chubanshe, 1992, S. 181
[7] | Ein Vergleich der Situation der leitenden Angestellten und Beamten vor und nach den Reformen findet sich bei Li Qiang, »Stratifizierung und Bewegung im heutigen China«, Zhongguo jingji chubanshe, Peking 1993.

Die 89er-Bewegung ist im Kontext der Globalisierung der Märkte und des wachsenden Prostests gegen das herrschende Weltsystem zu sehen. Sie ist Teil eines Protestmilieus, das seit den Demonstrationen gegen die Welthandelskonferenz in Seattle 1999 die Hoffnung verkörpert, dass die Utopie von Gleichheit und Freiheit kein Hirngespinst ist. Doch statt den ambivalenten Charakter der Bewegung anzuerkennen, wollte die herrschende Meinung darin nur einen weiteren Beweis für die Überlegenheit des westlichen Modells erkennen. So wurden die soziale Substanz und kritische Kraft des Ereignisses verleugnet. Seine historische Bedeutung als Protest gegen die neuen Machtverhältnisse, gegen die neue Tyrannei – und nicht nur gegen die alte – wurde verschwiegen.

Danach blieb dem sozialen Protest nicht mehr viel Handlungsspielraum. Der neoliberale Diskurs triumphierte. Im September 1989 verabschiedete die Regierung die Preisreform, die sie noch wenige Jahre zuvor nicht hatte durchsetzen können. Im Anschluss an Deng Xiaopings Reise durch den Süden des Landes 1992 beschleunigte die Regierung die Einführung der Marktgesetze. Die Geldpolitik rückte in den Mittelpunkt, der Wechselkurs des Yuan wurde exportfördernd gesenkt. Im Zuge der Ausfuhrkonkurrenz entstanden zahlreiche Verwaltungsgesellschaften, die auf das »zweigleisige Preissystem« zurückgehenden Differenzen verringerten sich, und im Shanghaier Bezirk Pudong wurde eine der »Sonderwirtschaftszonen« eröffnet, die bald überall im Land entstanden.

In den folgenden Jahren nahmen die Einkommensunterschiede zwischen den einzelnen Regionen und sozialen Schichten drastisch zu. Die Zahl der neuen Armen wuchs beständig.[8] Die alte Ideologie hatte endgültig ausgedient und wurde ersetzt durch die Strategie »Stark sein an zwei Fronten« – an der ideologischen und an der ökonomischen. So entstand eine neue Art der Tyrannei. An die Stelle der obsoleten Staatsideologie trat der »Neoliberalismus«. An ihm richtete die Regierung fortan ihre Innen- und Außenpolitik aus. Der Übergang zur Marktgesellschaft hat die Ursachen der sozialen Bewegung von 1989 nicht beseitigt – er hat sie nur »legalisiert«. Die ungeheuren sozialen Probleme der Neunzigerjahre – Korruption, Immobilienspekulation, Sozialabbau, Arbeitslosigkeit, Landflucht[9], Umweltkrisen – hängen unmittelbar mit den sozialen Bedingungen vor 1989 zusammen. Die Globalisierung hat diese Probleme nur verschärft und einem neuen Autoritarismus den Weg bereitet.

Gleichwohl hatten die Reformen und die wirtschaftliche Öffnung nicht nur negative Folgen. Sie befreiten China aus den Zwängen der Kulturrevolution, die sich als Sackgasse erwiesen hatte. Sie gaben den Anstoß zu wirklicher ökonomischer Entwicklung. Und sie wirkten befreiend. Aus diesem Grund begrüßten die chinesischen Intellektuellen sie. Historisch gesehen hinterließen sie jedoch auch tiefe Narben.

Die Generation, die nach der Kulturrevolution aufgewachsen ist, orientiert sich ausschließlich am Westen, genauer: an den Vereinigten Staaten. Asien, Afrika, Lateinamerika, auch Europa sind als Zentren des Wissens und der Kultur aus dem geistigen Gesichtsfeld Chinas verschwunden. Jede Kritik am Neoliberalismus wird als »irrationale Regression« gebrandmarkt, während Kritik am Sozialismus und an der chinesischen Tradition herangezogen wird, um die Übernahme des westlichen Entwicklungsmodells und der Modernisierungsteleologie zu rechtfertigen.

Doch sollte sich China nicht nur an der historischen Entwicklung des westlichen Kapitalismus messen. Im Gegenteil, der Kapitalismus muss der Kritik unterzogen werden, um die bisherige Entwicklung Chinas und der Welt unvoreingenommen zu bewerten und historisch neue Möglichkeiten aufzuzeigen. Es geht nicht darum, die Erfahrungen, die China mit der Moderne gemacht hat, in Bausch und Bogen zu verwerfen. Schließlich befreite sie die Menschen von der Geschichtsteleologie, vom Determinismus und Fetischismus der vorangegangenen Gesellschaftsordnung. Es kommt vielmehr darauf an, die historischen Erfahrungen Chinas und anderer Länder als eine Quelle theoretischer und praktischer Innovationen zu nutzen.

Im Rückblick gesehen war die sozialistische Bewegung Chinas sowohl eine Widerstands- als auch eine Modernisierungsbewegung. Wenn wir Chinas Schwierigkeiten auf der Suche nach Gleichheit und Freiheit verstehen wollen, müssen wir unseren bisherigen Modernisierungsweg hinterfragen. Wir brauchen demokratische und sozialverträgliche Lösungen, die soziale Polarisierung und gesellschaftliche Desintegration verhindern.

Deutsch von Bodo Schulze

▲ **Die Armut bleibt auf dem Land**

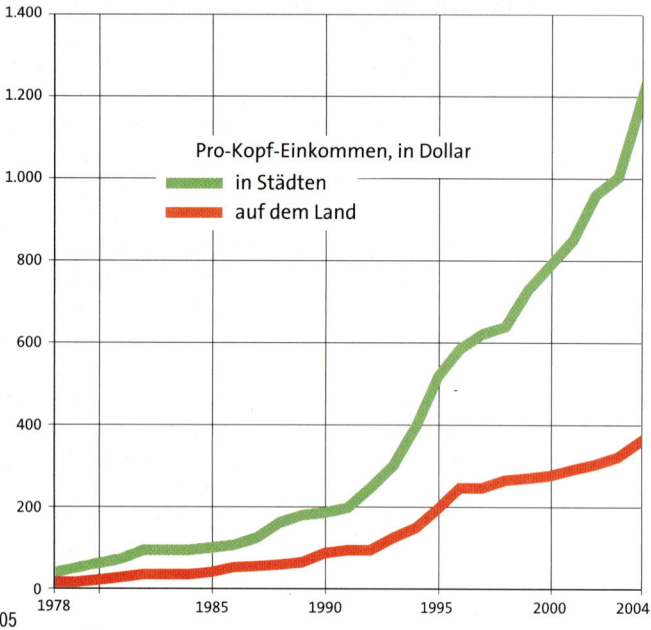

■ QUELLE
China Statistical Yearbook 2005
GRAFIK: PHILIPPE REKACEWICZ

8 | Siehe dazu die Arbeiten der Sektion »Wirtschaftsforschung zur Einkommensverteilung« bei der Chinesischen Akademie für Sozialwissenschaften: Zhao Renwei u. a.

9 | Dazu Wang, »Untersuchung zur urbanen Entwicklung und ihrer Vorläufer«, in: »Shehuixue yanjiu«, Bd. 1, 2000, S. 65–75

Erstmals erschienen in *Le Monde diplomatique* vom April 2002

Deng Xiaoping (1904–1997)
Der Wirtschaftsreformer

Deng Xiaoping hat die Volksrepublik China auf den wirtschaftlichen Reformkurs gebracht, dem sie heute ihr Wirtschaftswachstum und ihre Weltmarktorientierung verdankt. Zugleich ließ er aber auch mehrfach Forderungen nach politischer Liberalisierung brutal unterdrücken. Von 1978 bis 1989 war er, obwohl er keines der offiziell höchsten Staats- und Parteiämter innehatte, der mächtigste Mann Chinas.

Deng stammte aus einer Großgrundbesitzerfamilie im südwestlichen Sichuan. Von 1920 bis 1925 war er Werkstudent in Frankreich, wo er der Kommunistischen Partei Chinas beitrat. Es folgten elf Monate Studium in Moskau. Zurück in China half er beim Aufbau kommunistischer Militärbasen und fungierte in verschiedenen Einheiten der Roten Armee als Politkommissar. Am langen Marsch nahm er an der Seite Mao Tse-tungs teil. 1945 wurde er Mitglied des Zentralkomitees, von 1954 bis 1966 war er dessen Generalsekretär. Bei der Verfolgung von Intellektuellen während der »Anti-rechts-Kampagne« Ende der 1950er-Jahre spielte er eine ebenso zentrale Rolle wie bei den darauf folgenden Wirtschaftsreformen, die dem Chaos nach dem Großen Sprung ein Ende setzen sollten. Aus jener Zeit stammt auch der berühmte Satz, der Deng den Ruf eines Pragmatikers eintrug: »Es ist egal, ob eine Katze schwarz oder weiß ist, Hauptsache sie fängt Mäuse.«

Wegen seines Pragmatismus fiel er dann 1966 bei der Kulturrevolution in Ungnade und wurde unter Hausarrest gestellt. Später musste er als Schlosser arbeiten. Sein Sohn Pufang wurde von Roten Garden zum Krüppel geschlagen. 1973 holte Ministerpräsident Zhou Enlai Deng zurück in die Regierung und machte ihn zu seinem Stellvertreter. Nach Zhous Tod im Januar 1976 wurde Deng erneut entmachtet, erhielt aber nach Maos Tod und der Verhaftung der Viererbande seine politischen Ämter zurück.

Im Machtkampf mit dem von Mao als Nachfolger eingesetzten Hua Guofeng setzte Deng sich Ende 1978 durch. Mit den »Vier Modernisierungen« (Industrie, Landwirtschaft, Wissenschaft und Technik/Militär) leitete er die wirtschaftliche Reform- und Öffnungspolitik ein. Forderungen nach einer »Fünften Modernisierung« (Demokratie) ließ er unterdrücken, als sie ihm nicht mehr nützlich schienen. Außenpolitisch steuerte er China auf einen interessenorientierten Kurs. Er reiste in die USA, ließ chinesische Truppen in den Norden Vietnams einmarschieren und vereinbarte mit Großbritannien die Rückgabe Hongkongs.

Zwei von ihm selbst zu Nachfolgern auserkorene Politiker entmachtete er persönlich, weil sie ihm zu nachsichtig mit Demonstranten umgingen. Sein Schützling Hu Yaobang musste als Generalsekretär der KP Chinas im Januar 1987 zurücktreten. Und 1989 wurde Hus Nachfolger Zhao Zijang unter Hausarrest gestellt, als Deng und einige Parteisenioren den Schießbefehl auf die Demonstranten am Tiananmen-Platz gaben. Wenige Monate später gab der greise Deng seinen einzigen wichtigen Posten als Vorsitzender der Zentralen Militärkommission an Jiang Zemin ab. Entscheidenden Einfluss nahm er zum letzten Mal 1992, als er mit einer Reise in den Süden des Landes den ins Stocken geratenen Wirtschaftsreformen neue Impulse verlieh und die Wirtschaftsliberalisierung damit festschrieb. Weil Deng sich mit seiner pragmatischen Wirtschaftsorientierung immer wieder erfolgreich gegen linke Parteiideologen durchgesetzt hat, genoss er unter westlichen Politikern hohes Ansehen. Über seine dunklen Seiten wurde meist großzügig hinweggesehen.

Sven Hansen

Herrschaft Mao Tse-tungs

Seite 41 ◀ 1928–1949 ・ 1977–2007 ▶ Seite 71

- **1950** China schließt einen Freundschafts- und Beistandspakt mit der Sowjetunion. Beginn der Landreform zur Aufteilung des Großgrundbesitzes. Die Volksbefreiungsarmee marschiert in Tibet ein (7. Oktober) und greift massiv in den Koreakrieg ein (23. Oktober). Garantieerklärung der USA für Taiwan und US-Handelsembargo gegen China.
- **1951/52** »Drei-Anti-Bewegung« und »Fünf-Anti-Bewegung« gegen Beamte und Bourgeoisie.
- **1953** Ende des Koreakriegs mit 145.000 chinesischen Toten. Erster Fünfjahresplan nach sowjetischem Vorbild.
- **1954** China nimmt an der Genfer Indochina-Konferenz teil. Verabschiedung der Verfassung.
- **1955** Verstärkte Kollektivierung der Landwirtschaft. Internationaler Sympathiegewinn durch Zhou Enlais Auftritt bei der Bandung-Konferenz asiatisch-afrikanischer Staaten.
- **1956** Verstaatlichung von Industrie und Gewerbe in den Städten.
- **1956–1957** »Hundert-Blumen-Bewegung«, die intellektuellen Pluralismus zulassen soll. Die »Anti-rechts-Kampagn« setzt dem ein Ende und verschärft die Repression.
- **Mai 1958** Beginn des »Großen Sprungs nach vor«, der großes Chaos in der Landwirtschaft anrichtet und zu einer Hungersnot mit mehreren Millionen Toten führt. Mao verzichtet auf erneute Kandidatur für das Amt des Staatspräsidenten.
- **1959** Niederschlagung des Volksaufstands im tibetischen Lhasa, Flucht des Dalai Lama ins Exil. Liu Shaoqi wird neuer Staatspräsident.
- **1960–1965** Parteirechte setzt wirtschaftspolitische Kurskorrektur durch, die mehr Mittel für die Landwirtschaft, mehr Privatinitiative, mehr Dezentralisierung beinhaltet.
- **1962** Bruch mit der UdSSR. Grenzkrieg mit Indien.
- **1964** Chinas erster Atombombentest.
- **1966** Beginn der »großen proletarischen Kulturrevolution«. Mao entmachtet innerparteiliche Gegner. An den Hochschulen bildet sich eine Bewegung der »Roten Garden«, die Jagd auf vermeintliche Intellektuelle und Bürgerliche machen. Liu Shaoqi wird aus der KP ausgeschlossen.
- **1967** Die Armee greift disziplinierend ein, »Revolutionskomitees« entstehen.
- **ab 1968** Bis zu 20 Millionen Jugendliche werden aus den Städten in die Randprovinzen geschickt.
- **1969** IX. KP-Parteitag erhebt Maos Lehre zur Doktrin, ernennt Lin Biao zum offiziellen Nachfolger und erklärt die Kulturrevolution für beendet. Grenzgefechte mit sowjetischen Truppen am Ussuri.
- **1971** Sturz und Tod Lin Biaos. Aufnahme der VR China in die UNO, Ausschluss Taiwans.
- **1972** Peking-Besuch Richard Nixons und Unterzeichnung des Kommuniqués von Shanghai: Die USA erkennen Taiwan als Teil Chinas an.
- **1973/74** Zhou Enlai bemüht sich um Rehabilitierung verfolgter Kader und Funktionäre, weshalb er selbst von Anhängern der Kulturrevolution bekämpft wird.
- **1976** Tod von Zhou Enlai (8. Jan.) und Mao Tse-tung (9. Sept.). Machtkampf zwischen Pragmatikern und radikalen Linken. Verhaftung der »Viererbande«, Hua Guofeng wird Ministerpräsident und Parteichef.

Das

Immer häufiger setzen sich chinesische Bauern, Arbeiter und Stadtbewohner zur Wehr, wenn sie von ihrem Land vertrieben werden oder ihre Arbeit oder Wohnung verlieren sollen. Die Proteste sind zahlreicher, gewalttätiger und mutiger geworden. Doch auch die autoritäre Führung in Peking reagiert inzwischen flexibler, zumindest solange das Machtmonopol der KP nicht in Frage gestellt ist.

Ende der Geduld

Von Sven Hansen
Sven Hansen ist Asienredakteur *der tageszeitung (taz)* in Berlin.

In den Morgenstunden des 18. Januar 2007 dringen mehrere Hundertschaften der Volkspolizei in das Dorf Sanshan in der Provinz Guangdong ein und räumen ein Camp protestierender Bauern. Laut Augenzeugenberichten[1] setzen die Polizisten wahllos Schlagstöcke ein. Zelte werden zerstört und Transparente abgerissen, einschließlich eines Porträts von Mao Tse-tung. Mehr als vierzig Menschen werden festgenommen.

Mit dem zwei Wochen zuvor aufgebauten Camp protestierten Bauern gegen die Landnahme der Behörden. Die hatten die 26 Hektar große Fläche, auf der das Camp errichtet worden war, den Bauern weggenommen und an einen US-Logistikkonzern verkauft. Die Bauern klagen, sie seien viel zu gering oder gar nicht entschädigt worden. Nach Auskunft ihres Anwalts sind die Enteignungen gesetzeswidrig und ohne Genehmigung höherer Stellen erfolgt. Dabei geht es gar nicht um Enteignung im juristischen Sinne – in China gibt es keinen privaten Grundbesitz –, sondern um die vorzeitige und gering entschädigte Kündigung langfristiger Bodennutzungsrechte und um deren Verkauf an einen ausländischen Investor. Dafür wird Acker- in Industrieland umgewandelt. Lokalbehörden und lokale Kader machen das äußerst lukrative Geschäft und profitieren außerdem nicht selten persönlich von Korruptions- und Bestechungsgeldern, während Bauern die Leidtragenden sind.

Bereits im Mai 2005 hatten laut einem Hongkonger Medienbericht 4000 Polizisten in Sanshan die Ernte auf den Feldern vernichtet, um die Enteignungen durchzusetzen. Die umstrittenen 26 Hektar Land sind nur ein Teil der insgesamt 1200 Hektar, deren Umwandlung in Industrieland die Behörden gegen den Willen der Bauern beschlossen hatten.

Der Konflikt in Sanshan zeigt beispielhaft die alltäglichen Landkonflikte im heutigen China. Manche ziehen sich über Jahre hin und werden mit aller Härte ausgetragen. So nahmen im Dorf Dongzhou, ebenfalls in Guangdong, verzweifelte Bauern im Dezember 2006 acht Beamte mehrere Tage lang als Geiseln. Vorausgegangen war die Festnahme eines dörflichen Aktivisten. In dem Dorf waren zuvor mindestens drei Bauern von der Polizei erschossen worden, als diese gewaltsam 10.000 Demonstranten auseinander trieb. Die Bauern hatten gegen zu niedrige Entschädigungen protestiert.

Im Dorf Shengyou (Provinz Hebei) heuerten im Juni 2005 lokale Kader sogar eigens 300 Schläger an. Sie griffen die Bauern, die gegen den Bau einer Fabrik auf ihren Feldern protestierten, brutal an. Sechs Bauern wurden getötet, mehr als fünfzig schwer verletzt. Weil jemand den Angriff filmte und im Internet veröffentlichte, verloren in diesem Fall die verantwortlichen Kader sogar ihre Posten.

Ein Vizeminister in Peking räumte kürzlich ein, dass Landnutzungskonflikte die Ursache für die Hälfte aller Proteste in ländlichen Gebieten seien. Schätzungen zufolge würden bis 2010 etwa 15 Millionen chinesische Bauern wegen Landumwandlung von Vertreibung bedroht. Weitere 30 Prozent der bäuerlichen Proteste machten sich laut dem Vizeminister an Korruption und Zweckentfremdung öffentlicher Mittel fest, die restlichen 20 Prozent wendeten sich gegen Umweltverschmutzung.[2]

Die steigende Zahl der Massenproteste stellt die größte Gefahr für die Stabilität des Landes dar, warnte Ende 2006 die amtliche Nachrichtenagentur Xinhua.[3] Die Agentur, die der KP-Propagandaabteilung untersteht, erwähnt Proteste sonst nur selten. Nach offiziellen Angaben stieg die Zahl gemeinsamer öffentlicher Proteste landesweit von 8700 im Jahr 1993 auf 87.000 in 2005 (siehe Tabelle Seite 64). Sie verzehnfachten sich damit in zwölf Jahren und stiegen pro Provinz im Schnitt auf über sieben Proteste am Tag an. 2004 sollen landesweit an Protesten 3,7 Millionen Menschen teilgenommen haben gegenüber 700.000 im Jahr 1993.

Die offiziellen Zahlen der chinesischen Führung sind natürlich mit Vorsicht zu genießen. Auch ihre Erfassungskriterien sind nicht transparent. Doch am alarmierenden Trend besteht zumindest bis 2005 kein Zweifel. Für die erste Jahreshälfte 2006 wird dagegen erstmals ein Rückgang auf 39.000 »Vorfälle mit Massencharakter« gemeldet. Das sind für Xinhua immer noch genug, um warnend darauf hinzuweisen, dass die Führung in Peking zunehmend an ihrem Umgang mit den Protesten gemessen werde.

»Ein Grund für die vielen Proteste ist, dass die Menschen keine Gerechtigkeit spüren. Denn unsere Gerichte haben sich gegenüber der Regierung und nicht gegenüber der Bevölkerung zu verantworten«, meint der bekannte Pekinger Umweltaktivist Wen Bo. Auch interveniere die Regierung in die Verfahren, indem sie beispielsweise in bestimmten Fällen das Strafmaß von vornherein festlege. Zu öffentlichen Protesten oder gar Straßen- und Eisenbahnblockaden kommt es meist erst,

---

[1] | Zitiert von *South China Morning Post*: »1.000 riot police deployed, protesters say«; 19. Januar 2007, und Radio Free Asia: »Police Raid Guangdong Village, Detain Land Protesters«, 18. Januar 2007

[2] | »Land-seizure rows the main cause of rural unrest in '06«, *South China Morning Post*, 31. Januar 2007, und: »Watchdog set up to stop rampant illegal conversion of farmland«, *South China Morning Post*, 25. Juli 2006

[3] | Laut Reuters, 8. Dezember 2006

◀ Pächter des Wangjing New Town Gebäudekomplexes in Peking fühlen sich von der Immobilienfirma betrogen und unterstreichen ihre Justizklage mit einer Demonstration vor dem Gerichtsgebäude. Ein Pächter zeigt eine Kopie seiner bei Gericht eingereichten Klageschrift *(oben)*. Demonstranten vor dem Gerichtsgebäude vor der Urteilsverkündung *(Mitte)*. Eine Frau demonstriert in dem betroffenen Viertel im März 2002 *(unten)*.
FOTOS: KATHARINA HESSE

wenn alle anderen Mittel ausgeschöpft und die Betroffenen völlig verzweifelt und mit ihrer Geduld am Ende sind.

Parallel zum Anstieg der Proteste stieg auch die Zahl der Petitionen, Zivilklagen und Arbeitsprozesse an.[4] Auch bemühen sich Demonstranten um Rückendeckung durch die Medien. Die dürfen jedoch oft überhaupt nicht berichten oder höchstens die offizielle Sicht verbreiten. In Zeiten des Internet und der Handy-Kommunikation, die auch die Organisation der Proteste deutlich erleichtern, lässt sich jedoch kaum noch verhindern, dass Informationen über Proteste kursieren.

Ein Problem für die Regierung sind auch Proteste unzufriedener Arbeiter. Sie demonstrieren gegen Entlassungen, zu geringe Abfindungen oder nicht gezahlte Löhne. Von der offiziellen Gewerkschaft, die der Partei als Kontrollorgan dient, können Arbeiter keine Hilfe erwarten. Allein von 1999 bis 2004 wurden bei der Reform von Staatsbetrieben 27,8 Millionen Arbeiter »freigesetzt«, in den letzten beiden Jahren dürften weitere 6 Millionen hinzugekommen sein.[5] 2002 kam es in Nordostchina im sogenannten Rostgürtel mit seinen maroden Schwerindustriekombinaten mehrfach zu größeren Arbeiterprotesten mit zehntausenden Teilnehmern, die sich sogar aus verschiedenen Betrieben rekrutierten.

In den letzten Jahren nahmen die Arbeiterproteste wieder ab und konzentrierten sich auf einzelne, hauptsächlich private Betriebe. Dort wie in den Sonderwirtschaftszonen arbeiten viele der rund 150 Millionen Wanderarbeiter. Sie sind rechtlos, deshalb leicht auszubeuten, bekommen oft ihre Löhne nicht ausbezahlt und müssen ihre Arbeit unter elenden Bedingungen verrichten. »Die Regierung ist etwas toleranter gegenüber Arbeiterprotesten in der Privatindustrie, weil sich diese zunächst gegen die Arbeitgeber und nicht wie in den Staatsbetrieben direkt gegen lokale Kader richten«,

meint May Wong von Globalization Monitor. Diese in Hongkong ansässige Organisation analysiert die Arbeitsbedingungen in chinesischen Weltmarktfabriken und unterstützt die dort Beschäftigten in dem Versuch, unabhängige Interessenvertretungen zu gründen.

Die Protestwelle hat längst auch Angehörige der Mittelschicht erfasst. So demonstrierten im Oktober 2006 hundert ehemalige Angestellte der staatlichen Industrial and Commercial Bank of China (ICBC), und zwar am Tag vor deren Börsengang, der ein Volumen von 21,9 Milliarden US-Dollar umfasste und damit der weltweit größte Börsengang der Geschichte war. Die Proteste mit Spruchbändern für höhere Abfindungen vor einem Gewerkschaftsbüro löste Pekings Polizei jedoch schnell auf.[6]

Selbst Käufer von luxuriösen Eigentumswohnungen und Villen machen, wenn sie sich von Immobilienfirmen betrogen fühlen, ihrem Ärger inzwischen öffentlich Luft. So haben Mitte Januar 2007 etwa hundert Villenbesitzer der Pekinger Greenwich-Siedlung, die von einer Firma des Hongkonger Tycoons Li Ka-shing gebaut wurde, aus Protest gegen die schlechte Bauausführung Transparente an ihre Häuser und Autos gehängt.[7]

Auch Studenten, die bei der 1989 niedergeschlagenen Demokratiebewegung die treibende Kraft waren, gehen heute wieder auf die Straße. In zwei größeren Fällen des Jahres 2006 in der südlichen Provinz Jiangxi und in Shanghai ging es um die Frage der Anerkennung von Abschlüssen privater Hochschulen. Diese hatten sich um Studierende bemüht, die bei Aufnahmeprüfungen renommierter Universitäten durchgefallen waren, und ihnen gleichwertige Abschlüsse zugesagt. Als dem später das Bildungsministerium widersprach, fühlten sich die Studenten betrogen. Bei Protesten mit 8000 Teilnehmern an zwei privaten Hochschulen nahe Nanchang, der Hauptstadt von Jiangxi, kam es auf einem Campus zu Ausschreitungen. Nachdem die Regierung in

4 | Schucher, Günter, »Ein Gespenst geht um in China – das Gespenst sozialer Instabilität, China aktuell, Hamburg, N° 5 2006
5 | Lum, Thomas, »Social Unrest in China«. CRS Report for Congress, Washington D.C., 8. Mai 2006
6 | Reuters, 26. Oktober 2006
7 | »Villa owners plan protest in Hongkong«, South China Morning Post, 15. Januar 07

KOLLEKTIVE ÖFFENTLICHE PROTESTE

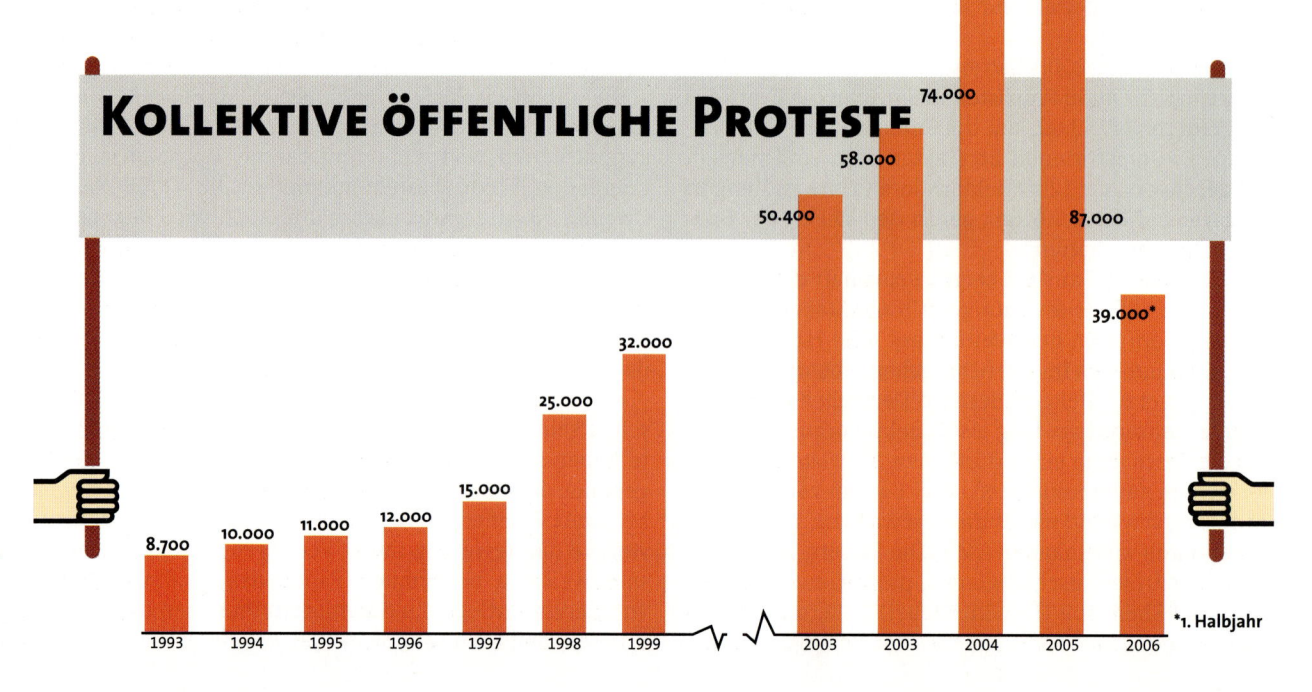

Jahr	Anzahl
1993	8.700
1994	10.000
1995	11.000
1996	12.000
1997	15.000
1998	25.000
1999	32.000
2003	50.400
2003	58.000
2004	74.000
2005	87.000
2006	39.000*

*1. Halbjahr

■ QUELLEN
1993–2005: Chong/Lai/Xia.
2006: Ministry of Public Security laut Reuters, 10. August 2006.
GRAFIK: LE MONDE DIPLOMATIQUE

Peking auf den Fall aufmerksam geworden war, verhinderte ein massives Polizeiaufgebot neue Proteste.[8]

Schon geringfügige Anlässe können Proteste auslösen und so weit eskalieren, dass ein großes Maß an Unzufriedenheit zutage tritt. So kam es Ende 2004 in einem Dorf in der Provinz Henan nach einem Verkehrsunfall, an dem ein Angehöriger der muslimischen Hui-Minderheit und ein Han-Chinese beteiligt waren, fünf Tage lang zu ethnischen Auseinandersetzungen mit mehreren Toten. Die Unruhen konnten erst mit Rückgriff auf die drastischen Maßnahmen des lokalen Kriegsrechts niedergeschlagen werden. Im November 2006 starb ein kleiner Junge, der Pestizide geschluckt hatte, in einem Krankenhaus in Sichuan. Als der Großvater ihn ins Krankenhaus brachte, verlangten die Ärzte angeblich eine Vorauszahlung, die er nicht leisten konnte. Während der Großvater Geld aufzutreiben versuchte, starb der Junge. Daraufhin bildete sich spontan eine aufgebrachte Menge von 2000 Menschen, die im Krankenhaus randalierten.

Beobachter sind sich einig, dass Proteste heute größer, häufiger, weiter verbreitet, länger anhaltend und gewalttätiger sind als noch vor einigen Jahren.[9] Nach wie vor jedoch machen sie sich vor allem an lokalen Ereignissen fest. So suchen demonstrierende Bauern bisher offenbar nicht den Kontakt zu Bauern, die anderswo protestieren, noch kooperierten sie mit Arbeitern oder Studenten. Und protestierende Arbeiter aus Staatsbetrieben kooperieren nicht mit Wanderarbeitern.

Als Hauptursache für Proteste gilt die zunehmend ungerechte Einkommensverteilung, insbesondere die wachsende Kluft zwischen ländlichen und städtischen Einkommen. Zwar sind auch die ländlichen Einkommen im Schnitt der letzten Jahre gestiegen, aber viel langsamer als in den Städten, wo inzwischen mehr als das Dreifache verdient wird. Der Gini-Koeffizient, der die Ungleichheit von Gesellschaften misst,[10] beträgt in China inzwischen 0,47. 1978 hatte er noch bei 0,27 gelegen. Die als besorgniserregend geltende Schwelle von 0,40 wurde 2000 überschritten.

Und doch richten sich die Proteste fast ausschließlich gegen lokale Kader und Behörden. »Es bleibt unrealistisch, eine öffentliche Demonstration gegen eine Politik der Zentralregierung zu organisieren«, meint Lo Sze Ping, der bei Greenpeace China in Peking die Kampagnenabteilung leitet. Nichtregierungsorganisationen müssten ihre Kritik konstruktiv wenden, damit sie Wirkungen erzielen, erklärt Lo. Damit etwa die Regierung in Peking eine richtige Politik gegen die Interessen lokaler Regierungen und Firmen durchsetzen könne, sei es nützlich, wenn sie erfährt, dass ihre Umweltgesetze in einer bestimmten Provinz missachtet werden.

Tabu sind nach wie vor jegliche Proteste auf dem zentralen und symbolischen Tiananmen-Platz in Peking. Als 2004 ein Petitionssteller dort eine Kundgebung von 10.000 anderen Petitionsstellern aus dem ganzen Land anmelden wollte, wurde er umgehend wegen »Unruhestiftung« verhaftet. Auch jede Aktion der Sekte Falun Gong wertet die KP als Provokation. 1999 waren 10.000 schweigende Falun-Gong-Anhänger ins Regierungsviertel gezogen und hatten der KP einen Schreck versetzt, die darauf die Sekte verbot.

Die Regierung behält sich weiterhin das Recht vor zu entscheiden, welche Proteste sie duldet und welche nicht. Doch reagiert sie inzwischen flexibler auf Demonstrationen und setzt nicht nur auf Repression. Nicht selten haben in der Vergangenheit Polizei und Behörden durch drastische Maßnahmen Proteste erst angeheizt. Jetzt sind die Behörden oft gesprächs- oder sogar verhandlungsbereiter, was nicht ausschließt, dass sie später ihre Gesprächspartner als Rädelsführer festnehmen lassen.

Die bisherigen Proteste bedrohen die Macht der KP nicht unmittelbar. Das liegt an der organisatorischen Schwäche und fehlenden Vernetzung der sozialen Proteste sowie daran, dass sie keine übergreifende Agenda haben. Das allerdings könnte sich bei einer schweren nationalen Krise ändern, zumal wenn sich auch die bisher vom Regime erfolgreich kooptierten Intellektuellen oder Angehörigen der Mittelschicht stärker beteiligen würden. Dann könnten die Proteste sich auch auf die Außenpolitik der chinesischen Führung auswirken. Das hieße entweder, dass die Regierung, um die Probleme im Inneren lösen zu können, auf außenpolitische Stabilität angewiesen wäre und sich deshalb um diese besonders bemüht. Oder dass sie, um von den inneren Problemen abzulenken, zu außenpolitischen Abenteuern neigt.

Die jetzige Staats- und Parteiführung unter Hu Jintao hat bereits mehrfach ihre Besorgnis über die wachsenden Proteste und die soziale Schieflage geäußert und auch verschiedene Maßnahmen angekündigt, um gegenzusteuern. Besonders für die Bauern wurde mit der Abschaffung der Agrarsteuer und der verbesserten Kontrolle der Landumwandlungen einiges getan. Nicht zuletzt mit dem Konzept der »harmonischen Gesellschaft« will die Führung zeigen, dass sie sich der sozialen Probleme bewusst und um Ausgleich bemüht ist. Doch stören Proteste, so die weitere Botschaft, eben auch die Harmonie.

»Es ist offensichtlich, dass die Führung unter Hu Jintao nicht nur mit Repression arbeiten kann«, sagt Wong von Globalization Monitor. »Deshalb hat sie kleine Zugeständnisse gemacht. Doch weiß niemand, ob die Reformen auf den unteren Ebenen wirklich umgesetzt werden. Denn dort herrschen lokale Kader, die nicht von der Öffentlichkeit kontrolliert werden. Erst wenn es Bürgerrechte und politische Freiheiten gibt, kann die Bevölkerung ihre Rechte gegenüber skrupellosen Kadern und Beamten durchsetzen.«

Chinas Staats- und Parteiführung versucht dagegen im Interesse der Aufrechterhaltung ihres Machtmonopols die Regierungsführung ohne grundlegende politische Reformen effizienter zu machen. So sollen lokale Kader, auf denen die Macht der KP in den Provinzen basiert, stärker von der Zentrale kontrolliert werden. Damit könnte diese allerdings künftig auch selbst stärker zum Ziel von Protesten werden.

---

[8] | »Hu briefed after thousands of Jiangxi students go on rampage«, South China Morning Post, 28. Oktober 2006, und »Police prevent mass student protest«, South China Morning Post, 30. Oktober 2006
[9] | Jae Hoe Chung/Hongyi Lai/Ming Xia, »Mounting challenges to governance in China: Surveying collective protestors, religious sects and criminal organizations«, The China Journal, Canberra, Nº 56, Juli 2006
[10] | International üblicher Indikator zur Messung der Einkommensverteilung auf einer Skala von 0 für absolute Gleichheit bis 1 für völlige Ungleichheit. Vgl. auch die Grafik auf Seite 52.

Erstmals erschienen in Le Monde diplomatique vom März 2007

©2007
Le Monde diplomatique, Berlin

Chinesische Eltern leben in der Hoffnung, dass es ihren Kindern einmal besser gehen wird.
Schulabgänger in der Stadt verdienen heute mehr als ihre Vorgängergeneration.
Diese Hoffnung lässt viele Chinesen das Unerträgliche ertragen.

Der lange Marsch in

den Kapitalismus

Von Martine Bulard

Martine Bulard ist Stellvertretende Chefredakteurin von *Le Monde diplomatique*, Paris.

Peking zwischen der dritten und vierten Ringautobahn im Nordosten der Stadt: Einheit 798 ist ein adrettes Ensemble aus roten Backsteingebäuden im Bauhausstil mit avantgardistischen Galerien, hippen Restaurants und schicken Boutiquen. Bevor der Ort in Mode kam, beherbergte er einen staatlichen Großbetrieb, der 1957 im Namen der »sozialistischen Solidarität« von DDR-Experten entworfen wurde und Rüstungsgüter produzierte. Für die 20.000 Arbeiter gab es Wohnungen, Schulen, Gesundheitszentren und sogar ein eigenes Theater. Bis 1990 galt der Dashanzi-Komplex, zu dem die Einheit 798 gehörte, als Vorzeigeprojekt. Dann kam die »Wirtschaftsreform«, und der Betrieb wurde zugemacht.

Die stillgelegten Fabriken rosteten vor sich hin, bis sie von ein paar Künstlern entdeckt wurden. Die ließen sich trotz behördlicher Schikanen und polizeilicher Kontrollen auf dem Gelände nieder. Die kommunistische Führung ließ sie schließlich gewähren und unterstützt die Künstlergemeinde, zu der heute berühmte Größen zählen. Dass sich die Zensoren von gestern als Verteidiger der künstlerischen Freiheit geben, ist paradox. Denn dieselben Behörden beschneiden die Spielräume im Internet und inhaftieren Gewerkschafter beim kleinsten Versuch, Arbeitsbedingungen zu verbessern. Ein Haufen aufmüpfiger Künstler ist für das Image besser als protestierende Arbeitermassen.

300 Kilometer entfernt, bei Chengde mit seinem kaiserlichen Sommerpalast in der Provinz Hebei, liegt die Stahlschmiede Cheng Gang, die den Sturm der Wirtschaftsreform überlebt hat. Die Beschäftigten sind sehr stolz auf ihre Fabrik. Mit ihrem Stahl wurde der Fernsehturm von Shanghai (»Perle des Orients«) gebaut und der gigantische Staudamm am Jangtse. Die mit italienischer Technologie ausgerüstete Anlage ist vollautomatisiert. Die meisten Beschäftigten sitzen in abgeschirmten Kabinen und steuern die Produktion per Computer.

Nur wenige hundert Meter weiter fühlt man sich wieder wie im 19. Jahrhundert. Hier stehen heruntergekommene rostige Anlagen, die wir nicht aus der Nähe sehen dürfen. »Das wäre nicht gut für Ihre Gesundheit«, meint unser Führer. Aus der Ferne sieht man, wie Arbeiter ohne Handschuhe mit gefährlichen Substanzen wie Kalk, Magnesium oder Schwefel hantieren.

Bis 1986 lebten die 20.500 Beschäftigten gar nicht so schlecht in der Kleinstadt Cheng Gang. Die Fabrik sorgte für Wohnungen, Gesundheitsversorgung, Sportstätten, Schulen und Renten. Die Probleme begannen mit der Wirtschaftsreform und dem steigenden Stahlbedarf. Der Staat wollte Ergebnisse sehen. Noch vor der Modernisierung der Anlagen wurden ältere Arbeiter nach Hause geschickt und durch jüngere abgelöst. Dann importierte man westliche Technologie und senkte die Zahl der Beschäftigten auf 17.000, das Durchschnittsalter auf 35 Jahre.

In der ersten Zeit gelten die Entlassenen nicht als arbeitslos, sondern nur als »suspendiert« – und bekommen natürlich weniger Geld. Einer unserer Führer erhält heute 800 Yuan (80 Euro)[1] im Monat, während er als Beschäftigter 2000 Yuan verdiente. Immerhin bleibt die vertragliche Bindung an den Betrieb bestehen, was soziale Absicherung und Anerkennung bedeutet. Die 50-jährige Jing Zheiying[2], die ihren Arbeitsplatz vor vier Jahren verlor, fühlt sich noch immer zur Arbeitseinheit *(danwei)* gehörig. Daneben hilft sie in den neu entstandenen Kleinunternehmen der Stadt aus. Sie und ihr Mann konnten so die Wohnung abzahlen und ein Bad einbauen. In ihrem Wohnblock konnten schon mehrere Parteien den Traum von einer Eigentumswohnung verwirklichen, die bis vor kurzem unerreichbar schien.

Natürlich leben nicht alle »Suspendierten« so komfortabel. Aber das System funktionierte einigermaßen, wenn nötig, mit familiärer Hilfe. Damit ist jedoch allmählich Schluss. Weder die Privataktionäre des Stahlunternehmens noch der staatliche Eigentümer wollen die Sozialkosten weiter tragen.

Tie Xi Qu, ein Stadtteil von Shenyang, der Hauptstadt der Provinz Liaoning in der ehemaligen Mandschurei: Der chinesische Filmemacher Wang Bing hat die Stadt in einem großartigen Dokumentarfilm[3] porträtiert: die Hochöfen und Zementfabriken, die Schwefel spuckenden Anlagen, schwitzende, dreckstarrende Körper, lachende Arbeiter beim Mah-Jongg-Spiel, resignierte Gesichter. Von dieser Welt ist heute nichts mehr übrig. Das einstige Industrieviertel sieht aus wie auf dem Reißbrett entworfen. Hier breite Avenuen, gesäumt von aufgehübschten Fabriken, die von der Sanierung verschont oder neu aufgebaut wurden, dort die Ausstellungshal-

[1] | Der Wechselkurs des Yuan liegt bei 0,10 Euro.
[2] | Name von der Redaktion geändert
[3] | Wang Bing, »Tiexi Qu« (Im Westen der Schienen), 2002, 9-stündige DVD, produziert von MK2. Dazu Lu Xinju, »Ruins of the future«, *New Left Revue* 31, London, Januar/Februar 2005

FOTO [M]: KATHARINA HESSE

len vorwiegend ausländischer Autobauer. In weniger als fünf Jahren verschwand ein ganzer Stadtteil von der Landkarte. An seiner Stelle entstand ein anderer für wohlhabende Händler und leitende Angestellte, die Nutznießer der so genannten Öffnungspolitik.

Die Industrialisierung der Region, die im 19. Jahrhundert begann, als hier die erste chinesische Eisenbahnlinie entstand, war auch eine Geschichte der Arbeitskollektive und des Produzentenstolzes. »Was wir herstellten, war nützlich«, sagt ein heute arbeitsloser Kabeltechniker, dessen Betrieb vor vier Jahren dichtgemacht hat, »aber ›sie‹ haben beschlossen, die Kabel anderswoher zu beziehen.« Sie – das sind die neuen Eigentümer, die das Unternehmen aufgekauft und in Einzelteile zerlegt haben und von denen man kaum etwas weiß. Sie, das ist die Regierung, die »uns fallen ließ«, das sind die örtlichen Behörden, die »nicht viel unternehmen«. So wie dieser Techniker denken viele, die das chinesische Wirtschaftswunder ausgrenzt.

Die ersten Opfer der Umstrukturierung sind wie immer die ältesten Beschäftigten, erklärt Wang Zheng, ein Forscher an der Akademie der Wissenschaften in Shenyang: »Sie haben ihr ganzes Leben dieselbe Arbeit gemacht. Sie können sich nur schwer anpassen. Und manche lehnen andere Arbeitsangebote ab, weil sie nicht ihrer Qualifikation entsprechen.« Zum Beispiel wenn sie bei der Gemeinde die Straßen fegen, öffentliche Anlagen pflegen oder Hilfskraft bei der Verkehrspolizei spielen sollen. Und das für 300 Yuan im Monat, während viele früher über 1000 Yuan nach Hause brachten.

Ob unser Techniker der Kabelfabrik von Tie Xi Qu diese Arbeitsangebote ablehnt, wissen wir nicht. Jedenfalls hockt auch er an diesem Morgen mit anderen Männern und Frauen an einer Straßenecke. Die meisten haben ein Handy am Gürtel und alle ein Schild um den Hals, das sie als Maurer, Maler, Elektriker oder Putzfrau ausweist. Ein Arbeitsmarkt unter freiem Himmel, auf dem Privatpersonen und Unternehmer für einen Tag, eine Woche, ganz selten auch für einen Monat billigste Arbeitskräfte rekrutieren.

Seit dem XVI. Kongress der Kommunistischen Partei im November 2002 gelten die Provinz Liaoning und ihre Hauptstadt Shenyang als »prioritäre Entwicklungszone«. Öffentliche Gelder fließen in Strömen, doch keine gewählte Institution kontrolliert, wie sie verwendet werden. Shenyang ist eine einzige chaotische Baustelle. Überall schießen neue Gebäude aus dem Boden, mit goldenen Fassaden, Pagodendächern und anderem »Drachenzeug«, wie es ein chinesischer Architekt formuliert hat, der sich nicht nur über den schlechten Geschmack, sondern auch über die Korruption aufregt. Die hat in Shenyang epidemische Ausmaße angenommen. Hier kann man bauen, was und wo man will. Sogar Mao Tsetung scheint für den langen Marsch in die Kommerzialisierung zu werben. Sein Denkmal auf dem Zhongshan-Platz weist mit ausgestrecktem Arm auf die ringsum aufgepflanzten Reklametafeln ausländischer Produkte.

Auch hier entstanden Sonderzonen für wirtschaftliche und technologische Entwicklung. Um Auslandskapital anzuziehen, versuchte die Stadt gezielt, ihre Diaspora zu mobilisieren.[4] Auf einmal entdeckte man historische Verbindungen zu Hongkong. Zu Taiwan wurden freundschaftliche Kontakte aufgebaut – und zur verhassten einstigen Besatzungsmacht Japan. Das Resultat dieser Bemühungen könnte besser sein, doch immerhin haben sich japanische, südkoreanische, US-amerikanische und französische Konzerne angesiedelt, darunter Canon, Toyota, Coca-Cola, LG Electronics, Alcatel und Michelin.

Neben Montagewerken entstanden High-Tech-Fabriken für Arzneimittel und moderne Metalllegierungen wie die Shenyang Kejin Advanced Material Development Co., die aus dem Metallforschungsinstitut hervorging. China exportiert heute nicht nur Billigtextilien und Spielzeugmassenware. Sein Weltmarktanteil an Notebooks liegt bereits bei 55 Prozent, an Flachbildfernsehern bei 30, an Mikroprozessoren bei 20 Prozent. China baut zusammen, was andere entwerfen, und kupfert gut ab. Aber immer mehr Produkte werden auch selbst entwickelt. Zwar lag der Anteil von Forschung und Entwicklung 2003 mit 1,4 Prozent des Bruttoinlandsprodukts (BIP) noch weit unter dem Niveau der Industrieländer, im Vergleich zu 1997 hat er sich aber verdoppelt.

Das schafft Arbeitsplätze, auch für hochqualifizierte Arbeitskräfte, die nur selten hohe Ansprüche stellen – zumal die offizielle Gewerkschaft All China Federation of Trade Unions (ACFTU) wenig Neigung zu Protesten hat. Und die unqualifizierten Jungarbeiter, die auf dem Land angeworben werden, haben kaum die Chance, zu revoltieren. Gleichwohl ist die Region bis heute von der starken Mobilisierung im März 2002 geprägt, vor allem in Liaoyang mit seiner alten Chemie- und Maschinenbautradition. Nach mehrtägigen Massendemonstrationen wurden die »Rädelsführer« ohne viel Federlesens eingesperrt,[5] die Forderungen der Demonstranten – Auszahlung von Arbeitslosengeld und Renten – am Ende zumindest teilweise erfüllt. Der korrupte Unternehmensleiter wurde verurteilt, der örtliche Parteivorsitzende versetzt. Die Arbeiterführer aber sitzen noch immer in Isolationshaft. Von ihnen spricht in Liaoyang fast niemand mehr.

In der Innenstadt von Shenyang, 1986
FOTO: ADOLF BUITENHUIS

4 | Die zum Großteil in Südostasien lebenden 30 Millionen Auslandschinesen spielten bei den Auslandsinvestitionen eine entscheidende Rolle.
5 | Yao Fuxin und Xiao Yunliang wurden zu sieben bzw. vier Jahren Gefängnis verurteilt.

Die Löhne sind zwar nach wie vor skandalös niedrig, für die in den Dörfern gebliebenen Angehörigen jedoch ein wahrer Segen: zwischen 800 und 1200 Yuan im Monat, bei einem zehnstündigen Arbeitstag. Ein Techniker bringt es durchschnittlich auf 2500 Yuan. Laut amtlicher Statistik haben sich die Löhne seit 1990 im Durchschnitt versechsfacht.[6]

In Shenyang und mehr noch die ganze Küste entlang ist eine neue Mittelschicht entstanden. Sie profitiert von höheren Einkommen und bezahltem Urlaub (durchschnittlich elf Tage pro Jahr). Konsum geht vor Protest. Die Regierung fürchtet jede Unterbrechung des Wirtschaftswachstums, das trotz des potenziell gigantischen Binnenmarkts vor allem von der Auslandsnachfrage abhängt. Auch dies ein chinesisches Paradox: Das Wirtschaftsmodell beruht auf niedrigen Löhnen, was geringe Kaufkraft bedeutet und damit das ganze System zu unterminieren droht. Von den 1,3 Milliarden Menschen, die in China leben, haben 900 Millionen zum begehrten Tempel des Konsums keinen Zutritt.

Die Geschichte Chinas hat die industriellen Revolutionen des 19. und 20. Jahrhunderts übersprungen.[7] Nun steht das Land vor der Herausforderung, die digitale wie die soziale Revolution in Rekordzeit zu bewältigen, und lässt sich auf die Gesetze des Markts ein. Deng Xiaoping lieferte 1987, auf dem XIII. Kongress der Kommunistischen Partei, den theoretischen Überbau: »Die wesentliche Differenz zwischen Sozialismus und Kapitalismus ist nicht der Unterschied zwischen Plan und Markt. Planwirtschaft ist nicht das bestimmende Merkmal von Sozialismus, weil es auch im Kapitalismus Planung gibt; die Marktwirtschaft existiert im Sozialismus. Planung und Markt sind also zwei Weisen der Wirtschaftsregulierung.«[8] Der Plan, der noch unter Bedingungen des Mangels eine gewisse Gleichheit gewährleistete, befindet sich auf dem Rückzug. Der Markt triumphiert und sorgt für den ökonomischen Take-off. Zu den Industrieländern hat das Land aber noch nicht aufgeschlossen. Sein BIP beträgt nicht einmal die Hälfte des japanischen.

Die beispiellose Kommerzialisierung der Arbeit hat die gesellschaftlichen Verhältnisse völlig verändert.[9] Zwischen 1998 und 2003 verloren 40 bis 60 Millionen Menschen ihre Beschäftigung, die zuvor auf Lebenszeit gesichert schien. Von heute auf morgen musste ein System der sozialen Absicherung erfunden werden, dessen Aufbau in den westlichen Ländern über hundert Jahre gedauert hatte und mit heftigen sozialen und politischen Auseinandersetzungen verbunden war. In einem Land, dessen lokale Bürokratie sich seit je dem Zugriff durch die Hauptstadt zu entziehen versucht hatte, musste nun die Zuständigkeit für die soziale Sicherung von der Arbeitseinheit auf den Staat übertragen werden.

Im Pekinger Arbeits- und Sozialministerium bestätigt uns Ministerialdirektor Pi Dehai, wie schwierig das war: »Wir müssen ein öffentliches Sozialversicherungssystem praktisch ganz neu erfinden.« Er erklärt, dass heute die meisten Beschäftigten in den Städten eine Krankenversicherung haben. Wer schon einmal gearbeitet hat, bekommt bei Arbeitslosigkeit garantierte Mindestbeihilfen. Das im Aufbau befindliche Rentensystem wird zu einem Drittel vom Staat, zu zwei Dritteln von privaten Pensionsfonds getragen. Auch eine Grundsicherung wurde eingeführt, die je nach Region 100 bis 800 Yuan beträgt.

Das System steckt noch in den Kinderschuhen und wird auch nicht überall umgesetzt, während die Umstrukturierung in Riesenschritten voranschreitet. Diese Diskrepanz lässt die soziale Ungleichheit explosionsar-

Die beispiellose Kommerzialisierung der Arbeit hat die gesellschaftlichen Verhältnisse völlig verändert

tig zunehmen, weshalb sogar die Zeitung der KP-Parteischule, *Study Times,* einen Kollaps befürchtet.[10] Nach Angaben des Arbeits- und Sozialministeriums verfügen 20 Prozent der Chinesen über 55 Prozent des Volkseinkommens, während sich die ärmsten 20 Prozent mit 7 Prozent begnügen müssen. Nach dem Gini-Index – dem international üblichen Indikator zur Messung der Einkommensverteilung auf einer Skala von 0 für vollkommene Gleichheit bis 1 für völlige Ungleichheit – lag China 2004 bei 0,447 Punkten. Dieser Wert liegt zwar unter denen von Brasilien (0,591), Chile (0,571) und Nigeria (0,506), ist aber immer noch sehr hoch und und weist vor allem eine stark steigende Tendenz auf: Seit 1981 hat er um 0,28 Punkte zugelegt. An der Spitze der sozialen Pyramide stehen Rückkehrer aus der Diaspora, aber auch zu Geschäftsleuten mutierte Parteikader.[11]

In der Tat hat sich in den letzten Jahren eine neue Stratifizierung entlang von vier Bruchlinien herausgebildet. Die erste verläuft zwischen Stadt und Land, die zweite zwischen den entwickelten Küstenregionen und dem lange vernachlässigten Landesinnern. Am untersten Ende der sozialen Stufenleiter stehen die Bauern in den westlichen Provinzen, wo der Großteil von 150 Millionen Ärmsten lebt, die die amtliche Statistik ausweist (die tatsächliche Zahl dürfte weit höher liegen). Zwar senkte die Regierung 2003 die Besteuerung der Bauern um 30 Prozent, und im Oktober 2005 kündigte sie die Anhebung der Grundsicherung, die Abschaffung der Landwirtschaftssteuer und ein ehrgeiziges Bildungs- und Gesundheitsprogramm an.[12] Doch diese Maßnahmen reichen bei weitem nicht aus und werden von den örtlichen Potentaten schlicht ignoriert.

Die beiden anderen Bruchlinien verlaufen innerhalb des städtischen Sozialgefüges: die eine zwischen qualifizierten und unqualifizierten Arbeitskräften, die andere zwischen Erwerbstätigen und Erwerbslosen (darunter neuerdings auch qualifizierte junge Leute). Ganz unten stehen die *mingong*: rechtlose Bauern, die es in die Stadt verschlagen hat. Wer in der Stadt öffentliche Sozialleistungen wie Schule, Gesundheitsversorgung oder Arbeitslosenunterstützung in Anspruch nehmen

6 | National Bureau of Statistics of China (NBS), www.stats.gov.cn/english
7 | Philip Golub, »Der große Sprung in die Zukunft. Chinas Rückkehr in die Geschichte«, siehe S. 10-13
8 | Zitiert nach John Gittings, »The Changing face of China«, Oxford University Press 2005
9 | Jean Louis Rooca »La Condition chinoise«, Paris (Karthala) 2006
10 | Zitiert nach *China Daily,* 10. Oktober 2005
11 | Siehe Lu Xueji (Hg.), »Dangdai Zhongguo shehui liudong« (Soziale Mobilität im heutigen China), Peking 2004
12 | Über ungleiche Bildungschancen siehe Teng Margeret Fu, *Perspectives chinoises,* N° 89, Hongkong, September 2005

will, braucht eine Wohnsitzregistrierung, den *hukou*, der in den 1950er-Jahren eingeführt wurde, um der Landflucht vorzubeugen.

Diesen können längst nicht alle *mingong* vorweisen, obwohl doch gerade sie »das Herzstück der chinesischen Wettbewerbsfähigkeit und Produktivität« darstellen, wie Geneviève Domenach-Chich erklärt, die in Peking das Unesco-Programm für Binnenmigranten leitet.[13] Die *mingong* stellen 79,8 Prozent der Beschäftigten im städtischen Hoch- und Tiefbau, 68,2 Prozent in der Elektronikbranche und 58 Prozent im Gaststättengewerbe.

▶ Jobbörse in Changzhu in der ostchinesischen Provinz Jiangsu im Juli 2005: annähernd 10.000 Studenten auf der Suche nach einer Anstellung.
FOTO: REUTERS | CHINA NEWSPHOTO

Dieses System gerät aus den Fugen, konstatiert Lu Ming, ein junger Wirtschaftswissenschaftler an der Fudan-Universität in Shanghai. Zwar habe die Zentralregierung 2004 Maßnahmen gegen die Diskriminierung ergriffen, aber »die örtlichen Behörden bremsen, wo sie nur können«. Dies sei ein großer Fehler: »Ob man es unter wirtschaftlichen Aspekten betrachtet oder unter politischen – etwa dem [offiziell erklärten] Ziel, ›eine harmonische Gesellschaft aufzubauen‹ –, Stabilität und Entwicklung erfordern stets eine Stärkung des Binnenmarkts und Schutzregelungen für die Arbeitnehmer.«

Faktisch hat die soziale Ungerechtigkeit inzwischen solche Ausmaße erreicht, dass immer mehr Beschäftigte aufmucken. Das räumt sogar der Minister für öffentliche Sicherheit, Zhou Yongkang, ein. Er veröffentlichte die üblicherweise geheim gehaltene Zahl der Demonstrationen. Demnach beteiligten sich an den 74.000 Protestkundgebungen, die 2004 registriert wurden, insgesamt 3,76 Millionen Menschen.

Im Vergleich zu den 1980er-Jahren, die in den Revolten auf dem Tiananmen-Platz gipfelten, haben sich die Lebensbedingungen eines Großteils der Bevölkerung jedoch verbessert. Laut Weltbankpräsident Paul Wolfowitz lebten im Jahr 2003 in China 280 Millionen Menschen weniger in Armut als 1978.[14]

Auf dem Land leben Eltern in der Hoffnung, dass es ihrem Kind, wenn es zur Schule geht, einmal besser gehen wird. Und Schulabgänger in der Stadt verdienen laut Lu Ming »erstmals mehr als ihre Vorgängergeneration«. Diese Hoffnung lässt vielen Chinesen auch das Unerträgliche erträglich erscheinen. Doch alle spüren auch, dass China in eine neue, überaus heikle Entwicklungsphase eintritt. Nicht von ungefähr verkündete Staatspräsident Hu Jintao zum Abschluss der KPCh-Plenarsitzung im Oktober 2005 einen Fünfjahresplan zur Bekämpfung sozialer Ungleichheit.

Wird China im Raubtierkapitalismus versinken? Oder wird das Land seine Besonderheit bewahren können? Der Kultautor und Videokünstler Xu Xing[15], der noch immer in einer winzigen Wohnung im dichtbevölkerten Pekinger Südosten lebt, hat seine Zuversicht und sein Vertrauen in die Lebendigkeit der chinesischen Kultur weitgehend verloren. Er wettert gegen den »grenzenlosen Kapitalismus«, der »viele Menschen zu Opfern macht« und die »regionalen und lokalen Kulturen« zerstört. Auch die Intellektuellen kommen bei Xu Xing nicht gut weg: Sie seien »zu Wachhunden des großen globalisierten Markts« mutiert und manche würden sich in ihrer Ratlosigkeit über die »Verwestlichung« den Ideologien von gestern zuwenden, vor allem dem Studium von Konfuzius.

Allerdings hat sich auch eine neue soziologische Schule etabliert, die wirtschaftliche Entwicklung und sozialen Fortschritt zusammenbringen will. Dai Jian-Zhong ist stellvertretender Direktor des Instituts für Soziologie an der Akademie der Sozialwissenschaften in Peking und kämpft seit langem gegen die Unterdrückung der Gedankenfreiheit. Heute sieht er das eigentliche Problem nicht in der Marktöffnung, sondern in den Modalitäten dieser Öffnung und vor allem darin, dass jetzt das Gesetz des Stärkeren gilt: »Die Arbeiter sind ihrem Chef ausgeliefert und haben keine Verhandlungsmacht. Sie dürfen sich nicht organisieren. Und die Gewerkschaft schlägt sich immer auf die Seite der Geschäftsleitung. Zwar sind die soziale Absicherung, die Arbeitsbedingungen, der Achtstundentag und die Begrenzung von Überstunden gesetzlich geregelt. Aber die Gesetze werden nicht angewandt.« Eine öffentliche Diskussion darüber lässt die Regierung nicht zu. Deshalb sehen viele das Hauptproblem auf politischer und institutioneller Ebene.

Es gibt aber auch Blockaden auf gesellschaftlicher Ebene. Die kommunistischen Eliten, die ihre Ausbildung zum Teil im Ausland genossen, scheinen vom Westen zwar nicht sonderlich fasziniert zu sein und legen einen mitunter an Nationalismus grenzenden Patriotismus an den Tag. Ihr geistiges Rüstzeug stammt jedoch allemal von westlichen Universitäten, die sich im Hinblick auf soziale Fragen nicht unbedingt für kreative Lösungen engagieren.

Der Soziologe Dai Jian-Zhong betont, dass es China im Laufe der Jahrhunderte immer wieder geschafft habe, Anregungen von außen aufzunehmen, umzuformen und in die eigene Kultur einzubinden. Wird es auch diesmal gelingen? Dai hat wie viele andere den Traum, soziale Gerechtigkeit, individuelle Entfaltung und Wohlstand miteinander zu versöhnen und einen eigenständigen chinesischen Entwicklungsweg zu finden. Es klingt wie ein frommer Wunsch.

Deutsch von Bodo Schulze

13 | »Les migrations internes en Chine«, *Connexions* N° 27, Peking, Juni 2005
14 | Anlässlich seines China-Besuchs am 12. Oktober 2005, zitiert nach der Website der Weltbank
15 | Sein vor 16 Jahren entstandener Roman »Und alles, was bleibt, ist für dich« erschien 2004 auf Deutsch (München, Schirmer-Graf).

Erstmals erschienen in *Le Monde diplomatique* vom Januar 2006

Konfuzius (551–479 v. Chr)
Der Gelehrte, der die Welt retten wollte

Chinas berühmtester Philosoph Kong Qiu, verehrt als »Meister Kong« (Kong Fu Zi), hat seinen im Westen gebräuchlichen Namen von Jesuiten erhalten. Sie übersetzten die ihm zugeschriebenen Texte zuerst ins Lateinische. Konfuzius wurde in der Stadt Qufu im Staat Lu (heute in der Provinz Shandong) geboren. Er entstammte einer verarmten vornehmen Familie, die aus dem Staat Song geflohen war, doch starb sein Vater, als Konfuzius noch ein kleiner Junge war.

Nach einigen Gelegenheitsjobs wurde Konfuzius zunächst einfacher Beamter im Staat Lu und stieg dann bis zum Justizminister auf. Diesen Posten quittierte er jedoch nach zwei Jahren, weil er, wie es heißt, das Verhalten des Herrschers und der Beamtenschaft als empörend und unmoralisch empfand. Konfuzius begab sich daraufhin als umherziehender Gelehrter auf eine 13-jährige Wanderschaft. Es war die kriegerische Zeit, während der er die so genannten »Streitenden Reiche« nacheinander bereiste. Erst fünf Jahre vor seinem Tod kehrte er in den Staat Lu zurück, wo er eine Schule für Philosophie betrieb.

Konfuzius hat laut neueren Forschungen kein einziges schriftliches Werk hinterlassen. Die ihm bis dato zugeschriebenen Fünf Klassiker (*Yijin* oder *I Ging*, das Buch der Wandlungen; *Shijing*, das Buch der Lieder; *Shujing*, das Buch der Urkunden; *Liji*, das Buch der Riten, *Chunqiu*, die Frühlings- und Herbstannalen) stammen wahrscheinlich von seinen Schülern, ebenso das Buch *Lunyu* (Gespräche), in dem weise Sprüche von ihm gesammelt sind.

Die heute als Konfuzianismus bekannte Lehre betont tugendhaftes Verhalten und setzt hohe Maßstäbe für Herrscher wie Beherrschte. Die elementaren Bausteine dieses Denkens sind hierarchische Ordnung, Disziplin, Rechtschaffenheit, Treue, Harmonie und Achtung vor anderen Menschen und den Vorfahren. Für Konfuzius galt, dass jedem Bürger eines Staates eine bestimmte Rolle zukomme und er sich in dieser ein Leben lang zu behaupten habe. Herrscher sollten gütig sein, mit gutem Beispiel vorangehen, dem Volk einen hohen Lebensstandard bieten und moralische Erziehung und traditionelle Zeremonien fördern.

Der Konfuzianismus und sein paternalistisches Weltbild haben die Gesellschaften in China, Korea, Vietnam und Japan stark geprägt. In China wurde Konfuzius erstmals während der Han-Dynastie offiziell als »vollkommen« geehrt. In der Qing-Dynastie erhielt er von Kaiser Qianlong (1736–1796) den Titel »Großer Meister alle Zeiten«. Die Vier Bücher (Große Lehre, Rechte Mitte, Gespräche des Konfuzius, Menzius), die zu den klassischen konfuzianischen Werken gehören, wurden erst zwischen 960 und 1279 kompiliert. Ihr Inhalt wurde über Jahrhunderte in den staatlichen Beamtenprüfungen abgefragt.

Nach Chinas traumatischen Begegnungen mit dem überlegenen Westen machten chinesische Intellektuelle den Konfuzianismus für Chinas Rückständigkeit und Schwäche verantwortlich und propagierten seine Abschaffung. Auch die Kommunisten bekämpften den Konfuzianismus, der in der Kulturrevolution als besonders rückständig gebrandmarkt wurde.

Seit Beginn der 1990er-Jahre gibt es jedoch eine deutliche Rückbesinnung auf Konfuzius, von dessen Lehre sich die KP innenpolitische Stabilität verspricht. Nicht nur tragen die ausländischen staatlichen Sprachschulen den Namen Konfuzius-Institute, sondern auch Staats- und Parteichef Hu Jintao bezieht sich, wenn er das Ziel einer »harmonischen Gesellschaft« und »harmonischen Weltordnung« propagiert, auf die Vorstellungen des großen Denkers.

Sven Hansen

Deng Xiaoping und die Ära der Wirtschaftsreformen (1)

Seite 61 ◀ 1950–1976 — 2001–2007 ▶ Seite 110

- **1977** Deng Xiaoping wird rehabilitiert, die kulturrevolutionäre Linke aus den Führungsgremien entfernt.
- **1978** Sieg der Linie Deng Xiaopings und offizieller Beginn der Wirtschaftsreformen (»Vier Modernisierungen«). Verabschiedung einer neuen Verfassung.
- **1979** Als Vorsitzender der Zentralen Militärkommission ist Deng Xiaoping der eigentliche Machthaber. In Wandzeitungen (»Mauer der Demokratie«) wird die kommunistische Partei öffentlich kritisiert und Demokratie gefordert, was Deng mit Repressionen beantworten lässt. Aufnahme diplomatischer Beziehungen mit den USA. Chinesischer Angriff auf den Norden Vietnams, um dessen Truppen zum Rückzug aus Kambodscha zu bewegen.
- **1980** Entmachtung Hua Guofengs. Dengs Vertraute Hu Yaobang und Zhao Ziyang werden KP-Generalsekretär und Ministerpräsident. Beginn des Prozesses gegen die »Viererbande«.
- **1982** Vierte Verfassung seit 1949.
- **1986/87** Studentendemonstrationen Ende 1986 führen im Januar 1987 zur Entlassung Hu Yaobangs. In den Augen Dengs war Hu gegenüber den Studenten zu nachsichtig. Hus Nachfolger als KP-Generalsekretär wird Zhao Ziyang, dem Li Peng als Ministerpräsident nachfolgt. Einführung der Wahlen von Dorfkadern. Niederschlagung antichinesischer Proteste in Tibet.
- **1988** Erneut schwere Unruhen mit Toten in Tibet.
- **1989** Im März Verhängung des Kriegsrechts in Tibet. Nach dem Tod Hu Yaobangs am 15. April kommt es zu Trauerkundgebungen und Demonstrationen für Demokratie. Studenten besetzen Pekings zentralen Tiananmen-Platz, Arbeiter gründen unabhängige Gewerkschaften. Am 20. Mai verhängt die Regierung das Kriegsrecht. Zhao Ziyang wird entmachtet und unter Hausarrest gestellt. In der Nacht auf den 4. Juni räumt die Armee gewaltsam den Tiananmen-Platz (»Tiananmen-Massaker«). Insgesamt sterben 1.000 bis 3.000 Menschen vor allem in der Umgebung des Platzes, tausende werden verhaftet. Westliche Staaten verhängen Sanktionen, von denen das EU-Waffenembargo noch heute gültig ist. Neuer KP-Generalsekretär wird Jiang Zemin. Im Dezember erhält der Dalai Lama den Friedensnobelpreis.
- **1992** Mit einer Reise durch Südchina belebt Deng Xiaoping, der offiziell keine Posten mehr innehat, die ins Stocken geratenen Wirtschaftsreformen und macht sie unumkehrbar.
- **1993** Jiang Zemin wird Staatspräsident.
- **1996** *Krise in der Taiwan-Straße* China greift mit Raketen-«Tests« in Taiwans Präsidentschaftswahlkampf ein. USA schicken Flugzeugträger.
- **1997** Deng Xiaoping stirbt (19. Februar). Großbritannien gibt Hongkong zurück (1. Juli).
- **1998** Zhu Rongji wird Ministerpräsident.
- **1999** Großkundgebung der Falun-Gong-Sekte in Pekings Regierungsviertel (25. April), anschließend Verbot der Sekte und Verfolgung ihrer Anhänger. Portugal gibt Macao zurück (20. Dezember).

Wo Buddhas Bauch das Geschäft fördert
Immobilien

Die Ostküstenmetropole Shanghai, wo im Juli 1921 Chinas Kommunistische Partei gegründet wurde, ist heute die wichtigste »Global City« des Landes, dessen Wachstum einen erheblichen Einfluss auf Rohstoffpreise und die Weltwirtschaft hat. Multinationale Konzerne haben hier ihre Niederlassungen, es gibt große Forschungszentren und expansionswütige Bauunternehmen. Sie profitieren derzeit am meisten vom Übergang Chinas zum Kapitalismus.

spekulation in Shanghai

Von Philippe Pataud Célérier

Philippe Pataud Célérier ist Journalist und Autor von »Xi, parce que ce n'en est que le commencement«; erschienen 2004 bei Nil, Paris.

Arbeiter tun ihre Arbeit. Eine junge Frau treibt auf einer blau-rosa Woge dahin. Eine wirbelnde Kraft zieht ihren Körper in einen wollüstigen Strudel von Siphons und Abflüssen. Waschbecken erheben sich mit der Frische der Meeresbrandung: »American Standard«, verkündet die Werbetafel am Rand der Schnellstraße. Ein paar Meter darunter drängen sich Neugierige vor einer Absperrung – Bänder, die vom Eintreffen des Unerwarteten künden, ein Unfallopfer, das am Boden liegt, ein Wohnhaus, das einzustürzen droht.

Doch nichts dergleichen ist hier zu sehen. Nichts außer einem Restaurant, das sich fest und sicher inmitten von Bauschutt erhebt. Der Gästeraum ist verwüstet. Schatten schluchzen. Wie kann es sein, dass der Bau in diesem völlig zerstörten Viertel immer noch steht? Reiner Zufall wahrscheinlich. Die Behörden haben gar nicht so Unrecht, wenn sie die Gaffer mit dem rot-weißen Plastikband fernhalten, das sonst ein Zeichen dafür ist, dass da etwas liegt, hier aber heißt, dass etwas noch steht.

Eine alte Frau erzählt: »Ganz früh heute Morgen sind Männer gekommen und haben alles zerschlagen: Stühle, Tische, Geschirr, die Vitrine. Den Koch haben sie verprügelt. Der Eigentümer geht nicht mehr aus dem Haus, weil die Stadt, nachdem er endlich in den Verkauf seines Restaurants eingewilligt hatte, nur noch die Hälfte der versprochenen Entschädigung bezahlen will.« Aber was kann er schon machen? Die Menschen, die in den Häusern zu bleiben versuchen, in denen sie seit Generationen wohnen, müssen erleben, dass man ihnen Wasser und Strom abstellt. Wenn sie im öffentlichen Dienst angestellt sind, kann es passieren, dass sie ihre Arbeit verlieren oder von einer der schrägen Gestalten belästigt werden, die tagsüber mit Dienstmütze herumlaufen. »Die Polizisten lassen sich solche Überstunden von den Baugesellschaften bezahlen. Meiner Tochter haben sie eine andere Wohnung gegeben, zwanzig Kilometer weg von hier. Seitdem ist sie arbeitslos. Sie hat früher Zeitungen ausgetragen. Was soll nur aus ihr werden?«

Die Szene spielt am Suzhou-Fluss, unweit des Bahnhofs von Zhabei, dem Arbeiterviertel im Norden Shanghais, wo im Zuge der industriellen Textilproduktion zwischen 1924 und 1927 die ersten chinesischen Gewerkschaften entstanden.[1] Heute übertönt der Lärm der Planierraupen die Stimme der Enteigneten. Von den 15 Millionen Einwohnern der Provinz Shanghai oder genauer von den gut 10 Millionen Einwohnern der zehn innerstädtischen Viertel sollen seit den 1990er-Jahren schon 2,5 Millionen enteignet worden sein.[2]

Hier am Nordufer, das wegen der freien Südlage nahe am Fluss besonders begehrt ist, haben die Behörden ein Spruchband angebracht: »Schützen wir unser Volk! Seit achtzig Jahren erfolgreich dieselbe Politik der Partei!« Auf einem zweiten steht: »Für ein besseres Leben in besseren Stadtvierteln!« Das Fernsehen wurde geholt, damit es das Chaos und den Dreck in diesem extrem dicht besiedelten Wohnviertel zeigt. Eine junge Frau berichtete vor der Kamera: »Unsere Häuser sind vergammelt. Da wohne ich lieber im Hochhaus, wo ich morgens die Sonne sehe. Dann gibt es fließend Wasser! Schluss mit den Nachttöpfen!«

Vertreter der Baugesellschaften und der Baubehörde traten auf und klagten über den verrotteten Zustand der Häuser. Man forderte die fast beschämten Bewohner auf, ihre Häuser aufzugeben, entweder gegen eine pauschale Entschädigung oder gegen die Umsetzung in Miet- oder Eigentumswohnungen in einem der riesigen Wohntürme am Stadtrand – wobei die Ersatzwohnung in Größe und Zustand der aufgegebenen Wohnung entsprechen soll.

Bis in die 1980er-Jahre hinein gehörte es zur staatlichen Sozialpolitik, dass Angestellte von staatlichen Firmen gegen eine symbolische Mietzahlung oder auch völlig kostenfrei Wohnraum zur Verfügung gestellt bekamen. Dieses 1998 abgeschaffte System schuf einen Ausgleich für die niedrigen Löhne der Staatsunternehmen. Doch diese Form von Naturalienentlohnung hat eine Kehrseite: Die Mieteinnahmen reichten nicht aus, um die Instandhaltung der Gebäude zu finanzieren. Viele Staatsunternehmen sparten, als die Einnahmen zurückgingen, an den Ausgaben für die Wohnhäuser. Die durchschnittliche Wohnfläche sank 1979 auf vier Quadratmeter pro Person. Die wirtschaftliche Umstrukturierung bedeutete auch das Ende für unrentable Investitionen.

Aber wie macht man aus einer Sozialleistung eine marktfähige Ware, die private Investoren anzieht? »Unter dem Einfluss Deng Xiaopings wandelte die Wirtschaftsreform in den 1980er-Jahren den Wert von Grund und Boden in einen Extraprofit um«, erklärt der

[1] | Die Gewerkschaften wurden von Chiang Kai-shek mit Hilfe der Verbrecherbande »Grüne Hand« und der Shanghaier Großbourgeoisie zerschlagen. Siehe Marie-Claire Bergère, »Histoire de Shanghai«, Paris 2002.

[2] | Shanghai ist nicht nur eine Stadt, sondern auch eine Provinz mit ländlichen Gebieten und einer Fläche von 6340 Quadratkilometern. Die Stadt selbst hat zehn Bezirke: Yangpu, Hongkou, Zhabei, Putuo, Changning, Jing'an, Huangpu, Xuhui, Luwan und Nanshi. Zu den 15 Millionen offiziellen Einwohnern kommen weitere 3 Millionen Zuwanderer ohne Aufenthaltsgenehmigung.

◀ »Die Perle des Orients« – Shanghais Fernsehturm in Pudong
FOTO: KATHARINA HESSE

Architekt und Stadtplaner Zhang Liang.³ »Der Quadratmeterpreis hängt seitdem von verschiedenen Faktoren ab. Da spielen erstens geografische Faktoren eine Rolle – also ob die Wohnung im Stadtzentrum oder am Stadtrand liegt und wie weit es etwa zur nächsten U-Bahn-Station ist –, zweitens ökonomische – je nach Nutzung als Bürogebäude oder als Wohnhaus – und drittens Aspekte wie die Attraktivität des Viertels.«

»Bu po bu li! – ohne Abriss kein Aufbau«, so die von Mao während der Kulturrevolution ausgegebene Parole, der die Bodenspekulation neue Aktualität verleiht. »Die Tabula-rasa-Politik erlaubt es, Hochhäuser zu bauen und die Gesamtwohnfläche zu vergrößern, indem die Bebauung verdichtet wird«, fährt Herr Zhang fort. Die Bauprojekte rentieren sich nicht zuletzt, weil es die örtlichen Behörden sind, die die niedrigen Enteignungsentschädigungen festsetzen, und weil die Baugesellschaften, deren Hauptaktionäre in vielen Fällen örtliche Parteikader sind, ohnehin auf Rechtsansprüche keine großen Rücksichten nehmen.

»300.000 Yuan pro Wohnung?⁴ Die Entschädigung soll den Kauf einer 90-Quadratmeter-Wohnung jenseits des dritten Rings ermöglichen?« Liu lacht bitter über diese offizielle Behauptung. Er hat nur 120.000 Yuan – 40.000 Yuan pro Person bei maximal drei Personen pro Wohnung – als Entschädigung für das Häuschen erhalten, das er einst am Ufer des Suzhou besaß und das inzwischen abgerissen wurde. Ein nicht verhandelbarer Betrag, den er dennoch der angebotenen Ersatzwohnung vorgezogen hat: »Das war in einer Vorortsiedlung ohne Anschluss an die öffentliche Versorgung und ohne Schule für meine einzige Tochter. Mit der Entschädigung habe ich mich bei Freunden eingemietet, die noch hier im Viertel wohnen. So kann ich meine Stelle als Wächter bei der Hauptpost von Suzhou behalten. Bei einem Quadratmeterpreis von 5000 Yuan kann ich mir hier unmöglich eine Wohnung kaufen.«

Liu weiß, dass die Entschädigungen oft noch ungerechter ausfallen. So erhielt ein Hausbesitzer eine noch geringere Entschädigung (von 100.000 Yuan), weil auf dessen Grundstück – doppelt so groß wie das von Liu – eine Grünfläche entstehen soll. Ein wenig Grün vor einem Bürokomplex. Diese Umwidmung führt nicht etwa zu einer Erhöhung der Entschädigung, obwohl die Baugesellschaft für jeden Quadratmeter beim Weiterverkauf das Dreifache berechnete – bei immerhin dreißig Etagen.

»Die Stadt verhindert sehr geschickt, dass die Enteigneten sich miteinander solidarisieren«, erklärt Liu. »Wer sofort auf das Angebot einer Ersatzwohnung eingeht, kann unter verschiedenen Wohnungen wählen, die nicht so weit vom Zentrum entfernt liegen.« Was mit den anderen geschieht, ist allgemein bekannt: Warnung, Einschüchterung, Drohungen, Zwangsräumung. Und als Strafe für ihre Widerspenstigkeit noch mehr Unrecht. »Sehen Sie die zerstörten Dächer dort? Die Baugesellschaft ist pleite, aber die Stadt hat nicht das Geld, um die Bewohner zu entschädigen oder ihnen angemessene Ersatzwohnungen zur Verfügung zu stellen, obwohl sie die Häuser der Leute zerstört hat. Schon seit zwei Jahren leben sie in den Trümmern, hinter der Mauer, die die Stadt hat bauen lassen, damit die Gäste der benachbarten Hotels und die zukünftigen Eigentümer der noch nicht errichteten Wohnhäuser von dem Anblick nicht abgeschreckt werden.«

Denn beiderseits des Suzhou schießen neue Wohnviertel wie Bambus aus dem Boden. Ihre Namen sind englisch: »Brillant City« oder »Rhine City«. Genau dort, wo der Fluss einen großen Bogen macht – eine begehrte Lage, denn die Rundung, die an den Bauch Buddhas erinnert, ist günstig für Geschäfte –, erheben sich zwei riesige Wolkenkratzer.

»Für nur einen Yuan können Sie sich den Reichtum ansehen.« Mit diesen Worten spricht ein Arbeitsloser die Passanten an und hält ihnen ein Fernglas hin. »Sehen Sie nur!« Eine Baugesellschaft aus Hongkong hat zwei hundert Meter hohe Gebäude errichtet. Auf zweiunddreißig Stockwerken werden 208 Wohnungen von 120 bis 165 Quadratmetern angeboten, komplett möbliert mit Einbauküche, mehreren Bädern, Wohnzimmern über zwei Etagen und makellos weißen Toiletten. An Gemeinschaftseinrichtungen stehen den Bewohnern außerdem kleine Gärtchen, Pool und Fitnessräume zu Verfügung. Der Quadratmeterpreis beträgt je nach Etage zwischen 7000 und 17.000 Yuan.

Die Wohnungen sind alle seit mindestens einem Jahr verkauft, hauptsächlich an Hongkong-Chinesen, an Ausländer – seit August 2001 dürfen sie Wohneigentum erwerben – und an Neureiche aus der Provinz, vor allem aus Wenzhou (in Zhejiang). Andere mieten sich lieber eine Wohnung; die Monatsmiete liegt im Schnitt zwischen 10.000 und 13.000 Yuan, das sind exorbitante Preise im Vergleich zu den 1000 bis 2000 Yuan für eine normale Wohnung oder zu den 50 bis 100 Yuan Monatsmiete für eines der vielen tausend kleinen Häuser in der Nähe des Flusses, die demnächst abgerissen werden. Am Fuß der Hochhäuser ist nämlich eine Parkanlage geplant.

Am Suzhou gibt es immer weniger Industrie. Das Flusswasser wird – darüber können sich Investoren und zukünftige Anwohner freuen – in einer Anlage gereinigt. »Ja, es wird besser hier im Viertel«, räumt Liu ein, »aber wir haben nichts davon. Man setzt uns vor die Tür, weil wir zu wenig verdienen. Und wir können unser Recht nicht durchsetzen.«

Die Ungerechtigkeit ist für die Menschen umso unerträglicher, als die Korruption im Immobiliensektor ebenso groß ist wie das Wachstum. Und das ist rasant. Laut der Pekinger Zeitung *China Business* erfolgten 88 Prozent der 479 in den Jahren 2001 bis 2003 in Shanghai durchgeführten Verkäufe staatlicher Grundstücke ohne die gesetzlich dafür vorgeschriebene öffentliche Ausschreibung.⁵

»Recht ist eben etwas anderes als Gerechtigkeit«, meint ein chinesischer Jurist in Anlehnung an Voltaire. »Das Recht ist zu einem bloßen Werkzeug im Dienst der Mächtigen geworden.« Nur wenige Anwälte setzen sich für die Rechte der vertriebenen Bewohner ein. Mit dem

▲ ▶
Das Pudong Distrikt in Sjanghai in 1999.
FOTOS: KATHARINA HESSE

3 | Zhang Liang, »La Naissance du concept de patrimoine en Chine«, Paris 2002. Man muss unterscheiden zwischen dem Grundeigentum, das seit 1949 nur dem chinesischen Staat zusteht, und dem Recht auf Bodennutzung, das abgetreten werden kann. Ein Gesetz von 1987 überträgt den Gemeinden das Recht, Grundstücke für 30 bis 90 Jahre zu verpachten.
4 | Ein Euro entspricht 10 Yuan.
5 | Zitiert nach David J. Lynch, »China's urban renewal brings protests, police«, *USA Today*, 14. November 2003

Hinweis auf das Gemeinwohl, das Vorrang vor Privatinteressen haben müsse, weisen die Gerichte regelmäßig Klagen von Betroffenen ab, obwohl diese nur die Einhaltung geltender Gesetze verlangen. So müssten Baugesellschaften zum Beispiel für Familien, deren Wohnungen im Stadtzentrum sie haben abreißen lassen, doppelt so große Ersatzwohnungen am Stadtrand bauen – was sie freilich nie tun.

Der Fall des 54-jährigen Shanghaier Anwalts Zheng Enchong[6] veranschaulicht das herrschende Klima. Nachdem er über 500 enteignete Familien vertreten hatte, ohne einen einzigen Prozess zu gewinnen, bekam er die Anwaltslizenz entzogen. Aber es kam noch schlimmer. Im Juni 2003 wurde er unter dem Vorwurf verhaftet, er habe Staatsgeheimnisse an eine ausländische Organisation verraten. Bei dieser Organisation handelte es sich um Human Rights in China[7], und die angeblich verratenen Staatsgeheimnisse betrafen unter anderem einen Streik in einer Lebensmittelfabrik in Shanghai.

Die Betriebsleitung hatte die Entlassung der Mehrzahl der Beschäftigten angekündigt. Als Abfindung sollten sie gerade einmal 30.000 Yuan erhalten. Es folgten Proteste und Demonstrationen, die aufgelöst wurden und Strafmaßnahmen nach sich zogen. Eine Sondereinheit des Amtes für öffentliche Sicherheit in Shanghai unterzog ein in der Fabrik geklebtes Plakat einer graphologischen Analyse: »Ich habe nichts mehr zu essen. Ich will Gift verteilen.«

Weil der Anwalt Informationen über diese Ereignisse per Fax weitergegeben haben soll, wurde er am 29. Oktober 2003 zu drei Jahren Gefängnis verurteilt. Der Begriff des Staatsgeheimnisses war in China schon immer äußerst dehnbar. Ganz besonders dehnbar scheint er zu sein, sobald es darum geht, einen lästigen, kämpferischen und populären Anwalt außer Gefecht zu setzen.

Bei seiner Vertretung illegal enteigneter Familien hatte Zheng Enchong die betrügerischen Praktiken des großen Bauunternehmers Zhou Zhengyi angeprangert,[8] der laut Forbes (2002) das elftgrößte Privatvermögen in China besitzt und mit Huang Ju, einem Mitglied des Ständigen Ausschusses des Politbüros und der Nummer sechs in der Parteihierarchie, befreundet ist. Die Berufung in dieses Amt verdankt Huang dem früheren Generalsekretär der Kommunistischen Partei Chinas (und ehemaligen Bürgermeister von Shanghai), Jiang Zemin, der den Ausschuss mit Leuten seines Vertrauens besetzte (nämlich fünf der neun Mitglieder), bevor er sein Amt an den jetzigen Generalsekretär und Staatspräsidenten Hu Jintao abtrat.

Einige Enteignete haben auch schon den Versuch unternommen, sich direkt an die oberste Führung in Peking zu wenden und bei Hu Jintao eine Petition einzureichen. Um nach Peking zu reisen, müssen sie allerdings an den Mitarbeitern des Amtes für öffentliche Sicherheit von Shanghai vorbeikommen, die am Bahnhof von Zhabei oder sogar am Ankunftsbahnhof in Peking postiert sind. Einige besonders Verzweifelte haben sich auf dem Platz des Volkes selbst verbrannt.[9]

Viele Betroffene sind nicht länger bereit, sich mit den Ungerechtigkeiten abzufinden. Die kleinen Leuten ebenso wie die gewissenhaften unter den neuen Eigentümern werden sich ihrer Rechte mehr und mehr bewusst. Sie wollen ihren Status als Eigentümer und den wirtschaftlichen Wert ihres Eigentums verteidigen und organisieren sich in Vereinen, um ihre gemeinsamen Interessen zu vertreten. Ihr Zusammengehörigkeitsgefühl wird »nicht mehr durch dieselbe Klasse, sondern durch denselben Ort« bestimmt.[10]

Am 19. Dezember 2003 hob das Berufungsgericht das Urteil gegen Anwalt Zheng Enchong überraschend auf. Möglicherweise steht dahinter der Einfluss Hu Jintaos, der die Macht seines einflussreichen Rivalen und damaligen Vorsitzenden der Zentralen Militärkommission, Jiang Zemin, zu brechen versuchte. Oder den obersten Instanzen begann allmählich an einer gewissen Rechtssicherheit im Geschäftsleben zu liegen, für das der Bausektor von wesentlicher Bedeutung ist, weil er als Voraussetzung für soziale Stabilität und Wirtschaftswachstum betrachtet wird. Dazu passt der von der Parteileitung dem Kongress Ende 2003 vorgelegte Entwurf einer Verfassungsänderung, wonach, erstmals seit fünfzig Jahren, das Recht auf Eigentum in die chinesische Verfassung aufgenommen werden soll.[11] Wie die staatliche Presseagentur Neues China (Xinhua) meldet, enthält sie den Satz: »Legal erworbenes Eigentum darf nicht verletzt werden.« Vielleicht bestätigt diese Entwicklung eine alte chinesische Weisheit, nach der das Gesetz zum Zuge kommt, wenn die Tugend der Regierenden endet. Vielleicht ist sie aber auch einfach ein Zeichen für die neue Legitimationsgrundlage der Regierenden – die im fortgesetzten Wirtschaftswachstum des Landes liegt.

Nach fünfundzwanzig Jahren »Politik der Öffnung und Wirtschaftsreform« findet nun der Übergang zur Marktwirtschaft statt. Dabei kommt die chinesische Politik nicht umhin, die Achtung vor dem Privateigentum als deren Kernelement, wie auch die Menschen, die es zum Wohle der Partei einsetzen wollen, anzuerkennen. Die vielen Millionen privaten Kleinunternehmer, einst als »Konterrevolutionäre« verschrien, hat der 16. Parteitag der KPCh im November 2002 unter der bombastischen Bezeichnung »fortschrittliche Produktivkräfte« hoffähig gemacht.

Inzwischen hat »die Stadtplanung die soziale Spaltung durch den immer deutlicheren Gegensatz zwischen Stadtzentrum und Peripherie verschärft«, meint der Architekt und Stadtplaner Zhang Liang. »Durch die schematische Anwendung der immer gleichen Entwicklungspläne nimmt die soziale Mischung in unseren Städten stetig ab.« Angesichts von Verstädterung, fortschreitender Zerstörung familiärer Strukturen und einer durch Familiensolidarität nicht mehr aufgefangenen Verarmung stellt sich die Frage, wie sich diese gigantischen Stadtgebilde in Zukunft verhalten werden.

Deutsch von Michael Bischoff

6 | Zheng Enchong wurde im Dezember 2005 mit dem Menschenrechtspreis des Deutschen Richterbundes ausgezeichnet.
7 | Liu Qing, »The legal time bomb of urban redevelopment«, *China Rights Forum*, N° 2, 2003: www.HRIChina.org. Siehe auch die Sondernummer über China der Monatszeitschrift der französischen Sektion von amnesty international, *La Chronique*, vom Januar 2004
8 | Zhou Zengyi, der auch unter dem Namen Chau Ching-ngai bekannt ist, wurde im Juni 2004 zu drei Jahren Gefängnis wegen Betrugs verurteilt. Im Oktober 2006, wenige Monate nach seiner Freilassung im Mai, wurde er erneut unter Hausarrest gestellt und im Dezember offiziell wegen »Problemen« verhaftet. Das Vorgehen der Behörden gegen ihn gilt als Teil des KP-internen Machtkampfes.
9 | Im August und September 2003 gab es drei solche Versuche.
10 | Siehe Luigi Tomba, »Creating an Urban Middle-class: Social Engineering in Beijing«, *The China Journal*, Canberra, N° 51, Januar 2004
11 | Dies beschloss der Nationale Volkskongress im März 2004.

Erstmals erschienen in *Le Monde diplomatique* vom März 2004

Todesstrafe und Organhandel

Nach Angaben von amnesty international entfielen 2005 fast 80 Prozent aller weltweit vollstreckten Todesurteile auf die Volksrepublik China. Offizielle chinesische Medien, auf die sich amnesty beruft, nannten 1770 Hinrichtungen und 3900 Todesurteile. Die Dunkelziffer dürfte weit höher sein. So sprach im März 2004 der Juraprofessor und Abgeordnete des Volkskongresses Chen Zhonglin von jährlich »fast 10.000 Todesurteilen, die mit einer sofortigen Hinrichtung enden«. Die Todesstrafe steht auf 68 Delikte, darunter auch Vergehen wie Steuerbetrug, Veruntreuung und Drogenhandel.

Nach mehreren Fehlurteilen wird inzwischen auch in China über die Todesstrafe debattiert. Seit dem 1. Januar 2007 müssen wieder alle Todesurteile vom Obersten Volksgericht überprüft werden. Gerüchten zufolge haben kurz vor dem Stichtag die Provinzgerichte noch viele fragwürdige Todesurteile vollstrecken lassen.

Seit einigen Jahren wird in China immer häufiger per Giftspritze exekutiert – das sei humaner, weil der Tod schneller eintritt. Dafür wurden eigens mobile Hinrichtungsfahrzeuge entwickelt, die von außen wie Kleinbusse aussehen und in denen die auf eine Bahre geschnallten Todeskandidaten per Knopfdruck aus der Fahrerkabine die tödliche Spritze injiziert bekommen. Die Fahrzeuge sind mit Blaulicht und einem Leichenkasten ausgerüstet und so ausgestattet, dass die Exekutierten schnell und sauber seziert werden können, denn ihre Nieren, Lebern, Herzen und Lungen sind bei Patienten aus aller Welt begehrt. China behauptet, dies geschehe nur mit Zustimmung der Hingerichteten. Menschenrechtsorganisationen hingegen werfen Justizbehörden und kooperierenden Krankenhäusern Exekutionen auf Bestellung und Organentnahmen ohne Zustimmung der Todeskandidaten vor.

Sven Hansen

▲ Exekutionsfahrzeug (Modell Shenglu – Heiliger Weg) der Autowerke Jinguan aus Chongqing, 2004.
Quelle: www.jinguankeji.com/newproduce/excutevehicle.htm

▶ Szenen einer öffentlichen Hinrichtung im Juli 1989.
FOTOS: PASCAL G. | AGENCE VU

Von falschen …

Sobald von Menschenrechtsverletzungen in China die Rede ist, hören alle hin. Das machen sich auch die Interessenvertreter von korrupten Kadern und mafiösen Immobilienhaien zunutze.

Von Shi Ming
Freier Journalist für Radio, Fernsehen und Print. Er wurde in Peking geboren und lebt seit 1989 in Köln.

Zornig blickt Wu Dengming den Journalisten an, der ihn nach seinem Umweltengagement gefragt hat. »Wissen Sie«, sagt der sechzigjährige NGO-Aktivist und pensionierte Hochschullehrer aus Chongqing, »es geht nicht um die Umwelt, es geht schlicht und ergreifend um ökologische Menschenrechte!« Dann macht der von mehreren internationalen Organisationen ausgezeichnete Verfechter für eine ökologisch bessere Welt eine Pause, holt tief Luft und schildert ausführlich die Abenteuer, die er in seinem Kampf um den Schutz von Wasser und Boden erlebt hat: mit käuflichen Behörden, raffgierigen Mafiafirmen, ökologisch fahrlässigen und gewissenlosen Bauern – und obendrein auch mit arroganten Städtern.

Menschen wie Wu brauchen moralisches Stehvermögen und sehr viel Mut, um der tatsächlich übermächtigen Gegenwelt die Stirn zu bieten. Und sie brauchen immer wieder den ultimativen Begriff des Menschenrechts, um sich zu ihren Heldentaten zu ermächtigen. Unterdessen weitet sich das Spektrum der Themen, in deren Zusammenhang das Wort »Menschenrecht« fällt, ja offenbar fallen muss, ständig aus: Etwa wenn Leute ihr Dach überm Kopf einbüßen, weil Immobilienfirmen mit den lokalen Obrigkeiten gekungelt haben. Für die Opfer geht es nicht so sehr darum, in einem Zivilverfahren Anklage zu erheben und womöglich Recht zu bekommen. Vielmehr versuchen sie, »Wohnrecht als Menschenrecht« geltend zu machen.

Mitte letzten Jahres wurde per Staatsdekret die traditionsreiche Privatschule Mengmutang in Shanghai geschlossen, die Lehrstube der Mutter von Menzius (chin. Mengzi), der in China als einer der wichtigsten Schüler des Konfuzius gilt. Finanziert hatten die Schule hunderte von zahlungskräftigen Eltern. Vermittelt wurden hier nicht die übrig gebliebenen Versatzstücke einer ohnehin kaum noch geltenden kommunistischen Ideologie, sondern vor allem konfuzianische Grundwerte. Der staatliche Willkürakt rief natürlich große Empörung bei den Betroffenen hervor – und versorgte gleich ganze Internetforen mit Gesprächsstoff. Auch in diesem Fall gaben sich weder die Betroffenen noch ihre Sympathisanten damit zufrieden, den Sachverhalt mit einer gewissen Nüchternheit und juristisch korrekt zu beschreiben. Wieder war die Rede vom Staat, der ein »Menschenrecht« missachte, diesmal das der selbst bestimmten Erziehung des eigenen Nachwuchses.

Vor kurzem zog das Verkehrsministerium in Peking eine Verdreifachung des Benzinpreises in Erwägung. Statt der bislang unkontrolliert erhobenen und zu allerlei Missbrauch einladenden lokalen Straßengebühren könnte es künftig eine hohe, zentral erhobene Benzinsteuer geben, deren Einnahmen durch die Zentralregierung wieder umverteilt würden – die vom Status quo profitierenden Kader und ihre Interessengruppen reagierten prompt mit einem Aufschrei der Empörung. Wenige Minuten nach der Veröffentlichung der Überlegungen kommentierte ein Blogger: »Na toll! Da es um die Menschenrechte bei uns mindestens fünfmal so gut steht wie in den USA, darf unsere Regierung auch das Fünffache des US-Benzinpreises fordern! Da braucht ihr doch nicht herumzumeckern.« Nicht ganz so weit hergeholt, aber fast ebenso gewagt ist die im Cyberspace oft hitzig debattierte Behauptung, China könne sich überhaupt nicht zur Weltmacht entwickeln, ohne die Menschenrechte zu achten – als könnte die »Einhaltung der Menschenrechte« mit ihrer unangefochtenen moralischen Autorität sowohl unsinnige ökonomische Aktionen der Regierung legitimieren als auch den nationalen Größenwahn tatsächlich beflügeln.

So weit ein paar Beispiele für die grotesken Formen, die der inzwischen relativ verbreitete Menschenrechtsdiskurs in Chinas städtischer Gesellschaft zuweilen annimmt. An ihm beteiligt sich nicht nur die Mittelschicht, die sich, um ihre moralische Legitimität zu stärken, gern auch zum Anwalt der Interessen der Unterschichten aufschwingt. Heute lassen sich auch Angehörige des äußerst privilegierten Establishments das Recht nicht mehr nehmen, ihre ganz persönlichen »Menschenrechte« einzufordern: Korrupte Kader oder ihre rechtskräftig verurteilten Komplizen bei der Mafia lassen Rechtsprofessoren reihenweise Gutachten erstellen. In ihnen wird der Nachweis erbracht, dass erstens die Todesstrafe generell abzuschaffen sei, weil sie gegen die Menschenrechte verstoße. Da aber zweitens die Zeit in China dafür noch nicht reif sei – siehe die hochschnellende Kriminalitätsrate – gelte es, zu allererst die drakonischen Strafen auf Wirtschaftsdelikte abzuschaffen. Begeistert wurde und wird diese spezielle Auffassung von

◀ Bildunterschrift: keine Angaben (erschienen in der taz, Archiv/Fotoredaktion))
FOTO:

... Gründen, das

Menschenrechten durch westliche Institutionen unterstützt – unbeirrt davon, dass in den Augen sehr vieler Chinesen solche »Menschenrechte« auf einen Freibrief für Verbrecher hinauslaufen würden.

Wenn Vertreter der Oberschicht für mehr Menschenrechte plädieren, meinen sie etwas ganz anderes, als

versen Diskurse sowie der fließende Übergang von Expertenwissen in moralisierende Stimmungsmache – dies alles ruft die chinesische Führung auf den Plan. Zwar weigert sie sich weiterhin, grundlegende Bürgerrechte mehr als nur auf dem Papier anzuerkennen. Aber sie versteht es, auch aus dieser Debatte Nutzen zu schla-

> Chinas obere Millionen wollen keine moralische Diskussion. Sie wollen – im Namen der Menschenrechte – ihre Privilegien zementieren, die es ihnen zwar nicht de jure, aber de facto oft erlauben, nach Herzenslust zu schalten und zu walten.

wenn solche Forderungen aus der gesellschaftlichen Mitte und mit deren Hilfe auch aus der Unterschicht kommen. Chinas obere Millionen wollen keine moralische Diskussion. Sie wollen – im Namen der Menschenrechte – ihre Privilegien zementieren, die es ihnen zwar nicht de jure, aber de facto oft erlauben, nach Herzenslust zu schalten und zu walten.

Eine höchst umstrittene Justizerklärung des Obersten Volksgerichtshofs vom 23. Januar 2003 beispielsweise ging offensichtlich auf die politische Einflussnahme mächtiger Lobbyisten zurück. In der Erklärung hieß es, dass Männer, die mit unter vierzehnjährigen Mädchen geschlafen haben, nicht wegen Vergewaltigung belangt werden, wenn ihre minderjährige Partnerin sie getäuscht hat oder wenn sie beweisen können, dass sie nicht wussten, wie alt das Mädchen war. Zu den besonderen »Service-Angeboten« von Fünf-Sterne-Hotels in den Provinzen, die häufig unter Mitwirkung der lokalen Regierungen betrieben werden, gehören eben auch sexuelle Dienstleistungen sehr junger Mädchen. Und Provinzregierungen wie Hoteliers haben in Peking ihre Lobbyisten sitzen. Gelehrte Juristen aus dem Justizministerium haben in diesem Zusammenhang das Argument angeführt, jeder, auch ein wegen Vergewaltigung Verdächtiger, sei schließlich in seiner »Willens- und Handlungsunfähigkeit« immer noch als vollwertiger Mensch zu achten. Tatsache bleibt jedoch: Bei Vergewaltigung und insbesondere bei sexuellem Missbrauch von Minderjährigen sind die Täter häufig Mächtige und Reiche, die die Not der sozial Schwachen auszunutzen wissen.

Der weit verbreitete und vieldeutige Begriff der »Menschenrechte«, die sich an ihm festmachenden kontro-

gen. Also bringen sich längst auch Politiker ein und fachen ihrerseits das Thema weiter an. Während die Linken die marxistische Soziallehre bemühen und wider den globalisierten Kapitalismus wettern, der mit seiner heuchlerischen Vereinnahmung der Menschenrechte nur die ihm zugrunde liegende Ausbeutung der Arbeiterklasse verschleiere, konstruieren Neoliberale die These, wonach zu den umfassenden, unumstößlichen »Menschenrechten« insbesondere das Recht auf Eigentum gehöre. Dies sei schließlich in allen »demokratischen, westlichen Ländern«, wenn nicht in der Verfassung, so zumindest zivilrechtlich als »heilig und unantastbar« garantiert, worauf linke Rechtsgelehrte mit dem Hinweis kontern, dies sei doch alles nur gelogen, denn noch im schamlosesten Kapitalismus gelte, dass Eigentum verpflichte, usw.

Derartige politische Debatten um den Begriff »Menschenrecht« sind mittlerweile mehr als nur lautes, aber letztlich harmloses Geplänkel mit Beteiligung der politischen Thinktanks und Polemiker verschiedener Lager geworden. Wenn der Nationale Volkskongress im März 2007 über den verbesserten Schutz von Privateigentum auch an Grund und Boden entscheidet, geht es unter anderem darum, ob die marxistische Linke sich mit der Forderung durchsetzen kann, dass fünfzig Jahre lang rückwirkend jeder illegale Erwerb von Eigentum belangt, für null und nichtig erklärt und vom Staat wieder konfisziert werden kann.

Derzeit wird – als quasi-religiöse Begleitmusik zum programmatischen Machtkampf in China – auch unter Auslandschinesen wieder vermehrt über »die Erbsünde des Kapitals« diskutiert. Viele der zumeist in westlichem

▲ Hongkonger Menschenrechtsaktivisten mit Paketen voll Weihnachtsgrußkarten an in China inhaftierte Dissidenten vor dem Marsch zum Postamt, Dezember 1998.
FOTO: AP | ANAT GIVON

Richtige zu wollen

Exil lebenden Dissidenten vertreten die Ansicht, die Kapitalakkumulation in China sei von vornherein nur mittels gröbster Menschenrechtsverletzungen realisiert worden. Alle heutigen Reformversuche in Richtung kapitalistischer Marktwirtschaft müssten sich mit diesen vergifteten Anfängen auseinandersetzen, wenn sie denn die Menschen in China überzeugen wollten. Man hätte ohnehin zunächst grundsätzlich klären müssen, so die Argumentation einiger sozial bewusster, nicht marxistischer Reformer wie etwa der Soziologin He Qinglian in Princeton, ob das innerweltliche Eigentumsrecht sowie te Menschenrecht: Noch vor wenigen Jahren geriet der Essayist und Hochschullehrer Wang Yi aus der zentralchinesischen Metropole Chengdu ins Schwärmen, wenn er von den individuellen Freiheiten aller Bürger nach US-amerikanischem Vorbild sprach. Heute räumt Wang freimütig ein: »Gerade wir Liberale müssen auf unsere Fahnen schreiben, dass wir konkret und in jedem einzelnen Fall für die sozialen Rechte der Gebeutelten und Entrechteten eintreten. Gerade wir Liberale haben es bitter nötig, auf diesem Wege allen Chinesen klar zu machen, dass wir für sie, und nicht nur für uns, kämpfen.«

> »Gerade wir Liberale müssen auf unsere Fahnen schreiben, dass wir konkret und in jedem einzelnen Fall für die sozialen Rechte der Gebeutelten und Entrechteten eintreten. Gerade wir Liberale haben es bitter nötig, auf diesem Wege allen Chinesen klar zu machen, dass wir für sie, und nicht nur für uns, kämpfen.«

das Recht auf Eigentumserwerb über dem universal gültigen, naturrechtlich begründeten Menschenrecht stehen dürfe. Es ist nicht zuletzt den Überseechinesen zuzuschreiben, dass die Menschenrechte und die mit ihnen verbundenen moralischen Fragen in China auf hohem wissenschaftlichem Niveau erörtert werden – bis hin zu Fragen nach dem religiösen Fundament der Menschenrechte oder ihrer unter Umständen drohenden Aristokratisierung.

Die besagte Opposition der Überseechinesen tut das freilich nicht selten aus Eigeninteresse. Sie bezieht ihre Legitimität seit jeher aus dem Kampf für die Menschenrechte. Nun entgleiten ihr jedoch immer mehr Themen, teils weil sie Gegenstand offizieller Reformen in China sind – so etwa bürgerliche Freiheiten wie freie Berufswahl und freie Wahl des Wohnortes, teils aber auch, weil das Engagement für bürgerliche Rechte wie das Recht der freien Meinungsäußerung, die Versammlungs- und die Pressefreiheit höchstens die neue, im Entstehen begriffene bürgerliche Mitte interessiert, die breite Masse der Chinesen jedoch kaum.

Den Kampf für mehr soziale Gerechtigkeit und Umverteilung muss die Opposition direkt mit der Führung in Peking austragen. Und da bietet sich gegenwärtig kaum ein besseres Thema an als das sozial diversifizierte Menschenrecht:

Das sagt einer wie Wang Yi nicht einfach so daher. Er steht damit für einen – maßvoll gepflegten – neuen Stil des politischen Kampfes der Opposition gegen die Führung in Peking. Rechtsanwälte, die vor Gericht Dissidenten genauso vertreten wie um ihren Grund und Boden beraubte Bauern, nennen sich heute »Anwälte zur Wahrung von Rechten« *(weiquan lüshi);* Andersdenkende, von Anti-Aids-Aktivisten bis hin zu Umweltschützern, von Kulturbewahrern bis hin zu Frauenrechtlerinnen, nennen sich allesamt »Verfechter zur Wahrung von Rechten« *(weiquan doushi);* und die freilich noch sehr schwache Bewegung, die sie angeblich verbindet, bekommt konsequenterweise den Namen »Bewegung zur Wahrung von Rechten« *(weiquan yundong).* Und was ist mit den Herren in der KP-Führungsriege? Sie werden zumindest auf der oppositionellen Website www.peacehall.com schon lange nicht mehr als verknöcherte Ideologen oder blutrünstige Mörderbande bekämpft, sondern schlicht als »Feinde der Wahrung von Rechten« *(weiquan de diren).* Und was steht, wenn es um die Wahrung oder Missachtung von Rechten geht, am höchsten und lässt sich daher auch politisch am wirksamsten einsetzen? Natürlich das Menschenrecht, was auch immer man in China heute darunter versteht.

WWW
Politische und soziale Menschenrechte

China bei amnesty international
www2.amnesty.de/internet/deall.nsf/WNachLand?OpenView&Start=1&Count=200&Expand=33#33

China und Tibet bei Human Rights Watch
www.hrw.org/doc?t=asia&c=china

Human Rights in China
www.hrichina.org

China bei der Internationalen Menschenrechtsliga
www.fidh.or/rubrique.php3?id_rubrique=227

China bei der Internationalen Gesellschaft für Menschenrechte
www.igfm.de/index.php?id=485

Laogai Research Foundation
www.laogai.org

Information Center for Human Rights and Democracy in China
www.hkhkhk.com/english/indexen.html

China Development Brief
www.chinadevelopmentbrief.com/

Asia Monitor Resource Center
www.amrc.org.hk

China Labour Bulletin
www.china-labour.org.hk

China Laborwatch
www.chinalaborwatch.org

Arbeitsbedingungen und Arbeitskämpfe
www.labournet.de/internationales/cn/index.html

International Campaign for Tibet
www.savetibet.org

China Society For Human Rights Studies (Regierung)
www.humanrights-china.org

Erstmals erschienen in *Le Monde diplomatique* vom März 2007

©2007
Le Monde diplomatique, Berlin

Dissidenten müssen verrückt sein

Es gibt starke Indizien, dass Chinas Behörden politisch Andersdenkende für verrückt erklären und sie bei geistiger Gesundheit in psychiatrischen Anstalten einsperren

Von Sven Hansen
Sven Hansen ist Asienredakteur *der tageszeitung (taz)* in Berlin.

Wang Wanxing hat am Vorabend des 3. Jahrestags des Tiananmen-Massakers 1992 auf Pekings Platz des Himmlischen Friedens für eine Rehabilitierung der Opfer der gewaltsamen Niederschlagung der studentischen Demokratiebewegung demonstriert. Umgehend wurde der damals 42-jährige Einzeldemonstrant festgenommen und zur Sicherheitsverwahrung in eine psychiatrische Anstalt für geisteskranke Straftäter gesperrt. Erst im August 2005, kurz vor dem China-Besuch der UN-Menschenrechtskommissarin Louise Arbor und nach diplomatischen Bemühungen der deutschen Bundesregierung, kam Wang frei. Er wurde sofort ins Exil abgeschoben und lebt seitdem in Frankfurt am Main.

Fünf Monate nach Wangs Entlassung untersuchten ihn zwei niederländische Psychiater. Sie kamen zu dem Ergebnis, dass für seine Zwangseinweisung keinerlei medizinischer Grund vorlag. In ihrem Bericht heißt es: »Es gibt keinen Grund, Wang in einer speziellen forensisch-psychiatrischen Klinik festzuhalten oder ihn in eine psychiatrische Anstalt einzuweisen. Wir konnten keinerlei psychische Störungen an ihm feststellen, die eine Einlieferung gerechtfertigt hätten.«[1] In der Entlassungsakte der chinesischen Polizei-Klinik vom August 2005 dagegen hatte gestanden: »Wenn politische Themen angesprochen werden, zeigt Wang Beeinträchtigungen seines logischen Denkvermögens. Seine systematischen Wahnvorstellungen haben sich seit seiner Aufnahme in die Klinik nicht merklich vermindert, und seine [mentalen] Aktivitäten sind immer noch von Größenwahn, Streitsucht und einem offensichtlich pathologisch übersteigerten Willen geprägt. Wir empfehlen eine Fortführung der medikamentösen Behandlung und der strengen Überwachung des Patienten.«[2]

»Streitsucht« wird, wie die Menschenrechtsorganisation Human Rights Watch (HRW) berichtet, von chinesischen Polizeipsychiatern häufig bei Bürgern diagnostiziert, die wiederholt bei den Behörden Beschwerden einbringen und dabei auf ihre Erfahrungen als politisch Verfolgte hinweisen. Seit 1992 hatten die Behörden stets behauptet, Wang leide an einer »paranoiden Psychose« oder einer »politischen Manomanie«, eine psychiatrische Erkrankung, die auf keiner international anerkannten Liste vorkommt.

Offenbar bestand Wangs »Krankheit« allein darin, dass er eine für das Regime unbequeme Meinung vertrat und auch noch unbeugsam für sie einstand. So war er 1999 für kurze Zeit freigelassen worden, doch wurde er sofort wieder verhaftet und in die Klinik gesperrt, als er eine Pressekonferenz mit ausländischen Journalisten ankündigte.[3] Bereits 1993 hatte Wang im privaten Besuchsraum der Anstalt einer aus Europa angereisten Chinesin, die sich als seine Verwandte ausgegeben hatte, ein Interview gegeben, das diese heimlich aufzeichnete. Kurz vor der Entscheidung des Olympischen Komitees über den Austragungsort der Sommerspiele 2000 zeigte das britische Fernsehen Ausschnitte des Interviews – und die Spiele fanden in der australischen Metropole Sydney statt.

Die psychiatrischen Polizei-Kliniken des Ministeriums für Öffentliche Sicherheit werden Ankang (wörtlich: Sicherheit und Gesundheit, oder auch: Frieden und Gesundheit) genannt. Landesweit gibt es etwa 25 solcher Einrichtungen, doch soll ihre Zahl erhöht werden. Sämtliche Mitarbeiter einschließlich des medizinischen und pflegerischen Personals sind Beamte des Öffentlichen Sicherheitsbüros. Die ersten Ankang wurden 1987 eingerichtet. Politischen Psychiatriemissbrauch und die – von der Sowjetunion übernommene - Praxis, Oppositionelle für verrückt zu erklären, gibt es in China aber bereits seit den 1950er-Jahren.

Der kahlköpfige Wang gilt als der prominenteste unter den Oppositionellen, die in den letzten Jahren durch politische Psychiatrie zum Schweigen gebracht werden sollten. Und er ist der erste, der nach seiner Gefangenschaft in einer Psychiatrie ins westliche Ausland gelangte, darüber Zeugnis ablegte und von unabhängigen Experten untersucht werden konnte. »China wurde wiederholt vorgeworfen, psychiatrische Einrichtungen als Mittel politischer Repression einzusetzen, doch bevor Wang das Land verließ, konnten derartige Anschuldigungen nicht überprüft werden«, sagt Brad Adams, Leiter der Asien-Abteilung bei HRW.

Dreimal täglich musste Wang, wie er später erklärte, das stark psychotrope Medikament Chlorpromazin einnehmen. Viele seiner Mithäftlinge seien psychisch schwer gestörte Straftäter gewesen, die meisten hätten Morde begangen, aber es habe auch normale Bürger unter ihnen gegeben, die eine Petition eingereicht hatten. Einige Mitgefangene seien bereits seit dreißig oder vierzig Jahren im Psychiatrie gewesen. Und weil es unter den inhaftierten Patienten sehr brutal zuging, habe er sich aus Angst vor Angriffen nachts häufig zwingen müssen, wach zu bleiben.

Wie die anderen Insassen konnte auch Wang nicht mit einem Anwalt sprechen oder bei Gericht oder den Behörden Einspruch einlegen. Die Haftdauer der Gefangenen legen laut HRW ausschließlich Polizeipsychiater und Funktionäre fest. Eine regelmäßige medizinische Überprüfung der Fälle gibt es nicht, ebenso wenig wie eine sonstige äußere Kontrolle der Ankang. Wang hatte dabei noch Glück: Da sich internationale Menschenrechtsorganisationen für ihn einsetzten, haben – davon ist er bis heute überzeugt – die Behörden seinen Fall etwas milder beurteilt.

Wang berichtete gegenüber HRW, dass renitente Mitinsassen ans Bett gefesselt oder unter den Augen der anderen mit Elektroschocks traktiert worden seien. Einmal habe er gesehen, wie ein Insasse durch Elektroschocks an einem Herzanfall starb. Wang schilderte auch den Fall eines Petitionsstellers. Den hätten sie ans Bett gefesselt, nachdem er in Hungerstreik getreten sei, und dann mussten Mitgefangene ihn auf Anordnung des Pflegepersonals zwangsernähren. Sie hätten dem Mann einfach flüssige Nahrung in den Mund gegossen, woraufhin er erstickt sei. In den Akten hieß es später, der Mann sei an einem Herzinfarkt gestorben. In keinem der beiden von Wang beobachteten tödlichen Fälle seien die Verantwortlichen je belangt worden.

Dass in China psychiatrische Anstalten zur Inhaftierung von Oppositionellen missbraucht werden, wurde international erstmals Ende 1999 zum Thema, als einige Anhänger der im Juli desselben Jahres verbotenen Falun-Gong-Sekte in psychiatrische Kliniken gesperrt wurden. Ein erster Todesfall einer Falun-Gong-Anhängerin in einer psychiatrischen Klinik wurde im Juni 2000 gemeldet. Ein von dem britischen Menschenrechtsaktivisten und China-Experten Robin Munro verfasster Bericht[4], der von HRW und der Geneva Initiative on Psychiatry (heute Global Initiative on Psychiatry in Hilversum) im August 2002 herausgebracht wurde, analysierte erstmals grundlegend die chinesischen Praktiken anhand öffentlich zugänglichen Materials.

»Mindestens 4000 Menschen wurden seit Beginn der 1980er-Jahre aus politischen Gründen in psychiatrische Anstalten inhaftiert«, sagt Munro unter Berufung auf offizielle chinesische Quellen. Dabei handele es sich um politische Dissidenten, religiös Andersdenkende, unabhängige Gewerkschafter sowie Leute, die Petitionen oder Beschwerden eingebracht oder Korruption angeprangert haben. Laut Munro war die Praxis, Oppositionelle in psychiatrische Anstalten zu internieren, bereits in der Kulturrevolution weit verbreitet. Damals seien mehr Menschen aus politischen Gründen eingeliefert worden als aus medizinischen. Wer eine abweichende

Wang Wanxing während seiner Haft in der psychiatrischen Klinik der Polizei in Peking
FOTO: AMNESTY INTERNATIONAL

1 | Human Rights Watch, »China: Regimekritiker 13 Jahre zu Unrecht in Polizeipsychiatrie. Bericht unabhängiger Experten bestätigt Anschuldigungen gegen China«, 17. März 2006
2 | Zitiert nach ebd.
3 | Human Rights Watch, »China: Politischer Gefangener deckt Brutalität in chinesischer Polizeipsychiatrie auf. Augenzeugenbericht über berüchtigte Angkang-Anstalt«, 2. November 2005
4 | Human Rights Watch/Geneva Initiative on Psychiatry, »Dangerous Minds. Political psychiatry in China today and its origins in the Mao era«, New York 2002

◄ Die 53-jährige Wang Lanrong, die seit der Kulturrevolution unter Schizophrenie leidet, in einer privaten psychiatrischen Klinik in Peking im Juni 2002. Wang verbringt ihre Nachmittage meist allein im Flur hockend.
FOTO: KATHARINA HESSE

Wang Wanxing im Mai 2006 in Frankfurt.
FOTO: IGFM

Meinung hatte, wurde einfach für verrückt erklärt. Weitere Höhepunkte habe es jeweils zum Ende der 1970er-, 1980er- und 1990er-Jahre gegeben: 1979 wurde die Bewegung der Mauer der Demokratie unterdrückt, 1989 die studentische Demokratiebewegung gewaltsam zerschlagen und 1999 die Falun-Gong-Sekte verboten.

»Seit einigen Jahren ist zu beobachten, dass diese Praxis sich zunehmend auf einen anderen Personenkreis konzentriert«, sagt Munro im Februar 2007. Wären es früher vor allem Dissidenten gewesen, seien es jetzt verstärkt Menschen, die Eingaben bei den Behörden machten und dabei auf ihre Rechte hinweisen oder Korruption anzeigen wollten. »Früher haben die Behörden ihrer eigenen Propaganda geglaubt, dass Dissidenten verrückt sein müssen. Heute sind diese Behörden zynischer. Ihnen ist es egal, wenn sie Gesunde in die Psychiatrie einsperren. Denn dies ist ein sehr effektives Mittel, um Kritiker mundtot zu machen.«

Munros Bericht löste in Fachkreisen eine internationale Debatte aus. So beschloss der Psychiatrische Weltverband (WPA) auf seiner Jahrestagung im August 2002 in Yokohama, eine Delegation nach China zu schicken und die Haftbedingungen in den Ankang zu untersuchen. Sollte China das nicht zulassen, bieten die WPA-Statuten die Möglichkeit des Ausschlusses der Chinesischen Gesellschaft für Psychiatrie (CSP). 1996 hatte der Weltverband ethische Standards festgelegt, die unter anderem besagen, dass politische Gründe kein Bestandteil psychiatrischer Diagnosen sein dürfen. Viele fühlten sich dabei an den politischen Missbrauch der Psychiatrie in der Sowjetunion und die Debatte um einen Ausschluss des sowjetischen Verbandes erinnert. Der hatte sich 1983 aus der WPA zurückgezogen, um einem Ausschluss zuvorzukommen, und war erst nach 1989 wieder zugelassen worden.[5]

Die chinesische Regierung wies die auf dem WPA-Kongress geäußerte Kritik schlichtweg als »bösartige Verleumdung« zurück und lehnte das Ersuchen nach einer Untersuchungsdelegation ab. Nach einem Peking-Besuch des WPA-Vorsitzenden im Januar 2004 erklärte sich die Regierung dann doch dazu bereit. Eine Woche vor dem geplanten Besuch im April sagte Peking diesen jedoch wieder ab. Seitdem wurde weder ein neuer Termin vereinbart, noch konnte sich die WPA zu ernsthaften Konsequenzen durchringen, schließlich räumte der chinesische Verband »Fehldiagnosen« bei einigen Falun-Gong-Anhängern ein. »Es scheint innerhalb der WPA keine Mehrheit für Sanktionen gegen China zu geben«, sagt Robert von Voren von der Global Initiative on Psychiatry in Hilversum. Seine Organisation versuche jedoch das Thema beim WPA-Kongress 2008 in Prag wieder auf die Tagesordnung zu setzen. Laut HRW hat bisher nur eine Handvoll ausländischer Beobachter jemals einen Ankang besichtigen dürfen, auch Chinesen haben ausschließlich zu den Besuchsräumen Zugang, die Namen und die Umstände der meisten in der Psychiatrie festgehaltenen Dissidenten sind nicht bekannt.

Die Reaktionen aus Peking legen den Verdacht nahe, dass die Regierung etwas zu verbergen hat. Schließlich haben die Aussagen Wangs seit seiner Ausreise und seine Untersuchung durch die niederländischen Psychiater die bisherigen Indizien und den Bericht Munros erhärtet. Auch sind seitdem neue Fälle bekannt geworden. So sprach im Januar 2005 die Falun-Gong-Sekte davon, dass mehr als eintausend ihrer Anhänger in psychiatrischen Anstalten – Ankang oder normalen Nervenheilanstalten – eingesperrt und dass dort bereits vierzehn von ihnen aufgrund von Misshandlungen gestorben seien.[6] Da die Regierung das Verbot der Sekte auch mit deren angeblich gesundheitsgefährdenden Meditationsübungen begründet, dient die psychiatrische Behandlung ihrer Anhänger auch als »Beweis« dafür, dass Falun Gong die Menschen verrückt mache.

In zwei weiteren Fällen konnten die Vorwürfe durch Interviews mit den Betroffenenn erhärtet worden. So wurde etwa die Fabrikarbeiterin Meng Xiaoxia aus Xi'an ohne ärztliches Gutachten, ohne Anklage und ohne Gerichtsurteil für zehn Jahre in ein Ankang gesperrt. Sie hatte die korrupten Praktiken des Sohnes ihres Fabrikdirektors öffentlich machen wollen. Oder der Fabrikmanager Qiu Jinyou aus Hangzhou, der 1997 für 208 Tage im dortigen Ankang saß, nachdem er sich über Korruption beschweren wollte. Beide berichteten von schwerem körperlichen Leid durch verabreichte Psychopharmaka sowie von Folter mit Elektroschocks. Beide versuchen jetzt vor Gericht zu klagen.[7]

Mengs Fall ist einer der wenigen, über den auch Medien in China berichtet haben. »Seit 2004 gibt es vereinzelte Berichte in chinesischen Medien zu diesem Thema. Es entsteht dort eine Debatte, und die Opfer beginnen sich juristisch zu wehren«, beobachtet Munro. »Kürzlich hat sogar der offizielle chinesische Juristenverband ein Verbot des Psychiatriemissbrauchs gefordert. Doch während die Entwicklungen in China durchaus ermutigend sind, passiert international leider nichts. Der Psychiatrie-Weltverband hat sich einlullen lassen und ist untätig geblieben.«

Der letzte bekannt gewordene prominente Fall stammt aus Shanghai. Im Juni 2006 wurde laut Human Rights in China die Petitionsstellerin Liu Xinjuan verhaftet, als sie bei der Regierung in Peking eine Petition einreichen wollte. Sie wurde nach Shanghai zurückgebracht und dort in eine psychiatrische Klinik gesperrt. Das war bereits das dritte Mal im Jahr 2006 und das fünfte Mal insgesamt. Liu gehört zu einer Gruppe von Bürgern, die sich gegen die radikale Abrisspolitik der Shanghaier Behörden wenden und in Petitionen eine Mitsprache der betroffenen Bevölkerung verlangen. Im März 2006 war sie in Peking festgenommen und in die Psychiatrie gesteckt worden, als sie zur Sitzung des Nationalen Volkskongresses eine Petition einreichen wollte. Zwei Monate zuvor war sie in Shanghai zwangseingeliefert worden, als sie beim dortigen städtischen Volkskongress eine Petition einreichen wollte. Am 14. Juli gelang ihr laut Human Rights in China die Flucht aus der Psychiatrie. Doch seitdem soll ihr Sohn dort eingesperrt sein, der versucht hatte, ihre persönlichen Sachen abzuholen.

---

5 | Zur WPA-China-Debatte siehe auch Jonathan Mirsky, »China's Psychiatric Terror«, The New York Review of Books, 27. Februar 2003

6 | Viviana Galli, »WPA ›Compromises‹ its Principles«, The Epoch Times, 19. Januar 2005

7 | Zu beiden Fällen siehe Georg Blume, »Elektroschocks gegen das Virus Freiheit«, Die Zeit, Nr. 45/2005 und ders., »Ich dachte, ich muss sterben. Chinas geheime Psychiatrie-Knäste«, die tageszeitung, 10. November 2005

RETTET DAS KLIMA!

**Die Aktionsausgabe zum Mitmachen. Außerdem:
G8-Gipfel Heiligendamm • Religion + Umwelt •
Putins Kurs • Arabische Schatzinsel • Gentechnik**
Die neue Ausgabe jetzt am Bahnhofskiosk, bei
www.greenpeace-magazin.de
oder einfach anrufen 040/808 12 80-80.

Auch im günstigen Abo.

greenpeace magazin.

Illustration: Christoph Niemann

Wie Peking in seiner Westprovinz Islamisten produziert

Im chinesischen Xinjiang werden

die Uiguren gewaltsam assimiliert

Der chinesischen Führung macht neben Tibet auch die überwiegend von Muslimen bewohnte Nordwestprovinz Xinjiang große Sorgen. Um den Einfluss islamischer Fundamentalisten zurückzudrängen und dem Turkvolk der Uiguren seine separatistischen Ambitionen auszutreiben, greift Peking zu drastischen Maßnahmen. Dabei kann die Regierung auf das Verständnis der internationalen Gemeinschaft rechnen, indem sie behauptet, auch hier gehe es um den Kampf gegen den Terrorismus. In Xinjiangs Städten sind heute tatsächlich mehr verschleierte Frauen und vollbärtige Männer im Straßenbild zu sehen. Doch in Peking begreift man nicht, dass die Uiguren erst recht radikalisiert werden, wenn die Zentralregierung eine Politik der Abschreckung, der Gängelung und Kriminalisierung unbequemer Gegner betreibt.

Von Ilaria Maria Sala
Ilaria Maria Sala ist Journalistin in Hongkong.

Umgeben von hohen Bergen liegt das eineinhalb Millionen Einwohner zählende Ürümqi, die Hauptstadt der »Uigurischen autonomen Region Xinjiang«. Auf den Stadtmauern prangen die gleichen Plakate wie überall in China. Sie werben für westliche Kosmetikprodukte und den letzten Schrei irgendeiner Designermodemarke. Nur die arabischen Schriftzeichen der Werbeslogans sind ein Zugeständnis an die Besonderheit des Ortes. Auf den Hauptstraßen, inmitten westlicher Autos und breiter Omnibusse, ziehen Eselskarren vorbei, beladen mit Fladenbrot, Wassermelonen, Trauben und Aprikosen und gelenkt von Uiguren mit zentralasiatischen Gesichtszügen.

Ürümqi wirkt bei all seiner chaotisch-hässlichen Modernität, die in jeder größeren chinesischen Stadt anzutreffen ist, wie eine Stadt aus dem 19. Jahrhundert. Man findet hier Waren wie Eau de Toilette oder Ferngläser, die es sonst nirgends in der Provinz zu kaufen gibt. Man kann hier studieren, Geschäfte machen, den Duft der Metropole schnuppern. Aus Dörfern und Oasen strömen die Menschen herbei, um in der Stadt Hochzeit zu feiern oder sich mit ihrer langen Haartracht von einem Fotografen ablichten zu lassen.

Unter den 17 Millionen Einwohnern der riesigen chinesischen Nordwestregion Xinjiang[1] bilden die acht Millionen muslimischen Uiguren die größte Gruppe. Mit ihren beiden zu Füßen der Himalajakette gelegenen Wüsten grenzt Xinjiang an die Mongolei, an Russland, Kasachstan, Kirgisistan, Tadschikistan, Pakistan sowie an das chinesische Tibet.

Die Region ist für Peking von herausragender strategischer Bedeutung, zumal sie auch über reiche Bodenschätze wie Erdöl-, Erdgas- und Kohlevorkommen verfügt. Hinzu kommt, dass weite Landstriche in der Nähe des Sees Lop Nor im Südosten für Atomtests verwendet werden.

So ist Ürümqi nicht nur das Verwaltungszentrum der Region, sondern gilt auch als Brückenkopf für die chinesischen Herrschaftsansprüche.[2] Viele Uiguren sind bereits hierher gezogen, und viele strömen auf der Suche nach Arbeit nach. Ihre Wohnviertel grenzen an den Basar, in dem chinesische Händler Souvenirs für die Touristen feilbieten. Die Uiguren dagegen verkaufen hauptsächlich Gegenstände des täglichen Bedarfs wie Stoffe, Teppiche, Kochgeschirr, Lebensmittel und Gewürze.

In den schmalen Gässchen mit ihrem wimmelnden Gedränge scheinen sich sämtliche zentralasiatischen Völker zu mischen: Hier sieht man eine unendliche Vielfalt von Physiognomien, von Augen- und Haarfarben, von Gesichtsformen. Manche Frauen haben ein Stück Tuch auf dem Kopf, das gerade eben die Haare bedeckt, andere tragen lange, dichte Schleier. An der Seite von Männern mit langen Bärten sieht man neuerdings auch Frauen, die in eine Art Decke aus bräunlicher Wolle gehüllt sind und kaum etwas sehen können. Noch vor etwa zehn Jahren waren derart verschleierte Frauen höchst selten. Heute sieht man sie häufiger, was in einer Region, die über lange Zeit keine sonderlich starken religiösen Traditionen kannte, ein deutliches Zeichen ist.

Enver Can, der Präsident des im Exil gebildeten Nationalkongresses von Ostturkestan (wie die Uiguren ihr Heimatgebiet nennen), hat dafür eine Erklärung: »Die Uiguren sind zu keiner Zeit religiöse Extremisten gewesen. Sie sind sozial und kulturell tolerante Menschen. In Ostturkestan leben zahlreiche Buddhisten, Christen und Orthodoxe. In jüngster Zeit aber gehen die chinesischen Behörden mit Repressionen und Beleidigungen gegen den Islam vor.« Can spielt auch darauf an, dass man Beamte daran hindert, sich zu ihrer Religion zu bekennen, dass die chinesische Zentralregierung darauf besteht, selbst die Imame der Moscheen zu benennen, dass sie die religiöse Erziehung der Kinder unterbindet. »Dieser Aufschwung des Islam ist meines Erachtens auf die chinesische Repression zurückzuführen«, so Can. »Als ob die Chinesen keine anderen Mittel hätten, um im öffentlichen Leben ihre eigene Identität zu behaupten.«

Xinjiang, das sich seit je gegen die Autorität von Peking aufgelehnt hatte,[3] genoss bis 1949 einen quasiau-

1 | Mit 1.600.000 Quadratkilometern erstreckt sich Xinjiang über ein Sechstel der Gesamtfläche Chinas.
2 | Ürümqi entwickelte sich als Stadt in der Zeit der Qing-Dynastie (1644–1911), die im 18. Jahrhundert die Eroberung Xinjiangs konsolidierte. Es war einst Garnisonsstadt für chinesische Truppen und ihre Familien.
3 | Der wichtigste Aufstand gegen die Chinesen war zweifellos jener unter der Führung von Muhammad Yakoub Beg zwischen 1864 und 1877.

◀ Vor einer kleinen Moschee in der Wüste Taklamakan in der südchinesischen Provinz Xinjiang
FOTO: KATHARINA HESSE

Umstrittene Gebiete
- von China beanspruchte Gebiete
- Grenzen der autonomen Regionen
- strategische Straßen, zwischen 1952 und 1957 von China gebaut
- ★ aktive Unabhängigkeitsbewegungen

ethno-linguistische Gruppen

sinotibetisch
- Han (Chinesen)
- Hui (chinesische Muslime)
- Tibeter
- Kadai-Sprachen (einschl. Thai und Zhuang)
- Miao-Yao-Sprachen

Altaisch
- Uiguren
- Kasachen
- Kirgisen
- Mongolen
- Tungusen

Austroasiatisch
- Mon und Khmer

Koreanisch
- Koreaner

Indo-europäisch
- Tadschiken

▲ **Ein multiethnisches Mosaik**

■ QUELLEN: Michel Foucher, Fronts et frontières: un tour du monde géopolitique, Paris, 1991 ■ Atlas de la République populaire de Chine ■ Jacques Leclerc, Aménagement linguistique dans le monde, université de Laval, Québec, Kanada
■ 5. nationale Volkszählung vom 1. November 2000. Isabelle Attané, INED, Paris.
GRAFIK: PHILIPPE REKACEWICZ

tonomen Status. Im Laufe jenes Jahres versuchte die Volksrepublik, ihre Grenzen zu konsolidieren. Zum einen wollte sie die sowjetischen Expansionsgelüste zurückdrängen, zum andern allzu enge Kontakte zwischen den chinesischen Uiguren und deren Landsleuten in den benachbarten muslimisch geprägten Sowjetrepubliken unterbinden. Seither wird die Bevölkerung systematisch schikaniert.

Während der Kulturrevolution wurden die Moscheen zerstört und viele Han-Chinesen zur Ansiedlung nach Xinjiang gelockt, damit alle uigurischen Identitätsbestrebungen durch eine zahlenmäßige chinesische Übermacht erstickt würden. Mit der Machtübernahme von Deng Xiaoping kam es ab 1978 zu einer vorübergehenden Lockerung. Seit Beginn der Neunzigerjahre treibt Peking die Politik der Zwangssinisierung wieder voran, ohne dabei jemals seine regionalen Entwicklungsstrategien aus dem Auge zu verlieren.

Diese Politik hat unter den Uiguren, die zu Fremden im eigenen Land wurden, den Nationalismus geschürt.

Das gilt vor allem seit Dezember 1991, als die drei muslimischen Ex-Sowjetrepubliken Kasachstan, Kirgisistan und Tadschikistan, die eine gemeinsame Grenze mit China besitzen, die Unabhängigkeit erlangten.[4] Zu beiden Seiten der Grenzen begann man nun, von einer Republik Uiguristan zu träumen. Durch die chinesischen Repressionen wurden die Uiguren darin nur noch bestärkt. So kam es zunächst zu Unruhen, im April und Mai 1996 folgte eine Welle von Verhaftungen und schließlich am 5. Februar 1997 ein Aufstand in Yining, einer 300.000-Einwohner-Stadt an der Grenze zu Kasachstan. Bei dieser Revolte, die vermutlich mehrere hundert Menschenleben kostete,[5] forderten die Demonstranten die Bildung eines »Unabhängigen islamischen Staates«. Laut der Vereinigten nationalen revolutionären Front Ostturkestan (FUNR)[6] sollen allein im Laufe des Jahres 1997 etwa 57.000 Uiguren verhaftet worden sein.

»Seit Jahren schon fordern wir den Dialog«, erklärt Can sichtlich resigniert, »aber den Chinesen ist es lieber, wenn sie uns als Terroristen, Fundamentalisten oder Extremisten behandeln können. Ich glaube, in dieser Haltung zeigt sich auch ihre eigene Schwäche.« So werden alle wichtigen Positionen von Han-Chinesen kontrolliert. Die uigurischen Beamten haben keine wirkliche Macht. Die Han-Chinesen führen offiziell nur bescheidene Titel wie »Stellvertreter« oder »Assistent«, haben aber in der regionalen KP-Führung wie der Regionalregierung das Sagen. Uiguren spielen nur eine Statistenrolle – während weiterhin scharenweise chinesische Siedler zuziehen.

Xinjiang gilt in China als attraktiver »Ferner Westen«, und so tummelt sich in Ürümqi ein buntes Völkergemisch. Neben den im sittenstrengen Gewand auftretenden Musliminnen schlendern Frauen durch die Gassen, »die nicht von hier sind« und mit ihrem grellen Make-up, Shorts oder kurzen Röcken sowie hohen Absätzen einen auffälligen Kontrast bilden. Auf den Märkten oder in der Landwirtschaft trifft man auf Saisonarbeiter, die, vor allem während der Baumwollernte, aus dem Innern Chinas herbeiströmen. Sie treffen hier auf Bauern, die hergelockt wurden, damit sie Land urbar machen und sich in neuen Städten ansiedeln.

Als »Kolonialisten« kann man diese armen Leute, die nur niedrigste Arbeiten verrichten, wohl schwerlich bezeichnen. Doch obwohl sie offensichtlich nur dem Elend entfliehen wollen, werden sie als Invasoren betrachtet. Sie erhalten problemlos die begehrte Arbeitserlaubnis, die Uiguren häufig verweigert wird. »Auf dem Arbeitsmarkt gibt es Angebote, die ausschließlich für Chinesen gelten, das ist ausdrücklich so vermerkt«, lautet der bittere Kommentar eines Uiguren.

In den Neunzigerjahren hat der Anteil der Han-Bevölkerung in der Region um 31 Prozent zugenommen.[7] Damit wurden die Spannungen, die eine bereits seit Jahrhunderten schwierige Nachbarschaft zwischen dem Reich der Mitte und der zentralasiatischen Bevölkerung kennzeichnen, weiter verschärft. Als Peking 1949 seine Kontrolle auf Xinjiang ausdehnte, machten die autochthonen Völker über 94 Prozent der dort lebenden Menschen aus, die Chinesen weniger als 6 Prozent. Heute sind es über 40 Prozent Chinesen. Je knapper das verfügbare Ackerland wird, um so stärker werden die Spannungen zwischen den ethnischen Gemeinschaften.

In dieser Statistik sind auch die Mitglieder des *bingtuan* (wörtlich: Gruppe von Soldaten) enthalten. Diese Formationen von Bauern-Soldaten waren in den Fünfzigerjahren mit der Kolonisierung Xinjiangs beauftragt. Sie haben sich bis heute zu einer krakenhaften Institution entwickelt, deren Aktivitäten sich auf alle möglichen Bereiche erstrecken, von der Verwaltung des Strafvollzugs – die *bingtuan* betreiben Arbeitslager des chinesischen Gulag – über die Landwirtschaft mit ihren riesigen Staatsbetrieben bis zu Handel und Industrie. In diesen *bingtuan,* deren Mitglieder fast ausschließlich Han-Chinesen sind, leben und arbeiten bereits mehr als zwei Millionen Menschen – etwa jeder dritte in Xinjang lebende Chinese gehört einem *bingtuan* an. Die Mitglieder sind teils ehemalige Soldaten, die am Ende des Bürgerkriegs 1949 in der Region entlassen wurden, teils Zwangsmigranten der Fünfziger- und Sechzigerjahre, aber auch Neuankömmlinge aus den Neunzigerjahren. Für sie alle sind die Wörter *bingtuan* und Xinjiang identisch. Sie leben in einem Universum für sich, das vom Rest des Landes abgekoppelt ist und noch stark kollektivistische Züge trägt. Die Verwaltung der einzelnen Bereiche ist von den lokalen Behörden unabhängig. Es gibt eigene Universitäten und Krankenhäuser, eigene neue Städte und Polizeikräfte, die direkt der Zentralregierung in Peking unterstehen.

Sämtliche Ballungsgebiete von Xinjiang haben die gleiche sozioökonomische Struktur wie Ürümqi: Es gibt eine neue chinesische Stadt, die hässlich und chaotisch, aber unleugbar dynamisch ist, mit hohen Gebäuden, an deren Fassaden die Fliesen schon wieder abbröckeln, bevor sie überhaupt fertiggestellt sind. Zahlreiche bunte Ballons zeigen hier ein neu eröffnetes Restaurant an, dort einen Friseursalon oder ein neues Geschäft. Daneben liegt, stets bedroht von Schaufelbaggern, die uigurische Stadt mit ihren niedrigen Lehmhäusern, die den extremen Witterungsverhältnissen viel besser angepasst sind, mit schattigen Innenhöfen, mit Moscheen, mit orientalischen Fayencen an den Wänden, mit Teesalons, Basaren und kleinen Plätzen. Und mit einer wachsenden Armut und dem immer häufigeren Anblick von Männern mit langen Bärten und verschleierten Frauen.

Eine Quelle der heftigsten Ressentiments ist mittlerweile das Schulwesen, berichtet Can: »Wenn ein Uigure kein gutes Chinesisch spricht, hat er erhebliche Schwierigkeiten bei der Arbeitssuche. Wenn er aber die chinesische Schule besucht, wird er assimiliert! Die chinesische Bildungspolitik zielt darauf ab, alle Aspekte im Leben der Uiguren zu sinisieren.« Unliebsame Schriftsteller und Musiker, die ihre ethnischen Zugehörigkeitsgefühle allzu offen zum Ausdruck bringen, werden zensiert oder landen im Gefängnis.

So kommt es zu einer fatalen Kettenreaktion: Je mehr Moscheen geschlossen oder zerstört werden, je mehr Schulen mit uigurischer Unterrichtssprache – deren Existenz von den chinesischen Behörden immerhin garantiert wird – der Geldhahn abgedreht wird, je mehr die Religionsausübung von Repression bedroht wird, desto häufiger kommt es zu sporadischen Unruhen. Und die werden dann von den Behörden immer rabiater erstickt, mit Festnahmen und selbst mit Hinrichtungen.

Kashgar ist in ganz Zentralasien für seinen prächtigen Basar berühmt. Hier strömen noch heute wie seit Jahrhunderten die Händler aus allen Himmelsrichtungen zusammen. Die Stadt ist noch immer stolz auf ihre Rolle als Metropole von Südxinjiang. In dieser Region stellen die Uiguren noch die große Mehrheit der Bevölkerung, und die Anwesenheit von Han-Chinesen wirkt geradezu unpassend.

In der Stadt ist die Spannung mit Händen zu greifen, auch wenn die Menschen nicht sehr gesprächig sind. Plakate an den Wänden der Polizeistationen, die eine »unverzügliche Ablieferung der Waffen« anordnen, sprechen eine deutliche Sprache. Ebenso aufschluss-

4 | Laut Volkszählung von 1989 leben 263.000 Uiguren im ehemals sowjetischen Zentralasien. Die Uiguren selbst nennen eine Zahl von über einer Million.
5 | Nach Regierungsangaben 10 Tote und 130 Verwundete.
6 | Der Unabhängigkeitsbewegung FUNR sollen 1997 mindestens 2000 Kämpfer angehört haben.
7 | Vgl. Nicolas Becquelin, »Xinjiang in the Nineties«, in *China Journal,* No 44, Canberra, Juli 2000

reich ist die Meinung eines Taxifahrers, eines Han-Chinesen und ehemaligen Armeefahrers, der seit dreißig Jahren in Xinjiang lebt: »Das sind doch alles Verrückte, diese Leute. Wer hat denn schon jemals etwas von einem Ostturkestan gehört? Das sind Verbrecher, Terroristen! Das einzig Richtige wäre, sie alle zu verhaften und umzubringen. Eine andere Sprache verstehen die doch nicht.«

Viel mehr Fingerspitzengefühl scheinen die Behörden im Umgang mit den Uiguren auch nicht an den Tag zu legen. Sobald sich irgendwo eine größere Menschenmenge versammelt, werden massiv Ordnungskräfte aufgeboten. Da kommt es dann schon mal vor, dass plötzlich mitten auf der Straße ein gähnend leerer Bus parkt: Man hat den uigurischen Fahrer einfach mitgenommen, nachdem die Polizei angeordnet hatte, alle ohne Ausweispapiere angetroffenen Personen auf der Stelle zu verhaften. Eilig flüchten die fliegenden Händler in ihre Häuser, um keine Schwierigkeiten zu bekommen. Nur wenige Schritte von dieser von Panik geprägten Atmosphäre entfernt geht das Leben seinen gewohnten Gang. Im chinesischen Viertel ist nicht die geringste Spur von Unruhe wahrzunehmen.

1996 beschloss die Zentralregierung, das Problem durch eine Kampagne gegen die Kriminalität zu lösen: »Hart zuschlagen«, lautet sinngemäß das Motto. Von Menschenrechtsorganisationen in der ganzen Welt wird die Kampagne wegen ihrer brutalen und willkürlichen Methoden verurteilt. Sie richtet sich gegen Intellektuelle und Dissidenten, gegen Anhänger der regionalen Selbstbestimmung wie gegen gewöhnliche Straftäter. Nach groß aufgezogenen öffentlichen Schauprozessen werden drakonische Strafen verhängt.

Ab und zu sieht man Lastwagen durch die Straßen fahren, die auf der Ladefläche Gefangene transportieren: Menschen in blauer Sträflingskleidung, mit rasiertem Schädel, die Hände auf dem Rücken gefesselt. Es sind fast ausschließlich Uiguren. Die Schilder um ihren Hals bezeichnen sie in arabischer und chinesischer Schrift als »Separatisten« oder Kriminelle, die sich wegen »Störung der öffentlichen Ordnung« zu verantworten haben. Sie werden in Fußballstadien einer von den Behörden zusammengetrommelten Menschenmenge vorgeführt. Von dort aus werden die zum Tode Verurteilten direkt zum Hinrichtungsplatz transportiert. Laut amnesty international ist Xinjiang der einzige Ort in China, wo nach wie vor politische Gefangene zum Tode verurteilt werden. Zwischen 1997 und 1999 wurden nach offiziellen Angaben mehr als 200 Menschen hingerichtet.[8] Die tatsächlichen Zahlen liegen wahrscheinlich höher, denn die offizielle Presse nennt gewöhnlich nicht alle Fälle.

In Hotan, der einstigen Jade-Stadt, die gänzlich im chinesischen Stil restauriert wurde, sind im Stadtzentrum sämtliche architektonischen Spuren der Uiguren getilgt. Dafür springt aber ins Auge, dass die Bewohner immer stärker muslimisch geprägt sind und dass es offenbar eine beunruhigende Polarisierung zwischen Han-Chinesen und Uiguren gibt. An lampiongeschmückten Balken hängen Fotos von »polizeilich Gesuchten«, denen Attentate oder Waffenbesitz zur Last gelegt werden oder die man ganz einfach des »Separatismus« beschuldigt. »Die Zivilbevölkerung wird kriminalisiert«, empört sich ein Bewohner. »Hier wie auch in Ili (oder Gulja, der Stadt, die Schauplatz gewalttätiger Auseinandersetzungen war) hat fast jede Familie ein Opfer zu beklagen, das hingerichtet oder auf andere Art getötet wurde, das verschwunden ist oder häufig auch ohne Prozess ins Gefängnis geworfen oder gefoltert wurde. Die Kinder aus diesen Familien wachsen mit starken Ressentiments auf, und sie werden jede sich bietende Gelegenheit ergreifen, um sich zusammenzutun und Vergeltung zu üben.«

Peking versucht verbissen, die Situation in den Griff zu bekommen. Die Regierung verdoppelt gerade ihre Anstrengungen und setzt dabei inzwischen die Techniken ein, die in den letzten Jahren auch anderswo gut funktioniert haben: Man konzediert einen Hauch von wirtschaftlicher Liberalisierung und sichert sich im Tausch dafür den Verzicht auf politische Forderungen. So ist das große Projekt zur wirtschaftlichen Entwicklung des Westens entstanden, das Xinjiang und nahezu die gesamte westliche Landeshälfte mit Hilfe ausländischer Investoren aus der Armut herausführen soll. Doch bislang waren die Ergebnisse enttäuschend, denn die Investoren lassen auf sich warten. Aufgrund der fehlenden Infrastruktur und der unwirtlichen klimatischen Bedingungen ist die Region für ausländische Unternehmen wenig attraktiv.

Im Sommer 2001 wurde eine Delegation von Hongkonger Industriellen in Xinjiang begrüßt. Doch trotz der ebenso enthusiastischen wie konventionellen Erklärungen gegenüber der Presse kam es zu keinem bedeutenderen Vertragsabschluss. Zudem scheint das gesamte Geld, das bis in die Region gelangt, fast nur der chinesischen Bevölkerung zugute zu kommen. Die Uiguren werden von der Bürokratie systematisch benachteiligt.[9] Pekings Hoffnung, die wirtschaftliche Entwicklung von Xinjiang mit der engeren Anbindung an China zu verknüpfen, dürfte somit zum Scheitern verurteilt zu sein. Denn selbst wenn vereinzelte uigurische Geschäftsleute es zu einigem Wohlstand bringen, so hindert sie dies nicht daran, den antichinesischen Widerstand zu unterstützen und der uigurischen Kultur in ihrem Kampf ums Überleben den Rücken zu stärken.[10] Wenn hingegen die Chinesen in der Region zu Reichtum gelangen, so verstärkt dies nur noch den Widerstand gegen ihre Anwesenheit.

Aber so sehr die chinesische Propaganda auch bemüht ist, alle Aktivitäten außerhalb der Kontrolle der Zentralregierung pauschal als »terroristisch« zu diffamieren, so kann sie doch nicht verschleiern, was in Xinjiang wirklich auf dem Spiel steht. Denn hier geht es nicht um eine religiöse Frage, sondern um bürgerliche Freiheitsrechte und das Überleben eines Volkes und einer Kultur, die man mit aller Gewalt assimilieren will.

Deutsch von Erika Mursa

[8] | Eine Analyse der Menschrechtssituation bieten die Dokumente »China: Human Rights Concerns in Xinjiang«, Human Rights Watch Backgrounder, Oktober 2001 (www.hrw.org/backgrounder/asia/china-bck1017.htm) und »Uighurs fleeing persecution as China wages its ›war on terror‹«, amnesty international report, 7. Juli 2004, (web.amnesty.org/library/Index/ENGA-SA170212004?open&of=ENG-CHN)

[9] | Vgl. Bruce Gilley, »Uighurs Need Not Apply«, in *Far Eastern Economic Review*, Hongkong, 23. August 2001

[10] | Der Fall von Rebiya Kadeer, einer erfolgreichen uigurischen Geschäftsfrau, sei hier exemplarisch erwähnt: Nachdem sie von den Behörden als »vorbildlich« vorgeführt worden war und als Teil der offiziellen chinesischen Delegation an der UN-Frauenkonferenz 1995 in Peking teilnehmen durfte, warf man sie im August 1999 ins Gefängnis, weil sie ihrem seit 1996 im Exil in den USA lebenden Ehemann »Staatsgeheimnisse« verraten haben soll. Im März 2005 wurde sie freigelassen und durfte in die USA ausreisen. Inzwischen gehen die Behörden gegen ihre Familienangehörigen in Ürümqi vor.

Erstmals erschienen in *Le Monde diplomatique* vom Februar 2002

»wir sind BRÜCKENMENSCHEN!«

Denn wir schlagen den kommunikativen Bogen: zwischen Menschen, Ideen und Projekten – in Deutschland und China. Ob im Feld der Politik, der Wirtschaft, der Kultur oder der Wissenschaft.

Wir erstellen Konzepte, übersetzen, gestalten Kommunikationsmittel in Print und Web, realisieren diese technisch und betreuen Veranstaltungen.

Mit Büros in Berlin und Peking sind wir in Ihrer Nähe – und dort, wo Ihre Kommunikation stattfinden soll.

INSIDE A Communications AG

/ Berlin 柏林
Ritterstraße 3 D-10969 Berlin
Telefon: +49 (0) 30 6110 7013
Telefax: +49 (0) 30 6110 7019
Email: kontakt@inside-a.com

/ Peking 北京
Green Lake Place Bld. 7–2–1505
No 88 East 4th Ring North Road
Chaoyang District Beijing China
100025

100025
北京朝阳区东四环北路88号
观湖国际7号楼2单元1505
电话/Tel: +86 (0)10 5928 2545
手机/Mo: +86 1370 1 29 80 72

Das hier verwendete Zeichen »桥« (qiáo) heißt »Brücke«.

www.inside-a.com

INSIDE A

Ein Recht auf Geschwister?

Die noch unter Mao Tse-tung initiierte und unter Deng Xiaoping 1979 verbindlich eingeführte Ein-Kind-Politik zählt zu den am heftigsten debattierten Politikmodellen des 20. Jahrhunderts. Den einen versprach sie die Rettung vor der drohenden Überbevölkerung des Planeten. Für andere war sie ein besonders frauenfeindlicher Auswuchs totalitärer Politik. Bis heute dauert die Diskussion über das Für und Wider der Ein-Kind-Politik nicht zuletzt in jeder einzelnen chinesischen Familie an.

Von Georg Blume und Babak Tavassolie

Georg Blume ist China-Korrespondent der Wochenzeitung *Die Zeit* und *der tageszeitung (taz)* mit Sitz in Peking und Autor (mit Chikako Yamamoto) der beiden Reportage-Bände »Chinesische Reise« und »Modell China. Im Reich der Reformen« (Wagenbach, Berlin 1999 und 2002). Babak Tavassolie ist Ostasienwissenschaftler und lebt zur Zeit als freier Autor in Peking.

Ältere, in der Großfamilie aufgewachsene Chinesen schimpfen auf ihre verwöhnten Einzel-Enkel. Mütter klagen über die »kleinen Prinzen«, die ihnen Hilfe bei der Hausarbeit versagen. Doch die Diskussion hat sich im Allgemeinen zurück in die Privatsphäre verlagert. Die Ein-Kind-Frage wird nicht mehr als Streit um die richtige Linie der KP interpretiert, sondern als eine individuelle Entscheidung. Dahinter verbirgt sich ein langsamer, aber stetiger Politikwechsel. Die alte, diktatorische Ein-Kind-Politik der KP ist heute ein Auslaufmodell.

Tatsächlich geht der Trend wieder zurück zu mehr Geschwisterpaaren. 60 Prozent aller Chinesen wünschen sich heute zwei Kinder, darunter viele Einzelkinder, die jetzt ins heiratsfähige Alter kommen.[1] Nach den gültigen Regeln der Geburtenkontrolle dürfen sie ganz legal zwei Kinder haben, vorausgesetzt sie heiraten ein anderes Einzelkind.

»China hat keine Ein-Kind-Politik mehr«, erklärte Zhang Weiqing, Minister für Bevölkerungsentwicklung und Geburtenplanung, bei der Vorstellung eines neuen 5-Jahres-Programms für die Geburtenkontrolle im Januar 2007. Zwar leben heute ungezählte Frauen in China, die sich aufgrund der Ein-Kind-Politik einer Zwangsabtreibung oder Zwangssterilisation unterziehen mussten. Doch widerlegt die gesellschaftliche Realität längst alle totalitären geburtenplanerischen Utopien, die in der KP einst an die Ein-Kind-Politik geknüpft wurden. In Wirklichkeit leben heute in China rund 100 Millionen Einzelkinder. Viele von ihnen sind schon Erwachsene. Zwischen 1981 und 2006 stellten sie genau 18,86 Prozent der 530 Millionen Neugeborenen.[2] Die große Mehrheit lebt also mit Geschwistern. Von einer Ein-Kind-Gesellschaft kann keine Rede sein.

Für die Mehrheit der Bevölkerung – 53 Prozent – ist es erlaubt, ein zweites Kind zu haben, wenn das erste Kind der Eltern ein Mädchen ist. Diese Regelung gilt für die Landbevölkerung, damit ein zweitgeborener Junge den Familienstammbaum absichern kann. Weitere zehn Prozent der Familien dürfen unabhängig vom Geschlecht zwei Kinder haben, weil es sich um eine Eheschließung zwischen vormals Geschiedenen oder um andere Ausnahmefälle handelt. Für ethnische Minderheiten wie Uiguren oder Tibeter gelten allgemein weniger Restriktionen. Bleibt nur ein Drittel aller Familien, für die die Regeln der Ein-Kind-Politik gelten.

Entsprechend ist der streng patriarchalische Verkündungston, mit dem die Ein-Kind-Politik einst eingeführt wurde, einem moderaten sozialpolitischen Diskurs gewichen. Jungen Müttern will die KP das Kinderkriegen nicht mehr per Gesetz verbieten. Stattdessen wird ihnen vom Staat heute nur noch »empfohlen«, nicht mehr als ein Kind zu gebären. Im Falle weiterer Kinder droht die KP nicht mehr mit Strafe, sondern verlangt stattdessen eine »Sozialgebühr«, die laut offizieller Darstellung den Kosten entspreche, die der Gesellschaft durch das zusätzliche Kind entstünden. Die Gebühr ist nach Einkommen gestaffelt. Armen Bauern kann sie ganz erlassen werden.

Zu einer gemäßigteren Geburtenkontrolle zählt auch das Versprechen der Partei, alle Eltern und ihre Kinder gleich zu behandeln – unabhängig davon, wieviele Geschwister sie haben. Früher mussten Eltern und Kinder in der Regel über Jahre büßen, wenn sie den Vorschriften der Geburtenkontrolle nicht genügt hatten. Mutter oder Vater verloren ihren Job im Staatsbetrieb. Den Kindern wurden gleiche Ausbildungschancen versagt. Nun aber soll dem zusätzlichen Kind mit der »Sozialgebühr« als Buße genüge getan sein. Das zumindest verheißt die Pekinger Regierungstheorie.

Doch was die Partei in Peking als vorbildlich erklärt, hat heute nicht mehr die Maßgeblichkeit wie zu Zeiten Maos. So sollen zwar die viel beklagten Auswüchse der Ein-Kind-Politik – vor allem Zwangsabtreibungen und Zwangssterilisationen – nach Angaben der Regierung der Vergangenheit angehören. Nur spielen die Behörden vor Ort nicht überall mit. Das belegten zuletzt die Recherchen des blinden Menschenrechtlers Chen Guangcheng. Der 34-jährige Anwalt deckte in seiner Heimatprovinz Shandong Geburtskontrollpraktiken auf, bei denen sogar bei hochschwangeren Frauen noch Abtreibungen durchgeführt wurden – in Einzelfällen nur wenige Tage vor der Niederkunft. Auch berichtete Chen von Zwangssterilisationen bei Müttern von Einzelkindern. Lokale Parteibosse hätten auf diese Art ihre Geburtsstatistiken frisiert, um ihre Karriere zu begünstigen.

Chens Nachforschungen fanden weltweit Beachtung. Sie schienen den oft gehegten Verdacht zu bestätigen, dass sich Pekings Geburtenpolitik trotz aller guten Vorsätze nach wie vor zum Missbrauch eignet. So zeigte sich der zuständige Ausschuss der Vereinten Nationen für wirtschaftliche, soziale und kulturelle Rechte im März 2006 »tief beunruhigt über Berichte über erzwungene Abtreibungen und Sterilisationen [...], die im Zusammenhang mit der Ein-Kind-Politik stehen«[3]. Die Sorgen des UN-Ausschusses erhielten zusätzliches Gewicht, als Chen aufgrund seiner Enthüllungsarbeit verhaftet und in einem politischen Schauprozess im August 2006 zu vier Jahren Freiheitsstrafe verurteilt wurde.

Chens Verurteilung legte die Vermutung nahe, dass parteiintern immer noch zweierlei Maß angelegt wird: Gegenüber einer urbanen Bevölkerung, die ohnehin

[1] | Pressekonferenz von Zhang Weiqing, Minister für Bevölkerungsentwicklung und Geburtenplanung der Volksrepublik China, am 19. Januar 2007 in Peking
[2] | Staatliches Statistikbüro der VR China
[3] | Integration of the Human Rights of Women and the Gender Perspective; United Nations Economic and Social Council, E/CN.4/2006/NGO/217; 7. März 2006 unter daccessdds.un.org/doc/UNDOC/GEN/G06/116/26/PDF/G0611626.pdf?OpenElement

◀ Babys in einem Waisenhaus für Kinder mit Hasenscharten
FOTO [M]: KATHARINA HESSE

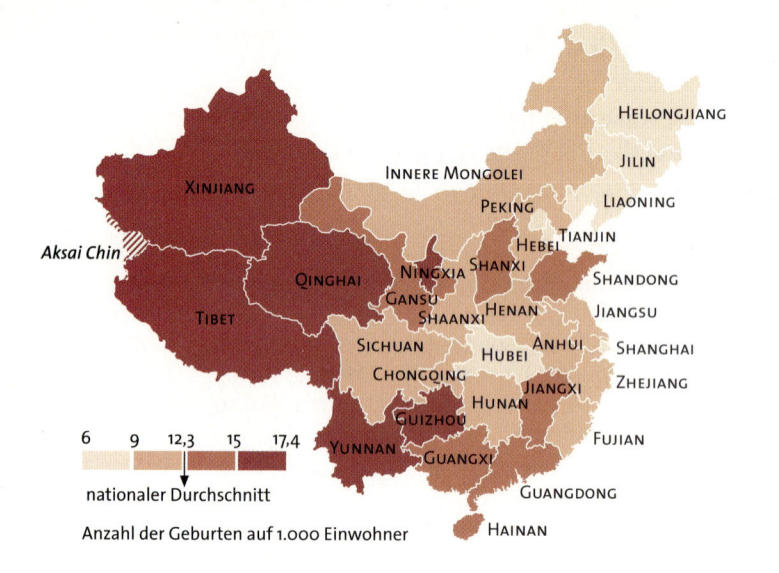

nicht mehr viele Kinder bevorzugt, und einer Landbevölkerung ohne Altersversorgung, deren Kinderwünsche sich oft nur mit Gewalt unterdrücken lassen.

Trotz solcher Probleme ist die Akzeptanz der Geburtenkontrolle in China hoch. Seit den Siebzigerjahren ist die Geburtenrate von 5,8 auf heute 1,8 Kinder pro Frau gefallen. Sie liegt damit im westeuropäischen und unter dem internationalen Durchschnitt von 2,1 Kindern pro Frau. Nach Regierungsangaben hat die Ein-Kind-Politik somit bis zu 400 Millionen Geburten verhindert – eine Zahl, die der Bevölkerungsgröße der USA und Mexikos entspricht. UN-Experten glauben jedoch, dass man das gleiche Ergebnis auch mit weniger rigiden Methoden hätte erreichen können. In einer Studie aus dem Jahr 2005 weisen sie auf die demographischen Selbstregulierungskräfte reicher werdender Länder hin.[4] Dazu zählten ein steigendes Heiratsalter der Frauen, das in China heute bei durchschnittlich 26 Jahren liegt, ebenso wie die frühere Aufklärung über Verhütungsmethoden.

Die möglicherweise größten Probleme der Ein-Kind-Politik aber liegen in der Zukunft: Bald wird selbst dem größten Volk der Welt die Gefahr der Überalterung mit großen Problemen beim Aufbau der Rentenversicherung drohen. Eine nicht weniger gefährliche Zeitbombe ist das große Ungleichgewicht der Geschlechter in China. Besonders auf dem Land hat die Geburtenkontrolle samt ihrer modernen Technik dazu geführt, dass viele weibliche Föten illegal abgetrieben werden. So werden heute in China auf 100 Mädchen 118 Jungen geboren. In manchen, besonders armen Regionen kommen auf 100 Mädchen sogar 135 Jungen. Der internationale Durchschnitt liegt bei 100 Mädchen zu 105 Jungen. Schon fragt die Tageszeitung *Beijing Youth Daily:* »Wer rettet 40 Millionen chinesische Junggesellen?« Denn bis 2020 soll es in China 40 Millionen mehr Männer als Frauen geben. Als Folge davon rechnen Soziologen mit einem dramatischen Anstieg von Prostitution und Kriminalität.

Die Partei hat daher eine neue Kampagne initiiert: »Mädchen sind genau so viel wert wie Jungen«, versprechen neue KP-Plakate. Zudem will die Regierung verstärkt für solche Eltern auf dem Land in die Tasche greifen, die nur Mädchen großgezogen haben. Sie bekommen ab sofort mit dem 60. Lebensjahr eine zusätzliche Rentenauszahlung von 600 Yuan (60 Euro) pro Elternteil.

»Das Geschlechterungleichgewicht entspricht der Realität des chinesischen Landlebens«, räumte Minister Zhang Weiqing ein und fügte hinzu: »Wir haben eine 2000-jährige Feudalgeschichte, in der Männer mehr als Frauen galten, in der die Männer den Familiennamen weiterführen und Kaiser werden konnten, während Frauen das nicht durften.«

Hat die Ein-Kind-Politik nun die Unterdrückungsgeschichte der Frauen in China fortgesetzt oder ihnen im Gegenteil geholfen, aus den feudalen Familienstrukturen auszubrechen? Die meisten chinesischen Frauen wissen darauf bis heute keine eindeutige Antwort, neigen aber eher zu der positiven Interpretation.

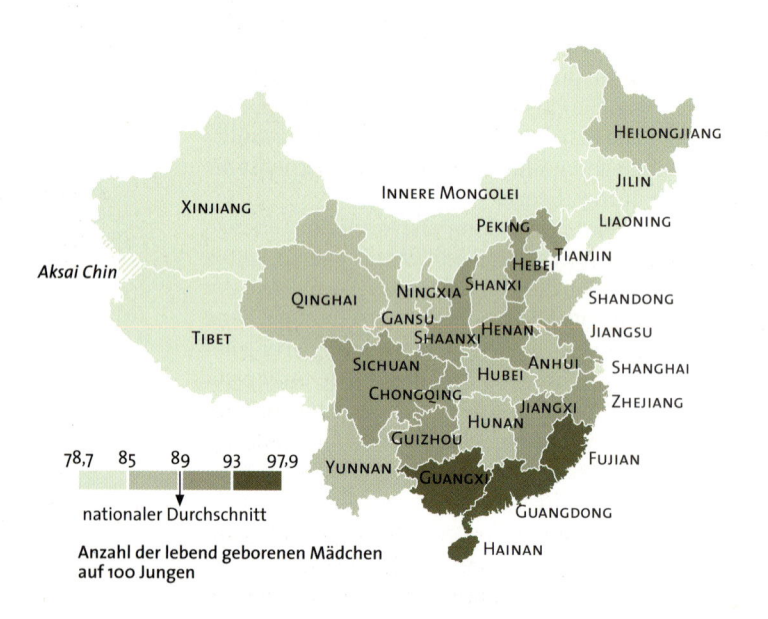

■ QUELLEN
Isabelle Attané, Population et sociétés, n° 416, Institut national des études démographiques, 2005 ■ China Population Statistics 2004 ■ China Statistical Yearbook 2005.
GRAFIK: PHILIPPE REKACEWICZ

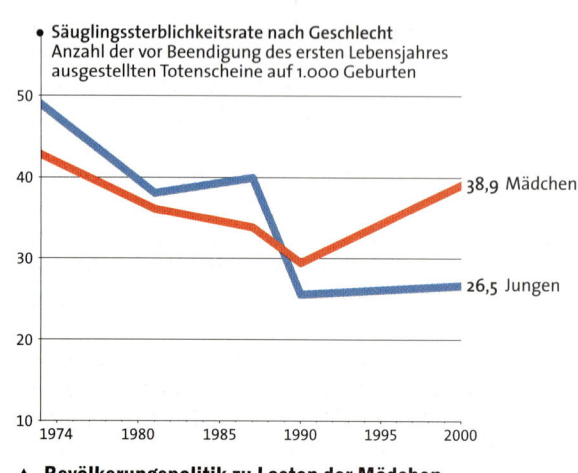

[4] | Feng Wang und Andrew Mason: »Demographic Dividend and Prospects for Economic Development in China«. United Nations Expert Group Meeting on Social and Economic Implications of Changing Populations Age Structures; Department of Economic and Social Affairs, Mexico City, 31. August–2. September 2005

▲ Bevölkerungspolitik zu Lasten der Mädchen

Das 4-2-1-Problem
Die demografische Zeitbombe tickt: Noch bevor Chinas Bevölkerung wohlhabend wird, droht die Überalterung

»Zu Beginn der Ein-Kind-Politik konnte sich in China niemand vorstellen, dass Vergreisung einmal ein so ernstes Bevölkerungs- und Sozialproblem werden würde«, sagt Professor Peng Xizhe. Der Soziologe leitet an der Fudan-Universität in Shanghai das Institut für Bevölkerungsforschung. Er macht in erster Linie die Ein-Kind-Politik für die beschleunigte Überalterung verantwortlich. Die Regierung sieht die Ursache dagegen im großen Bevölkerungswachstum der 1950er- und 1960er-Jahre, als Mao Tse-tung auf Kinderreichtum als Weg zu nationaler Stärke setzte. Zweifellos verschärft sich das Alterungsproblem dadurch, dass auf zwei Jahrzehnte starken Bevölkerungswachstums die rigorose Ein-Kind-Politik bei weiter steigender Lebenserwartung folgte.

Schon 1999 überschritt China die Schwelle zur alternden Gesellschaft. Die ist laut UNO-Definition erreicht, wenn der Bevölkerungsanteil der über 60-Jährigen 10 Prozent überschreitet. 2005 betrug er in China 10,9 Prozent, staatlichen Prognosen zufolge wird er 2051 auf 31 Prozent angestiegen sein. Das sind dann 437 Millionen über 60-Jährige gegenüber 144 Millionen heute. Das Durchschnittsalter der Bevölkerung wird den Prognosen zufolge bis 2050 um 12,2 auf knapp 45 Jahre steigen.

Keine Gesellschaft, mit Ausnahme der japanischen, altert bereits heute so rapide wie die chinesische. Und anders als die ebenfalls von Alterung betroffenen Industrieländer geschieht dies in einer Phase, in der die Volksrepublik noch Entwicklungsland ist. »Werden wir alt, bevor wir wohlhabend sind?«, lautet deshalb die große Sorge. Schon warnen Ökonomen, China könnte international gegenüber jüngeren Bevölkerungen wie der indischen oder vietnamesischen Wettbewerbsvorteile verlieren, wenn ab 2011 die Zahl seiner Erwerbsfähigen sinkt. Bisher lag Chinas Vorteil in seinem schier unerschöpflichen Nachschub an billiger Arbeitskraft. Doch bald werden immer weniger und immer ältere chinesische Arbeitnehmer immer mehr Rentner zu versorgen haben. Der Anteil der Bevölkerung im erwerbsfähigen Alter (15 bis 64 Jahre) wird vom Höchststand 72,2 Prozent im Jahr 2010 auf 60,7 Prozent im Jahr 2050 sinken.

Die Versorgung der Alten wird dann zum größten gesellschaftlichen Problem werden. In der dritten Generation der Ein-Kind-Politik müssten bei dessen strikter Anwendung vier Großeltern und zwei Eltern von einem (erwachsenen) Kind versorgt werden, das selbst noch für das eigene Alter vorsorgen muss. Dieses sogenannte 4-2-1-Problem dürfte kaum lösbar sein und erklärt auch, warum in den Städten Einzelkinder inzwischen zwei Kinder haben dürfen und auf dem Land, wo Söhne nach wie vor die einzige Form der Alterssicherung sind, ein zweites Kind erlaubt ist, wenn das erste eine Tochter ist. Während manche bereits die völlige Abschaffung der Ein-Kind-Politik fordern, streben andere einen drastischen Ausbau der Betreuungseinrichtungen für Alte an. Ihre Zahl ist schon heute viel zu gering. So gibt es landesweit nur 1,49 Millionen Altenheimplätze, während der Bedarf nach Regierungsangaben 7,2 Millionen beträgt.

Andere schlagen eine Anhebung des gegenwärtigen Renteneintrittsalters von 60 Jahren für Männer und 55 für Frauen auf 65 und 60 Jahre vor – sonst mache die demografische Entwicklung die ohnehin erst im Aufbau befindliche Rentenversicherung unfinanzierbar. Sie löst das nach der Revolution für die städtische Bevölkerung errichtete System der »Eisernen Reisschüssel« für Mitarbeiter von Behörden und Staatsbetrieben ab, denen damals Pensionen von 80 Prozent des Lohnes zugesagt wurden. Das System war nach der Reform der Staatsbetriebe, von denen inzwischen viele geschlossen oder privatisiert wurden, nicht mehr aufrechtzuerhalten. Doch das neue System, das für die sich selbst überlassene Landbevölkerung ohnehin nicht gilt, ist unterfinanziert und genießt wenig Vertrauen – zumal 2006 in Shanghai der Missbrauch eines Pensionsfonds durch hohe Kader aufgeflogen ist.

Sollte China das Problem der Überalterung und des großen Männerüberschusses nicht entschärft bekommen, wird es bald voller Senioren und frustrierter, weil frauenloser junger Männer sein.

Sven Hansen

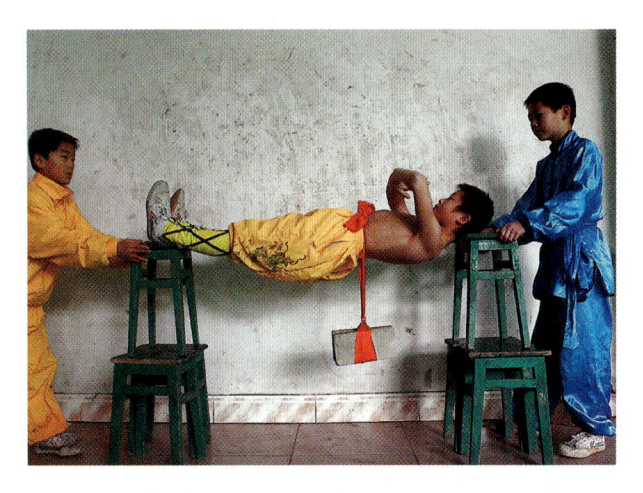

Schüler bei einer Körperübung an der Wushu-Schule im Dezember 2006 in Suining, Provinz Sichuan
FOTO: REUTERS

Von Agnès Sinai

Agnès Sinai ist Mitautorin von »Sauver la Terre«, Paris (Fayard) 2003

1 | Vgl. Lester R. Brown, »Learning from China: Why the western economic model will not work for the world«, Eco-Economy Update, 9. März 2005, www.earth-policy.org/Updates/2005/Update46.htm

▼ Yinchuan im autonomen Gebiet Ningxia im September 2004: eine Karre Sand für die nahe gelegene Ziegelfabrik. Früher war hier ein See
FOTO: KATHARINA HESSE

Spätes

Jedes Frühjahr fegen heftige Winde über die Wüsten der Inneren Mongolei und treiben Sandwälle vor sich her, hunderte von Kilometern weit bis nach Peking. Immer wieder wird die chinesische Hauptstadt von einer stickigen Wolke überlagert, die sie selbst zur Mittagszeit in trübem Dunkel versinken lässt. In den Einfallsschneisen dieser alles austrocknenden Stürme wurden Hecken gepflanzt, endlose grüne Mauern, die aber die Gewalt der Winde und das Vordringen der Dünen nicht aufhalten können. Es ist nicht ausgeschlossen, dass es 2008 bei den Olympischen Spielen in Peking durch diese plötzlichen Sandstürme zu Unterbrechungen kommt.

Der Rest der Welt sollte sich allerdings nicht nur wegen der nächsten Olympischen Spiele Sorgen machen. Wie die US-amerikanische Forschungseinrichtung Earth Policy Institute hochgerechnet hat, würde unser Globus für den Fall, dass die Chinesen innerhalb der nächsten 25 Jahre den US-amerikanischen Lebensstil übernehmen, im Jahr 2031 einen wahren Umweltalbtraum erleben.[1]

Um es an einem Beispiel zu veranschaulichen: Würde China in 25 Jahren ebenso viel Erdöl pro Kopf verbrauchen wie heute die USA, würde sein Tagesbedarf 2031 bei 99 Millionen Barrel Rohöl liegen – die heutige Weltförderung beträgt 79 Millionen Barrel. Und wenn 2031 jeder Chinese genauso viel Kohle verbrennen würde wie heute im Durchschnitt jeder US-Amerikaner, nämlich 2 Tonnen pro Jahr, würde das Land jährlich 2,8 Milliarden Tonnen verbrauchen. Auch dieses Volumen übersteigt die heutige Weltproduktion von 2,5 Milliarden Tonnen.

Wenn das geschilderte Szenario zur Realität wird, warnt das Earth Policy Institute, wäre der Klimawandel natürlich überhaupt nicht mehr beherrschbar – mit den bekannten und viel diskutierten Folgen für die ganze Welt. Doch für das heutige China ist die fortschreitende Klimaerwärmung nicht nur ein Zukunftsalbtraum, sondern bereits ein überaus reales Phänomen, das für den Alltag der Menschen wie für die Volkswirtschaft ständig neue Probleme hervorbringt.

In den großen Lössebenen des Nordens sind die Wirkungen des Klimawandels stärker zu spüren als im Süden des Landes. Nach den Modellrechnungen, die das Intergovernmental Panel on Climate Change (IPCC) für das 21. Jahrhundert vorgelegt hat, werden im Süden die Regenmengen weiterhin ansteigen, im Norden jedoch abnehmen. Die Wasserknappheit wird sich so zuspitzen, dass die wirtschaftliche Entwicklung dieser Zonen gefährdet ist. Die Landwirtschaft ist unmittelbar bedroht, schon jetzt werden sinkende Ernteerträge registriert.

Chinas Wirtschaftsboom trägt zur globalen Erwärmung bei. Das wird nun auch in Peking wahrgenommen

Die chinesischen Gletscher sind im Lauf des 20. Jahrhunderts um 21 Prozent geschrumpft. Sollte sich der CO_2-Gehalt der Atmosphäre verdoppeln, wären die Ernten der wichtigsten Agrarprodukte beeinträchtigt. Als Folge des Klimawandels und der dadurch verursachten Witterungsextreme würde die Lebensmittelproduktion um 10 Prozent abnehmen.[2] Nach dem offiziellen chine-

schmelzen der Gletscher und das Auftauen von Permafrostböden bewirkt[5], sodann die Störung des Regenhaushalts und eine Beschleunigung der Verdampfungsprozesse. Die Umweltschäden wurden verstärkt, weil die örtliche Bevölkerung sich seit 1949 mehr als vervierfacht hat. Weil 2003 dort schon 610.000 Menschen ernährt werden mussten, war Überweidung die Folge.

Erwachen im Treibhaus China

sischen Bericht zum Klimawandel ist an Chinas Küste seit den 1950er-Jahren ein langsamer Anstieg des Meeresspiegels zu beobachten. Diese Tendenz hat sich in den letzten Jahren signifikant verstärkt.[3] Der Anstieg beträgt zwischen 1,4 und 2,6 Millimeter pro Jahr. Der Meeresspiegel an den Küsten des Landes wird nach der Prognose der chinesischen Wissenschaftler im Jahr 2100 um 31 bis 65 Zentimeter höher liegen. Das wiederum wird die Küstenerosion beschleunigen und dazu führen, dass immer mehr Salzwasser in die Grundwasserschichten einsickert. Diese Entwicklungen könnten selbst für die Megalopole Shanghai bedrohlich sein.

Die steigenden Temperaturen im gebirgigen Westen lassen die Quellen des Huanghes (Gelber Fluss) und des Jangtses (Langer Fluss), der beiden wichtigsten Ströme des Landes, in alarmierendem Tempo versiegen. Im Bezirk Qumolai, in der Nähe der Jangtse-Quellen, müssen sich die Menschen darauf einrichten, dass sie künftig das zum Überleben nötige Wasser kaufen müssen. Von den 136 öffentlichen Brunnen haben seit 2000 nur noch 8 ständig Wasser, 80 Prozent der Bevölkerung müssen deshalb mit Zisternenwagen versorgt werden. In derselben Region sind 18 Bäche, die früher in den Jangtse flossen, nur noch am ausgetrockneten Bett zu erkennen.

Noch schlimmer ist die Lage am Huanghe. Nach einer neueren Untersuchung sind im Bezirk Maduo, am Oberlauf des Gelben Flusses, 3000 von 4077 Seen verschwunden. Dadurch haben rund 600 Familien mit 3000 Personen und 11000 Tieren einen direkten Zugang zu Wasser verloren.

Der Huanghe wie der Jangtse entspringen im tibetischen Hochland von Qinghai im Westen Chinas. Die Gegend ist auch unter dem Namen Sanjiangyuan bekannt, was »Quellen der drei Flüsse« bedeutet. Denn dort liegen auch die Quellen des Mekong, des riesigen Stroms, der Südostasien bewässert. Der Jangtse bezieht sein Wasser fast zu einem Viertel, der Huanghe sogar zur Hälfte aus dieser Region, die Chinas Wasserreservoir darstellt.

Im Verlauf der letzten Jahre wurde in der Region Sanjiangyuan eine ungewöhnliche Erwärmung registriert, die Experten mit dem globalen Klimawandel erklären. Laut Greenpeace ist die mittlere Temperatur in dieser Gletscherlandschaft während der vergangenen fünfzig Jahre um 0,88 Grad Celsius gestiegen.[4] Dies hat das Ab-

Sie vernichtet große Grünflächen und beeinträchtigt die Wasserrückhaltefunktion des Ökosystems, das bereits durch Bergbau zerstört wird, aber auch durch die Plünderung von Heilpflanzen, die in der chinesischen Medizin verwendet werden.

Um dem Austrocknen dieses Wasserreservoirs Chinas zu begegnen, schuf die Regierung im Jahre 2000 den Sanjiangyuan-Park. Im Herzen des Qinghai-Tibet-Plateaus und durchschnittlich 4000 Meter über dem Meer gelegen, gehört das Territorium mit einer Fläche von 363.000 Quadratkilometern zu den größten Naturreservaten der Erde. Die nationalen und lokalen Behörden haben sich verpflichtet, für den Bau des Naturparks von 2004 bis 2010 die Summe von 685 Millionen Euro (7,5 Milliarden Yuan) aufzuwenden. Bis heute wurden 84.709 Hektar aufgeforstet und 2,73 Millionen Hektar Weideland zurückgewonnen. Auch hat man 1,3 Millionen Hektar für den Weidebetrieb gesperrt, um die Erosion zu mindern.

Diese gewaltigen Anstrengungen werden wenig nützen, wenn nicht eine globale Klimaschutzpolitik die Erwärmung verlangsamt, die für die Region fatale Folgen hat. Anja Köhne, die beim World Wide Fund For Nature (WWF) internationale Partnerschaften im Kampf gegen die Klimaveränderung koordiniert, geht davon aus, dass die chinesische Regierung den Klimawandel durchaus als ein ernstes Problem erkannt hat. Es bedroht die Nahrungsmittelsicherheit und die Stabilität des Landes. Denn China hat heute eine Armutsbevölkerung von 200 Millionen, deren Lebensbedingungen sich durch die Klimaerwärmung noch weiter verschlechtern würden.

Die Umweltprobleme könnten zu einer politischen Destabilisierung führen, was auch die chinesische Obrigkeit aufgeweckt hat. Vor allem aber hat sich in der chinesischen Zivilgesellschaft in den letzten Jahren eine Umweltbewegung herausgebildet. Heute gibt es in ganz China bereits an die 100 Umwelt-NGOs. Von der Regierung werden sie toleriert, ja sogar als ein Überdruckventil betrachtet, das für eine im Wandel befindliche Gesellschaft durchaus nützlich ist.

Noch vor fünf Jahren hat es Greenpeace in China nicht gegeben, erklärt Yu Jie, die Sprecherin der Organisation in Peking. Die Toleranz hat allerdings Grenzen. Im Dezember 2005 wurden im Dorf Dongzhou in der Provinz Guangdong nach offiziellen Angaben drei Bau-

WWW
Umwelt

Chinas Umweltbehörde
english.sepa.gov.cn/
China Climate Change Info-Net
www.ccchina.gov.cn/en/index.asp
China Environment Forum des Woodrow Wilson Center
www.wilsoncenter.org/index.cfm?topic_id=1421&fuseaction=topics.home
China Watch des World Watch Institutes
www.worldwatch.org/taxonomy/term/53
Greenpeace China
www.greenpeace.org/china/en/
World Wide Fund for Nature in China
www.wwfchina.org/english/
China Sustainable Energy Program
www.efchina.org/
Green Choice Beijing
www.greenchoice.cn/index_eng.php?var1=content/mainpage/main.htm&
Center for Legal Assistance to Pollution Victims
www.clapv.org/new/en/
Global Village of Beijing
www.gvbchina.org/EnglishWeb/index.htm
H2O China/Chinawater.net
english.h2o-china.com/

[2] | Vgl. Intergovernmental Panel on Climate Change, »Climate change 2001: Impacts, adaptation and vulnerability«, Kapitel 11, www.ipcc.ch
[3] | »The People's Republic of China Initial National Communication on Climate Change – unfccc.int/resource/docs/natc/chnnc1exsum.pdf
[4] | Alle Daten bei: Greenpeace, »Yellow River at risk«, 2005, www.greenpeace.org.br/clima/pdf/impactos_yellow.pdf
[5] | Permafrostböden sind felsige oder andere Untergründe, deren Temperatur über lange Zeit hinweg am oder unter dem Gefrierpunkt liegt.

ern, nach Berichten aus anderen Quellen bis zu zwanzig, von der paramilitärischen Polizei erschossen, als sie sich dagegen wehrten, ihr Land zu miserablen Bedingungen für den Bau eines Windkraftwerks abzugeben.

Immerhin zeichnet sich ein Gesinnungswandel ab, der durch die Umstände erzwungen ist. Erst kürzlich hat die Regierung beschlossen, bis 2020 umgerechnet rund 200 Milliarden Dollar in nichtfossile Energien zu investieren, deren Anteil an der Deckung des Energiebedarfs dann von heute 7 auf 15 Prozent steigen soll.[6] Zuvor schon hat man Mindeststandards für die Energieeffizienz bei Autos eingeführt. Anja Köhne befürchtet allerdings, die Lobby der europäischen Interessenten könnte noch versuchen, die neuen chinesischen Umweltstandards aus den Angeln zu heben.

Anfang 2004 hat die chinesische Regierung sogar die Einführung eines neuen volkswirtschaftlichen Indikators angekündigt, in den – abweichend vom üblichen Bruttoinlandsprodukt (BIP) – auch Umweltfaktoren eingehen. Dieses »grüne« BIP zieht vom üblichen BIP die Kosten ab, die durch Umweltverschmutzung und Verknappung der natürlichen Ressourcen verursacht werden. Würden diese neue Maßstäbe bereits gelten, wäre nach einer Studie der chinesischen Akademie der Wissenschaften die Wachstumsrate des BIP, die 1985 noch 8,7 Prozent betrug, bis 2000 auf 6,5 Prozent zurückgegangen. Nach derselben Quelle verbraucht China gegenwärtig pro Produktionseinheit dreimal mehr Grundstoffe und Energie als weltweit üblich.[7]

Wegen des hohen Energieeinsatzes nimmt auch der Ausstoß von Treibhausgasen in China schneller zu als irgendwo sonst auf der Welt. Er wuchs von 2002 bis 2003 um 16 Prozent (der Mehrausstoß von CO_2 in diesem Zeitraum lag bei 512 Millionen Tonnen gegenüber einem Plus von 64 Millionen Tonnen in den USA)[8]. Obwohl China damit zum zweitgrößten Verursacher für den Klimawandel auf der Welt (nach den USA) aufgestiegen ist, fühlt es sich nicht zur Reduzierung der Treibhausgase verpflichtet. Pro Einwohner berechnet, liegt der Ausstoß freilich immer noch siebenmal unter dem der USA. Genau darauf beruft sich China, wie übrigens auch seine in der Gruppe der 77 zusammengeschlossenen Bundesgenossen aus den Ländern des Südens. Sie fordern ausgleichende Gerechtigkeit im internationalen Klimamanagement. Das Kioto-Protokoll statuiert in der Tat eine differenzierte Verantwortlichkeit: Um ihr Recht auf Entwicklung wahrzunehmen, sollen die Länder des Südens ihre Treibhausgas-Emissionen erhöhen dürfen.

China befindet sich in der Zwickmühle: Einerseits soll es die Energieversorgung sicherstellen, andererseits muss es die fortschreitende Klimaerwärmung bremsen, deren Auswirkungen es bereits zu spüren bekommt. Der chinesischen Regierung ist deshalb sehr am Kioto-Protokoll gelegen. Denn dieses beinhaltet einen flexiblen Mechanismus für umweltverträgliche Entwicklung *(Clean Development Mechanism, CDM)*.

Dieser Mechanismus schafft für die Industrieländer des Nordens den Anreiz, in den Entwicklungsländern in Luftreinhaltungsmaßnahmen zu investieren: Sie bekommen dafür Emissionsrechte gutgeschrieben, die sie auf dem künftigen internationalen CO_2-Markt verkaufen können. Gegenwärtig ist China das größte Gastgeberland von Projekten, die auf dem CDM beruhen. Es war auch eines der ersten Länder der Welt, das die dafür vorgesehene nationale Genehmigungsbehörde *(Designated National Authority, DNA)* eingerichtet hat: eine Arbeitsgruppe, die Vorschläge prüft und die Anwerbung ausländischer Investoren für Projekte im Energiebereich unterstützt.

Von den acht CDM-Vorhaben, die von der chinesischen Regierung bisher genehmigt wurden, betreffen drei die Nutzung von Kohlegruben-Methangas, hinzu kommen drei Windparkprojekte und zwei Staudammprojekte für Wasserkraftwerke[9]. Etwa 100 Projekte sind in Prüfung.

Laut dem Institute for Global Environmental Strategies, einem Forschungsinstitut für Wissenschaftler der sieben großen asiatischen Staaten,[10] verhalten sich die Investoren eher abwartend. Sie wollen mehr Sicherheit bei der längerfristigen Wertentwicklung der Carbon Credits, die sie für ihre Investitionen in Entwicklungsprojekte beziehen sollen. Der CO_2-Handel steckt noch in den Kinderschuhen, dürfte sich aber durch die Fortschreibung der Kioto-Mechanismen durch die Konferenz von Montreal vom Dezember 2005 konsolidieren.

Freilich wird dieser Handel die chinesische Wirtschaft nur dann klimaschonender gestalten, wenn er in ein anerkanntes Regelwerk integriert wird und mit Anreizen für einschlägige internationale Programme einhergeht, die auch von den internationalen Finanzinstituten mitgetragen werden. Der Energieberater Pierre Radanne betont: »Das Engagement der Länder des Südens erscheint umso dringlicher, als der Bau der großen Infrastrukturprojekte zumeist noch vor ihnen liegt. Die Entscheidung für bestimmte Stromquellen und für eine bestimmte Bauweise von Häusern bedeutet eine Festlegung für die nächsten fünfzig Jahre.«

Die Chinesen fordern am lautesten einen verstärkten Technologietransfer. Das setzt allerdings voraus, das geistige Eigentum an den klimaschonenden Verfahren zugunsten des gemeinsamen Wohls der Menschheit zu relativieren. Das meint auch die Sprecherin von Greenpeace-China, Yu Jie: »Die sauberen Techniken etwa zur Gewinnung von Windenergie sind in den Händen der Unternehmen des Nordens, wir kaufen sie in Europa zu einem hohen Preis. Seit Jahren verspricht man uns den Technologietransfer, aber es kommt nichts.«

Doch die Europäer haben die Botschaft offenbar vernommen: Am 5. September 2005 gründeten sie eine europäisch-chinesische Partnerschaft gegen den Klimawandel, die mit einem Anfangsbudget von 3,5 Millionen Pfund (5,5 Millionen Euro) ausgestattet ist. Als Erstes soll die Machbarkeit der Sequestrierung von Kohlendioxyd in der Umgebung von Kohlekraftwerken erforscht werden.[11]

Deutsch von Josef Winiger

---

6 | Eingerechnet ist dabei die Wasserkraft, was die Frage des Drei-Schluchten-Staudamms am Jangtse und anderer riesiger Staudämme offen lässt.
7 | Vgl. Worldwatch Institute, »L'Etat de la planète. Redéfinir la sécurité mondiale«, Genf 2005
8 | Aus Kohle gewinnt China 67 Prozent seiner Energie.
9 | Laut nationaler Koordinationskommission für den Klimawandel, 25. Oktober 2005
10 | Institute for Global Environmental Strategies, »Asian Perspectives on Climate Regime Beyond 2012«, Hayama, Japan, 2005, S. 16
11 | Bei dieser Technik wird das CO_2 aus den Rauchgasen abgetrennt, über Pipelines abgeleitet und in geologische Schichten gepumpt, aus denen Erdöl- oder Erdgas gefördert wird. Zurzeit ist diese noch nicht beherrschte Technik kostspielig, Auswirkungen auf die Umwelt sind nicht gesichert. Über das europäisch-chinesische Projekt siehe www.europa.eu.int/comm/environment/climat/montreal_05.htm.

Erstmals erschienen in *Le Monde diplomatique* vom November 2006

Umweltzerstörung auf Chinesisch

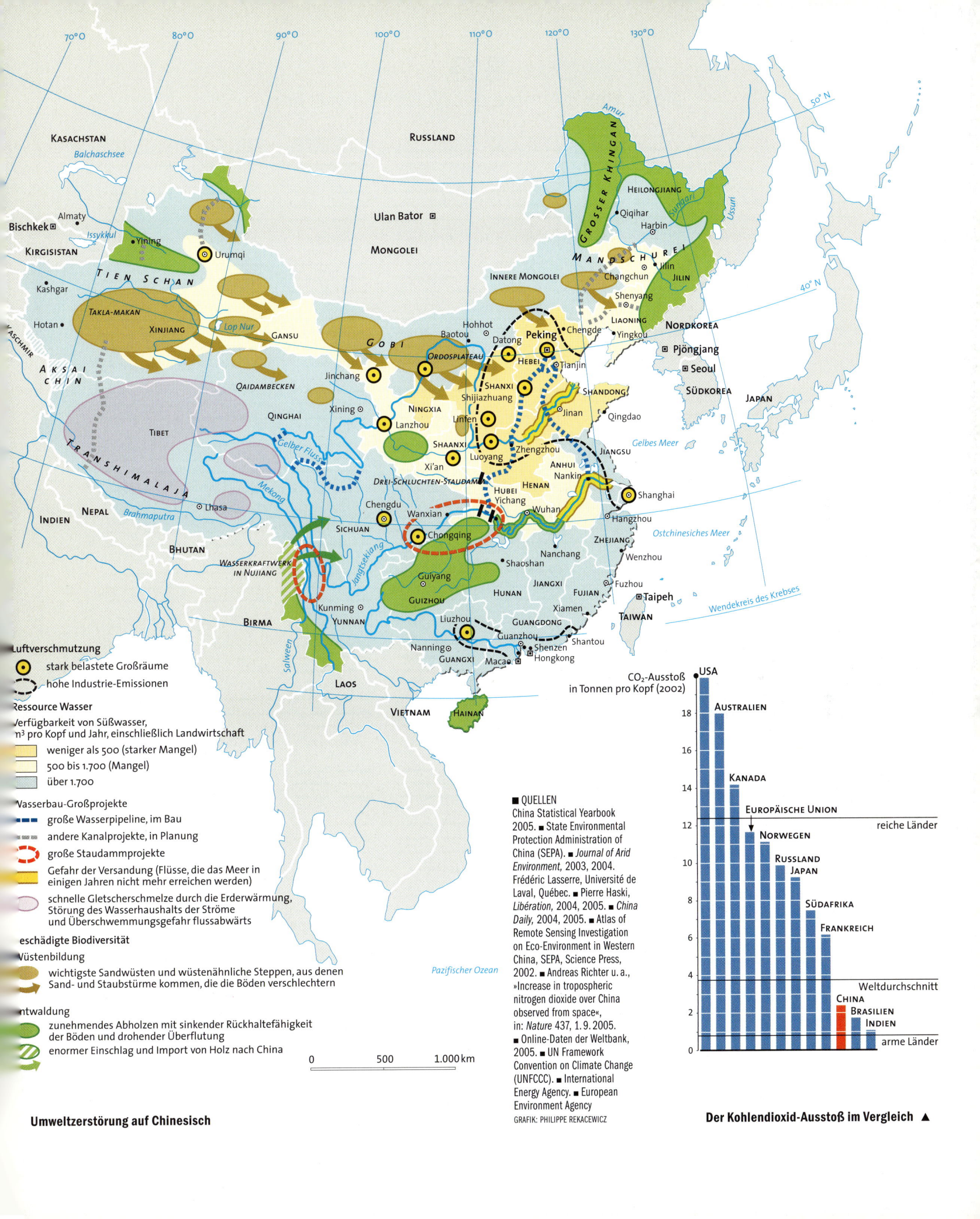

Luftverschmutzung
- ⊙ stark belastete Großräume
- ╌╌ hohe Industrie-Emissionen

Ressource Wasser
Verfügbarkeit von Süßwasser, m³ pro Kopf und Jahr, einschließlich Landwirtschaft
- weniger als 500 (starker Mangel)
- 500 bis 1.700 (Mangel)
- über 1.700

Wasserbau-Großprojekte
- große Wasserpipeline, im Bau
- andere Kanalprojekte, in Planung
- große Staudammprojekte
- Gefahr der Versandung (Flüsse, die das Meer in einigen Jahren nicht mehr erreichen werden)
- schnelle Gletscherschmelze durch die Erderwärmung, Störung des Wasserhaushalts der Ströme und Überschwemmungsgefahr flussabwärts

Beschädigte Biodiversität

Wüstenbildung
- wichtigste Sandwüsten und wüstenähnliche Steppen, aus denen Sand- und Staubstürme kommen, die die Böden verschlechtern

Entwaldung
- zunehmendes Abholzen mit sinkender Rückhaltefähigkeit der Böden und drohender Überflutung
- enormer Einschlag und Import von Holz nach China

QUELLEN
China Statistical Yearbook 2005. ■ State Environmental Protection Administration of China (SEPA). ■ *Journal of Arid Environment*, 2003, 2004. Frédéric Lasserre, Université de Laval, Québec. ■ Pierre Haski, *Libération*, 2004, 2005. ■ *China Daily*, 2004, 2005. ■ Atlas of Remote Sensing Investigation on Eco-Environment in Western China, SEPA, Science Press, 2002. ■ Andreas Richter u. a., »Increase in tropospheric nitrogen dioxide over China observed from space«, in: *Nature* 437, 1.9.2005. ■ Online-Daten der Weltbank, 2005. ■ UN Framework Convention on Climate Change (UNFCCC). ■ International Energy Agency. ■ European Environment Agency

GRAFIK: PHILIPPE REKACEWICZ

Der Kohlendioxid-Ausstoß im Vergleich ▲

CO₂-Ausstoß in Tonnen pro Kopf (2002): USA, Australien, Kanada, Europäische Union (reiche Länder), Norwegen, Russland, Japan, Südafrika, Frankreich, Weltdurchschnitt, China, Brasilien, Indien, arme Länder

易经
Die 64 Hexagramme der Weisheit des I Ging

1. Schöpfer	2. Empfänger	3. Schwierigkeit	4. Jugend	5. Erwarten	6. Zwiespalt	7. Armee	8. Gemeinschaft
9. Zähmen	10. Gang	11. Frieden	12. Stillstand	13. Gemeinschaft	14. Reichtum	15. Bescheidenheit	16. Begeisterung
17. Folge	18. Veredlung	19. Begegnung	20. Beschaulichkeit	21. Schöpfer	22. Gnade	23. Aufbruch	24. Wiederkehr
25. Unschuld	26. Zähmung	27. Ernährung	28. Vorherrschen	29. Unergründbar	30. Helligkeit	31. Werben	32. Dauer
33. Zuflucht	34. Macht	35. Fortschritt	36. Dunkelheit	37. Familie	38. Gegensatz	39. Hindernis	40. Befreiung
41. Zurückhalten	42. Wachstum	43. Durchbruch	44. Begegnung	45. Sammeln	46. Wachsen	47. Ermatten	48. Quelle
49. Revolution	50. Pfanne	51. Erschütterung	52. Stillhalten	53. Fortschritt	54. Braut	55. Überfluß	56. Wanderer
57. Wind	58. Heiter	59. Zerstreuung	60. Begrenzung	61. Wahrheit	62. Ehrfurcht	63. Vollendung	64. Nichts

China wird immer kapitalistischer. Es wäre jedoch ein gewaltiges Missverständnis, in dieser Entwicklung nur eine Art von Verwestlichung zu sehen. Denn im chinesischen Denken hat sich die traditionelle Offenheit für mehrere sich bietende Optionen erhalten.

Die Mitte als Ort der Möglichkeiten

Von François Jullien

François Jullien ist Philosoph und Sinologe und seit 1987 Professor für ostasiatische Sprachen und Kulturen an der Universität Paris VII. Er ist Autor unter anderem von »Der Umweg über China: ein Ortswechsel des Denkens«, Berlin (Merve) 2002, und »Dialog über die Moral. Menzius und die Philosophie der Aufklärung«, Berlin (Merve) 2003. Der Text ist die schriftliche Fassung eines Gesprächs mit Alain Gresh. Textredaktion von Thierry Marchaisse.

Vielleicht werden wir nie aufhören, China diese Mischung aus Faszination, Angst und Abwehr entgegenzubringen, für die unter anderem zweifellos die universitäre Sinologie verantwortlich ist. Allzu oft kultiviert sie eine bloße Gelehrsamkeit und verzichtet darauf, grundlegende Fragen aufzuwerfen. Sie überlässt den Medien das Feld, die gelegentlich die Grenze zur »Sinomanie« überschreiten. Illustrierte schwärmen ihren Lesern vor, wie man sich mit chinesischer Kalligrafie selbst verwirklichen kann, Firmenchefs beziehen ihre Eroberungsfantasien aus den Strategien des Sunzi[1], Wohnungen werden nach den Regeln des Fengshui eingerichtet.

Will man weder sich in den Elfenbeinturm zurückziehen noch den rein ideologischen Diskursen erliegen, gibt es nur einen Weg: Wir müssen mit großer Behutsamkeit und Geduld zugleich sinologische Forschung betreiben und philosophische Überlegungen anstellen. Denn jenseits der Gemeinplätze und plakativen Vereinfachungen tun sich komplizierte Fragen auf, wie etwa die, der ich hier nachgehen möchte: Welche Möglichkeiten und welche Grenzen liegen in der Verwestlichung Chinas?

Erinnern wir uns daran, dass China nicht von sich aus auf den Westen zuging, sondern der Westen nach China kam, und dies gleich zweimal: erst im 16., dann wieder im 19. Jahrhundert. Die erste Begegnung war eine eher friedvolle: Die Missionare hatten gemeint, die Chinesen würden sich genauso bereitwillig zum Christentum bekehren lassen wie die Indianer Amerikas. Sie gaben ihr Vorhaben jedoch bald wieder auf. Bei der zweiten Begegnung standen sich die Gewehrläufe gegenüber. Das chinesische Kaiserreich verlor 1842 den rein wirtschaftlich motivierten Ersten Opiumkrieg gegen Großbritannien. Danach musste sich das Land auf die Schnelle und unter leidvollen Erfahrungen wirtschaftlich, technisch und wissenschaftlich alles aneignen, was dem Westen zu seiner Überlegenheit verholfen hatte. Diesen historischen Kontext muss man im Blick behalten, denn der gegenwärtige rasante Aufstieg Chinas verleitet durchaus dazu, diese traumatische Begegnung zwischen China und dem Westen auszublenden. Tatsächlich jedoch hat dieses Trauma bis heute unterschwellige Auswirkungen auf alle internationalen Beziehungen Chinas.

Zwar wurde China schon vor dem 19. Jahrhundert mehrfach erobert, doch die Eindringlinge waren einfache Nomadenvölker aus angrenzenden Regionen, die sich dann ganz gern von den Chinesen »zivilisieren« ließen. Mit den europäischen Invasoren hingegen sah sich China zum ersten Mal in seiner Geschichte mit einer Macht konfrontiert, die sich mit dem Erobern nicht zufriedengab, sondern dem Land ihre Zivilisation aufzwang.

So stellte sich China zu Beginn des 20. Jahrhunderts – in der bedrückendsten Phase seiner Abhängigkeit – die Frage, wie es zum Westen aufholen und ihn überholen könne. So kam es zu einer Reihe von Übernahmen und Anverwandlungen westlicher Modelle, zunächst hauptsächlich auf wissenschaftlichem und politischem Gebiet.

Wie steht es heute um diesen Prozess der Angleichung an den Westen? China ist dabei, die Aufholjagd erfolgreich abzuschließen. Bald wird es zum Überholen ansetzen. Doch wie verträgt sich die Orientierung am Westen mit dem, was wir als »chinesische Tradition« wahrnehmen? China scheint die Fähigkeit zu besitzen, beides nebeneinander stehen zu lassen, oder vielmehr das eine im Hintergrund, im Schatten des anderen, mitlaufen zu lassen. Oder um es mit Mao Tse-tung zu sagen: »auf beiden Beinen zu gehen« – gemeint waren Industrie und Landwirtschaft – indem man das »westliche Bein« bewegt und sich auf das andere stützt. So werden heute beispielsweise sowohl Akupunktur und Pflanzenheilkunde als auch Medizin nach westlichen Maßstäben praktiziert, traditionell chinesisch oder europäisch gekocht. Und auch an den Universitäten gibt es Institute für westliche Philosophie neben solchen für chinesisches Denken. Als könnte man in China auf zwei mentalen Klaviaturen gleichzeitig spielen – eine Fähigkeit, die sich in den letzten hundert Jahren herausgebildet hat.

Oft heißt es, das moderne chinesische Management sei in Sachen Planung und Entscheidungsfindung unserem westlichen sehr ähnlich. Ich will das gar nicht bestreiten. Aber das darf uns nicht vergessen lassen, dass die Chinesen zwar die aus der Übereinstimmung ent-

[1] | Militärstratege des 5. Jahrhunderts v. Chr., bekannt vor allem für seine Schrift »Die Kunst des Krieges«

◀ Das I Ging (das »Buch der Wandlungen«) wird Konfuzius zugeschrieben (siehe Seite 71). Der Text enthält eine Kosmologie in 64 Hexagrammen, die aus durchgehenden oder unterbrochenen Linien bestehen. Grundideen sind Ausgewogenheit und eine Akzeptanz der Veränderung. In der westlichen Welt wird es vor allem als Weisheits- und Weissagungsbuch verstanden. In China wird es seit jeher als Orakel befragt.

stehenden Ressourcen nutzen, sich gleichzeitig aber auch die Möglichkeit offenhalten, auf ein im eigenen Land über Jahrtausende tradiertes Wissen zurückzugreifen. Dadurch haben sie außerdem den Vorteil – den sie sich auch systematisch zunutze machen –, die Schnittmenge aus diesen Ressourcen zu gewinnen.

Das Ergebnis ist an den internationalen Beziehungen abzulesen. Nehmen wir den Fall eines europäischen Unternehmens, das in China einen Vertrag aushandelt. Zunächst kann sich alles sehr gut anlassen, zumal die europäischen Manager es mit chinesischen Partnern zu tun haben, die, wie sie selbst, an einer renommierten Universität in Europa oder den USA studiert haben, perfekt Englisch sprechen und in der Projektarbeit überaus routiniert sind.

Doch während die flüssige und Vertrauen erweckende Universalsprache Wirtschaftsenglisch alles zu harmonisieren scheint, merkt man (bisweilen etwas spät), dass sich heimlich etwas anderes eingeschlichen hat und zunehmend auch zum Einsatz kommt, etwas, das eine allmähliche Veränderung der Situation (oder vielmehr ihres Potenzials) bewirkt und dazu führt, dass die eine Seite immer stärker, die andere immer unsicherer wird und schließlich aus dem Konzept gerät.

Die Chinesen kommen mit der kulturellen Zweigleisigkeit gut zurecht und haben längst erkannt, was sie daraus machen können. Das geht blitzschnell. In chinesischen Buchhandlungen findet man inzwischen reihenweise Titel rund um das Thema »chinesisches Denken«. Und nicht selten bekommt man zu hören: »Natürlich hat eure westliche Logik ihre Berechtigung, aber es gibt auch ein anderes Denken, das chinesische.« Man betont das Nebeneinander von Chinesischem und Europäischem – und damit den Unterschied. Vor zehn Jahren gab es in China noch eine Art stillschweigendes Einverständnis darüber, dass man sich der westlichen Kultur wohl oder übel werde unterordnen müssen. Aber ist das heute noch so? Immer öfter wird einem gesagt: »Eure europäischen Denknormen, das war einmal.«

Viele Chinesen sind überzeugt, dass die Zeit der europäischen Dominanz hinter ihnen liegt. Denn diese Phase verdankte ihren Erfolg bestimmten Expansionsbedingungen, und die sind nicht mehr gegeben. China entwickelt sich unaufhaltsam – durch einen lautlosen Wandel – zu einem der führenden Länder der Welt. Zumal es keineswegs versuchen wird, sich mit irgendwelchen Ansprüchen durchzusetzen, die sich abwehren ließen. Es wird es auf seine Art tun, also kaum greifbar, diffus, ganz allmählich, aus einer Position der scheinbaren Schwäche heraus.

Aus chinesischer Sicht kehrt ja die Welt im Grunde bloß zum normalen Gang der Dinge zurück. Wir sind einfach am Ende einer langen historischen Phase der Abschweifung angekommen, während der die europäische Zivilisation alles andere hinwegfegte. Jetzt ist eben der Augenblick gekommen, an Vorangegangenes wieder anzuknüpfen.

Man darf nämlich nicht vergessen, dass China bis zum 14./15. Jahrhundert technisch genauso weit, wenn nicht sogar weiter war als Europa (Dschunken, Schwarzpulver und Buchdruck zeugen davon). Joseph Needham[2] hat nachgewiesen, dass noch im 16. Jahrhundert den Ingenieuren und Mathematikern Europas, wie beispielsweise Leonardo da Vinci, durchaus ebenbürtige chinesische Denker gegenüberstanden.

Allerdings hat sich in China nie (wie sollte es auch!) ein mathematisch-naturwissenschaftliches Modell herausgebildet, wie es die Griechen (Archimedes) vorgezeichnet haben und Galilei es weiterentwickelt hat. Er hat die Mathematik von der bloßen Zusammenstellung von Rechenoperationen, wie es sie auch in China gab, in jene »ideale« Formelsprache überführt, in der Gott, wie man glaubte, die Welt geschrieben hatte und die bahnbrechende Fortschritte in der Naturbeherrschung brachte.

China war selbstverständlich nie »unbeweglich« (das scheint höchstens aus der Entfernung so). Das Land hat sich immerzu gewandelt – »Verwandlung« (hua) ist das Schlüsselwort chinesischen Denkens. Aber in China kommt wohl auch dem einzelnen Ereignis nicht die Bedeutung zu, die es im Westen hat: Ereignis Christus, Ereignis Galilei. In der chinesischen Sichtweise wären solche Ereignisse vielleicht sogar katastrophale Störungen, gleichsam kulturelle »Entgleisungen«. Insofern wird das chinesische Trauma sehr verständlich: Unsere jüngste kulturelle »Entgleisung« (die moderne Wissenschaft und ihre technische Anwendung) hat sich in der Tat so verheerend ausgewirkt, dass China dem nichts entgegenzusetzen hatte. Es musste sich beugen.

Aber gibt es nicht etliche Bereiche – wenigstens in der Politik –, in denen China noch weit, sehr weit davon entfernt ist, sich nicht mehr »verbiegen«, das heißt nach unseren Modellen richten zu müssen? Mir wurde gelegentlich vorgeworfen, ich würde das chinesische Denken »konstruieren«. Ich möchte deshalb meine Position verdeutlichen. Zunächst und allgemein methodisch gesprochen: Ich »konstruiere« das chinesische Denken nicht, sondern versuche den Unterschied fruchtbar zu machen, der das chinesische Denken vom europäischen trennt, um so die Ressourcen auf beiden Seiten hervortreten und sie in einen Dialog eintreten zu lassen.

Davon abgesehen, denken wir nicht immer in Unterscheidungen? Fragen uns, was Aristoteles von Platon, Hegel von Kant unterscheidet etc. Wenn ich so vom »chinesischen Denken« rede, konstruiere ich nicht eine

2 | Britischer Sinologe (1900–1995), Autor einer Enzyklopädie der chinesischen Wissenschaftsgeschichte

Einheit, sondern gehe wie ein Philologe von einzelnen, historisch einzuordnenden Texten aus: Das »chinesische Denken« ist für mich ganz einfach das, was auf Chinesisch ausgedrückt wurde (so wie das griechische Denken das auf Griechisch Ausgedrückte ist).

Ebenso verwende ich die aus der chinesischen Kaiserzeit stammenden Kommentare zu diesen Texten natürlich nicht, weil ich der Ideologie eines bestimmten Reiches anhängen würde, sondern weil man erst in der Kaiserzeit mit der Abfassung von Kommentaren begann. Das ist die Quellenlage, aus dieser Zeit sind eben nur kaiserliche Kommentare überliefert. Man kann sich um einen Zugang zur chinesischen Lektüre dieser Texte bemühen – anstatt eigene Vorstellungen und Fantasien auf sie zu projizieren. Das schließt keineswegs aus, dass man danach zur eigenen Deutungsfreiheit zurückkehrt und die Ideologie kritisiert, der sie erliegen.[3]

Andererseits beanspruche ich als Philosoph das Recht auf den Begriff. Das heißt keineswegs, dass man die Vergangenheit – ihre Spannungen und ihre Komplexität – vernachlässigt oder ausblendet. Aber es führt zu einer Verlagerung der Fragestellung auf die theoretische Ebene. Grob gesagt gibt es zwei Arten, Sinologie zu betreiben: Bei der einen Methode hält man sich an die historisch überlieferten Daten und ihre Anordnung. Traditionell steht am Anfang »Leben und Werk« der großen Autoren (zurzeit ist Zhuangzi in Mode). Darüber hinaus kann man auch den Versuch wagen, theoretische Erkenntnisse zu erarbeiten. Ausgehend von Michel Foucaults Konzept der »Heterotopie« wäre China von Europa aus betrachtet etwas »Äußeres« oder, mit Emmanuel Lévinas, eine »Exteriorität«. Von hier aus, aus dieser doppelten Perspektive, kann man das versuchen, was ich die Selbstreflexion des Menschlichen genannt habe.

Nehmen wir zum Beispiel den Begriff der Freiheit. Woher stammt er, wie kam er zu seiner politischen Bedeutung? Er stammt, wie wir wissen, aus Griechenland: Freiheit meinte ursprünglich das, was die griechischen Städte (πόλις) im Falle einer Niederlage gegen den Eroberer, den Großen König (der Perser) zu verlieren drohten. Bei diesen Kämpfen gegen einen äußeren Feind bildete sich der Begriff der Freiheit (Ελευθερία) heraus.

Eine Situation, wie sie die griechischen Städte erlebten, kannte das kaiserliche China nicht. Es hat nie geeint für seine Unabhängigkeit kämpfen müssen. Seine Denker entwickeln auch kein verinnerlichtes Freiheitsbewusstsein, wie es die griechischen Philosophen und zur Zeit des endgültigen Niedergangs der Städte vor allem die Stoiker aufgegriffen haben – Letztere erheben die Freiheit zum Lebensziel schlechthin.

Statt eines inneren, auf Autonomie beruhenden Freiheitspathos (jeder stellt sein eigenes Gesetz auf) scheinen mir die chinesischen Denker des Altertums einen Gedanken zu entwickeln, den ich als die Idee der Disponibilität bezeichnen möchte: sich offen halten für alle Möglichkeiten. Das, wovor sich der Weise hütet, ist »Parteilichkeit«: Sie würde bedeuten, dass er, indem er sich auf einen bestimmten Aspekt der Dinge festlegt, den anderen verfehlt. So heißt es über Konfuzius: »Wenn es angezeigt war, ein Amt zu übernehmen, dann übernahm er es; wenn es angezeigt war, es niederzulegen, legte er es nieder.«

Damit ist alles gesagt. Weisheit bedeutet laut Konfuzius nichts anderes als die »Weisheit des Augenblicks«. In der Tat, alles ist eine Frage des richtigen Moments, des wohlverstandenen Opportunismus oder, wenn man so will, des Mittelwegs, sofern man diesen nicht im üblichen europäischen Sinn versteht.

Denn der Mittelweg ist eben keine universelle, überall und jederzeit anwendbare Trivialform der Weisheit (auch wenn einige grundlegende chinesische Texte in diesem Sinne übersetzt wurden). Es gibt mindestens zwei verschiedene Arten, den Mittelweg aufzufassen. Man kann ihn als Gleichgewichtspunkt zwischen zwei Extremen sehen. In diesem Sinne ist Freigebigkeit der Gipfelpunkt (ακμή) einer tugendhaften Haltung zwischen Geiz und Verschwendungssucht (Aristoteles). Diese geometrische Sicht ist in Europa schon bald einem deutlich schwächeren Verständnis gewichen: dem Mittelmaß des »nichts übertreiben« – eine laue, farblose, ängstliche Weisheit, die das Risiko scheut.

Die chinesische Sicht ist da sehr viel interessanter. Die richtige Mitte bedeutet für den Chinesen, dass man das eine ebenso tun kann wie das andere, indem man gleichermaßen offen ist für beide Extreme (das »gleichermaßen« macht die »Mitte« aus), und nicht, indem man sich vorsichtig auf halber Distanz vom einen und vom anderen hält.

Wang Fuzhi, ein Denker des 17. Jahrhunderts, kommentierte: Drei Jahre Trauer beim Tod des eigenen Va-

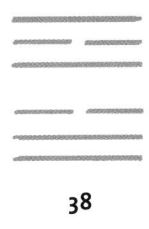

38

ters, das ist nicht zu viel; Becher ohne Zahl trinken auf einem Festmahl, auch das ist nicht zu viel. Der Weise kann sich also ganz der Trauer oder der Trunkenheit hingeben, je nach Gelegenheit oder Augenblick. Es kommt nur darauf an, dass er nicht ganz und gar auf eine Seite sinkt, sondern offen bleibt für die andere. Die »Entgleisung« bestünde erst darin, sich nicht mehr nicht betrinken zu können. Denn dann gäbe es die Möglichkeit der Nüchternheit nicht mehr, man wäre also abhängig usw.

Doch welchen Raum lässt diese »Disponibilität« der Entfaltung von Freiheit? Sie wurde in Europa ja erkämpft, weil es ein Ideal der Emanzipation von Knecht-

3 | Siehe François Jullien, »Umweg und Zugang. Strategien des Sinns in China und Griechenland«, Wien (Passagen) 2000 schaft und Entfremdung gab. Sie hat den Weg gebahnt, der dann zur Herausbildung von politischen Formen führte. Was in China demnach fehlen würde, wäre dieser gesamte Hintergrund der politischen Ideale, der Europa ausmacht und den wir schon gar nicht mehr wahrnehmen, weil er für uns so selbstverständlich geworden ist. Das Nachdenken über politische Freiheit hat sich schließlich, von Plato bis Montesquieu (und schon bei Herodot), stets in Vergleichen zwischen unterschiedlichen politischen Herrschaftsformen abgespielt, in der Gegenüberstellung von Herrschaftsformen, die die Freiheit begünstigten, und solchen, die sie bedrohten.

Doch wie verhält es sich in China? Hier beschränkte sich das Denken auf die Monarchie. Nur über sie wurde nachgedacht: Was ein guter oder schlechter Fürst ist, was Ordnung ist und ihr Gegenteil. Es wäre müßig, hier nach anderen möglichen Formen – Aristokratie, Demokratie usw. – zu suchen. Daher auch die allgemeine Überzeugung, dass die uneingeschränkte Macht eines Einzelnen für den Fortbestand der Ordnung unerlässlich sei. Dieser war einst der Fürst, heute ist es die Par-

34

tei. Und das erklärt auch, weshalb trotz aller Gräuel, die sie zu verantworten hat, und trotz vorhandener demokratischer Bestrebungen die kommunistische Partei immer noch so etwas wie ein Bezugssystem ist.

Die Chinesen, wie etwa Wang Bi, ein meisterhafter Denker des 3. Jahrhunderts, gingen so weit, dass sie auf die Frage: »Was tun, wenn ein Tyrann herrscht?« geantwortet haben: Vor allem nichts unternehmen und den Dingen ihren Lauf lassen. Die Idee ist, es sei besser, den Tyrannen das Volk tyrannisieren zu lassen bis zum bitteren Ende, bis er sich in seiner Tyrannei gewissermaßen selbst stürzt. Mit der Vorstellung einer Revolution, die sich auf einen rechtmäßigen Volksaufstand beruft und eine neue politische Ordnung errichten will, hat das überhaupt nichts zu tun.

Ob es einem passt oder nicht: Der Revolutionsgedanke ist eine europäische Idee. China hat sie nicht selbst hervorgebracht, sondern Ende des 19. Jahrhunderts von Europa übernommen. Es gibt natürlich im Chinesischen ein Wort dafür: *geming*. Doch es bedeutet ursprünglich »das Mandat abschneiden«, das heißt, eine korrumpierte Dynastie durch eine andere, würdigere ersetzen.

Die geltende Ordnung wird dabei freilich nicht verletzt. Es geht nicht um eine Umwälzung der gesellschaftlichen Verhältnisse und eine Neuordnung nach bestimmten Zielvorstellungen. Chinas Drama ist mit Händen zu greifen: Einerseits ist ausnahmslos alles politisch, weil man an keinem Ort dem Zugriff der Macht und ihrer Kontrolle entkommt. Andererseits hat China das Politische und sein Emanzipationspotenzial nie reflektiert. Als Ausweg bietet sich allenfalls der taoistische Rückzug in die Bambuswälder an. Großer Spielraum besteht aber selbst da nicht, der Schatten des Herrschers reicht bis dorthin.

Dieser Unterschied überschneidet sich mit einem anderen. Zentral und elementar für das griechische Denken ist das Wahrheitsproblem, ihm konnte kein griechischer Denker entkommen, nicht einmal die Skeptiker oder einer wie Protagoras [4], der jegliches Wahrheitskriterium negierte. Sie alle orientieren sich, und mögen sie noch so kritisch und illusionslos sein, an der Wahrheit und am Wahrheitsanspruch. Und wir sind ihre Erben. Wie sonst wäre die europäische Philosophie zu verstehen, wenn man sie nicht einerseits auf die Untrennbarkeit von Sein und Wahrheit bei Parmenides [5] und andererseits auf die platonische Unterscheidung von wahrer Einsicht und bloßem Meinen zurückführt? Dazu kommt die Bedeutung der dialektischen Auseinandersetzung bei der Wahrheitssuche: Nach diesem großen Gedanken der Griechen kann ein Diskurs eine Idee nur formulieren, aber man benötigt mindestens zwei widerstreitende Argumentationen, um deren Wahrheit zu beweisen. Was aber geschieht, wenn eine solche Auseinandersetzung, wie zum Beispiel in China, nicht stattfindet?

In den Haupttexten des alten China (übrigens sowohl des Konfuzianismus als auch des Taoismus) stellt man fest, dass Wahrheit keine wirkliche Rolle spielt. Nicht am wahren Urteil entscheidet sich die Weisheit – die Weisheit »urteilt« ohnehin nicht.

Gegen Ende des chinesischen Altertums kommen zwar gelegentlich Debatten auf, es werden Ansichten widerlegt, also Positionen aufgebaut, vor allem bezüglich der Frage nach der menschlichen Natur. Doch die beteiligten Denker bekunden alle das gleiche Misstrauen gegenüber einer Haltung, die ihnen wie eine sterile Parteinahme vorkommt, sogar wie eine Falle: Die Wahrheit sollte etwas sein, was man immer wieder wenden kann. So geht das Spiel von Rede und Gegenrede unendlich weiter, bis es sich irgendwann erschöpft. Der wahre Weise verficht keinen eigenen Standpunkt, und schon gar nicht liegt ihm daran, anders zu denken als die anderen; er denkt im Gegenteil »wie alle Welt«, indem er alle Standpunkte in seinen mit einschließt.

Das also ist die »Disponibilität« des Weisen, die damit auf das Gleiche hinausläuft wie das alles übergreifende Konzept des »Weges«, des *tao*. China hat zwar auch »seine Griechen« gehabt, in dem Sinn, dass bei bestimmten chinesischen Denkern Parallelen zu griechischen Auffassungen auftauchen. So arbeiteten beispielsweise die späten Mohisten, die sich für Geometrie und Optik interessierten, auch Definitionen und Kriterien der Widerlegung aus. Sie kannten sogar den Gedanken der »Adäquatheit« – im Chinesischen dang –, also dessen,

---

[4] | Griechischer Sophist (485 bis 411 v. Chr.)
[5] | Der griechische Philosoph Parmenides (Ende des 6. bis Mitte des 5. Jahrhundert v. Chr.) trifft eine grundlegende Unterscheidung zwischen Wahrheit (ἀλήθεια) und Meinung (δόξα), wobei er Erstere dem Sein, die Letztere dem Nicht-Sein zuordnet.

was einer guten scholastischen Definition Wahrheit verleiht.

Doch sie blieben dabei stehen und leiteten aus der Reflexion über die Vergänglichkeit, das Werden und Sich-Wandeln keine Wahrheit ab. Außerdem hat ihr Denken keine »Wurzeln geschlagen«, sie verschwanden schon bald wieder aus der Geschichte. Erst Anfang des 20. Jahrhunderts interessierte man sich in China wieder für diese Leute, und zwar nach dem Import der europäischen Logik – sozusagen als Rückkopplungseffekt.

Europas Stärke oder – schließlich geht es mir um Ressourcen und nicht um »Alterität« – Europas Fruchtbarkeit liegt hingegen darin, eine Ebene des Verstehens, des denkbaren Ideals hervorgebracht zu haben, die über den Augenschein und die unmittelbare Erfahrung hinausgeht und damit auch über die bloße Frage nach den tatsächlichen Kräfteverhältnissen. Das hilft auch – unter anderem natürlich – zu verstehen, warum in Europa die Figur des Intellektuellen hervortreten konnte und in China nicht. Denn wie soll intellektuelle oder politische Dissidenz entstehen, wenn es nicht möglich ist, sich an etwas anderem als den tatsächlichen Kräfteverhältnissen zu orientieren?

Von welcher Warte aus soll ich über die Vergangenheit ein Urteil fällen und mich gegen sie stellen, wenn ich mich nicht, und sei es auch nur ein wenig, auf eine andere Ebene berufen kann, wenn nicht transzendente Werte ins Spiel kommen dürfen? Gerechtigkeit zum Beispiel, oder Wahrheit.

Man kann nicht verstehen, was heute in China vorgeht, wenn man diese Gegebenheiten und Zwänge nicht miteinbezieht. Sicher, man muss blind und taub sein, um heute die Existenz einer Opposition in China zu leugnen. Aber warum ist es ihr bisher nicht gelungen, sich als Alternative darzustellen? Wegen der für Gewaltherrschaften typischen Polizeimethoden, sagen mir die Leute. Und sie haben natürlich Recht, zählen mir die Opfer des totalitären chinesischen Systems auf. Aber reicht das aus, um die Frage erschöpfend zu beantworten?

Kann man darüber hinwegsehen, dass bestimmte Voraussetzungen nötig waren, damit in Europa der kritische Staatsbürger auf den Plan treten konnte? Wenn man ständig in Begriffen des Ausgleichs und der Harmonie (des »Weges«) denkt, wie es in China jahrtausendelang geschah, wenn man so viele Gelehrtengenerationen lang die indirekte politische Rede gepflegt hat und sich vorwiegend in Anspielungen und Andeutungen erging, was für ein Kraftakt muss es da sein, auch nur – aber eben offen – zu sagen: *j'accuse*, »ich klage an«?

Deutsch von Josef Winiger

Erstmals erschienen in *Le Monde diplomatique* vom Oktober 2006

China *aktuell*
Journal of Current Chinese Affairs

GIGA
German Institute of Global and Area Studies
Institut für Asien-Studien

bietet systematisch und kontinuierlich

- Information und Analysen
- zu Hintergründen und Perspektiven
- von ausgewiesenen Experten des Instituts für Asien-Studien in Hamburg

in Form von

- verlässlicher, konziser Dokumentation
- fundierten Analysen

zu den Bereichen

- Wirtschaft, Politik und Gesellschaft
- in der VR China, in Hongkong, Macau und Taiwan

China aktuell erscheint alle zwei Monate

Abonnement: 6 Hefte pro Jahr für € 82.00 (Studierende € 40.00) zuzügl. Versandkostenanteil

Online-Ausgabe: Gebühren je Download

Institut für Asien-Studien
GIGA German Institute of Global and Area Studies
Leibniz-Institut für Globale und Regionale Studien
Rothenbaumchaussee 32 ▪ 20148 Hamburg
Tel.: +49 40 428874-0 ▪ Fax: +49 40 4107945
E-Mail: ias@giga-hamburg.de
Internet: www.giga-hamburg.de/ias

Wir senden Ihnen gern ein Probeheft

Die »sechste Generation«

Frühling im Untergrund

des chinesischen Kinos

Kritische Regisseure und Schauspieler aus China haben sich ein internationales Publikum erobert und gewinnen höchste Auszeichnungen wie jüngst Wang Quan'an mit »Tuyas Ehe« bei der Berlinale 2007. In ihrer Heimat produzieren sie unter schwierigen Bedingungen. Doch sie lernen, die offizielle Kulturbürokratie zu umgehen und die Zensur zu überwinden — oder sie drehen illegal und machen die Postproduktion im Ausland. So hat sich eine lebendige, unabhängige Szene entwickelt, die auch als »sechste Generation« der Pekinger Filmakademie gezählt wird. Von ihren Vorgängern, denen sie Verklärung vorwerfen, distanzieren sie sich mit realistischen Arbeiten über die Randfiguren der chinesischen Gesellschaft.

Von Bérénice Reynaud

Bérénice Reynaud ist US-Korrespondentin für *Cahiers du Cinema* (Paris) und freie Autorin.

Seit Anfang der Neunzigerjahre besteht die chinesische Filmbranche aus zwei Bereichen. Das offizielle Kino landet gelegentlich einen Kassenschlager, ist künstlerisch aber recht mittelmäßig. Das unabhängige Kino mit seinen in China oft verbotenen Filmen wird hingegen auf internationalen Festivals mit Preisen überschüttet. Eine Reform 1993 hat den staatlichen Studios auferlegt, Profite zu machen – was die meisten nicht schafften. Zudem begannen sie, ihre »Produktionsquoten« an private Produktionsfirmen zu verkaufen, die dafür als Koproduzenten im Vorspann auftauchten.

Ende 2001 wurde das Reglement für die Filmindustrie dahingehend geändert, dass unabhängige Filmemacher und Produzenten ihre »Produktionsgenehmigungen« direkt bei der Filmbehörde beantragen dürfen. Auf diese Weise wurde dem Monopol der offiziellen Studios ein Ende gesetzt. Seither entwickelt sich ein neuer Filmsektor, in dem sowohl das kommerzielle Kino als auch der Autorenfilm die vielfältigen Facetten einer im Umbruch befindlichen Gesellschaft erforschen. Doch noch immer liegt der Schatten der Zensur auf den Produktionen.

Zhang Yuan, das einstige Enfant terrible des chinesischen Films, hatte 1990 mit »Mama«, seinem ersten langen Spielfilm, den Startschuss für die »sechste Generation« der Pekinger Filmakademie gegeben. Um sich abzugrenzen gegen das nostalgische Chinabild ihrer Vorgänger aus der »fünften Generation«[1] und auch in Erinnerung an die blutige Unterdrückung der Proteste auf dem Tienanmen-Platz im Juni 1989 wollten Zhang Yuan und seine Kommilitonen wie Wang Xiaoshuai oder He Jianjun realistische Filme über zeitgenössische Themen drehen. Statt jahrelang zu warten, bis ihnen die Studios, in denen die älteren Herrschaften alle Vorrechte besitzen, die Realisierung eines Films anvertrauen würden, beschritten diese jungen Filmemacher den Weg der Illegalität und produzierten zum ersten Mal im sozialistischen China im Untergrund.

Man kratzte einige zehntausend Yuan zusammen, drehte heimlich an authentischen Orten, schmuggelte das Filmmaterial aus China hinaus und wickelte die Postproduktion in Holland oder in Australien ab. Viele waren auf diese klandestine Arbeit angewiesen oder den Repressalien der Filmbehörde ausgesetzt, etwa dem Ausschluss vom Geräteverleih oder der erzwungenen Selbstkritik. In ihren Arbeiten erzählen sie vom Schicksal anderer Randfiguren der Gesellschaft: Von Arbeitslosen, Prostituierten, Homosexuellen, Künstlern, Rockmusikern, Taschendieben, Kleinkriminellen, Kulis in den Hafenstädten oder Bauern, die sich in den Städten in der Masse des Lumpenproletariats verlieren. Am Ende der Neunzigerjahre gab es einen zweiten Schub junger Nachwuchsregisseure: Jia Zhangke, Liu Bingjian, Wang Chao, Zhu Wen, Emily Tang. Was sie verbindet, ist ihr Streben nach Realismus, ihre Tendenz, Dokumentation und Fiktion zu vermischen, mit Laien zu arbeiten und Städte zu filmen.

Gleichzeitig fand eine Entwicklung statt, als deren treibende Kraft vor allem Tian Zhuangzhuang, ein herausragender Vertreter der »fünften Generation«, in Erscheinung trat. Nach der Vorführung seines Meisterwerks »Der blaue Drache« in Rotterdam 1993 wurde er von den chinesischen Behörden mit Drehverbot belegt. Daraufhin gründete Tian eine kleine Produktionsfirma und spielte die Rolle des Vermittlers zwischen dem Pekinger Studio und den Filmemachern der sechsten Generation, denen er half, ihre ersten »anerkannten« Filme zu realisieren: »So Close to Paradise« (1998) unter der Regie von Wang Xiaoshuai, »Seventeen Years« (1999) von Zhang Yuan und »Butterfly Smile« (2001) von He Jianjun.

Die Rückkehr in die Legalität bedeutet jedoch nicht, sich wieder mit gebundenen Händen dem System der staatlichen Studios auszuliefern. In China gibt es mittlerweile eine neue Gruppe von Finanziers und Vertretern der Wirtschaft, die bereit sind, ins Filmgeschäft zu investieren. Eine Schlüsselrolle spielt die 1996 gegründete Asian Union, die im Außenhandel, im Hotelgewerbe und im Technologiesektor tätig ist. Sie produzierte und vertrieb Filme wie »Devils on the Doorstep« (1999) von Jiang Wen, »Tiger & Dragon« (1999) von Ang Lee, »Keep Cool« (1999) von Zhang Yimou und »Der Kaiser

[1] | Zur »fünften Generation«, den Absolventen der Pekinger Filmakademie, die ihr Diplom 1978 abgeschlossen haben, gehören unter anderen Chen Kaige, Zhang Yimou, Tian Zhuangzhuang, Zhou Xiaowen, Ning Ying, Peng Xiaolian und Li Shaohong.

◀ Filmplakat für den Film »Ten Days in a City Called Dragon«

und sein Attentäter« (2000). Daraufhin begann sie die Zusammenarbeit mit Zhang Yuan und finanzierte »I Love You« (2002).

Das Drehbuch dazu basiert auf einem Roman des populären Pekinger Autors Wang Shuo[2], dessen Titel auf Englisch etwa »Get a Kick and Die« heißen würde. Der Film ergründet eine folie à deux, in die sich eine junge Krankenschwester aus schwierigen Familienverhältnissen und ein junger Mann verstricken. Sie führt in eine überstürzte Ehe, der Honeymoon wird zur Hölle, die Lebenswelt des Paares immer enger. Zhang arbeitet mit Großaufnahmen und langen Einstellungen, seine Kamera verfolgt die Choreografie der sich abstoßenden, sich meidenden, sich umarmenden Körper, sie erforscht die Gesichter, als ob sie ihnen die verborgenen Gefühle unter der Haut hervorzerren könnte. Die Schauspieler improvisieren und erreichen manchmal Augenblicke nackter Wahrheit, die Zhang so filmt, als handele es sich um eine Dokumentation.

Ganz anderer Mittel bedient sich Zhang Yuan in dem ebenfalls 2002 entstandenen Film »Jiang Jie«. Hier

Regisseur Zhang Yuan
FOTO: FILMFESTIVAL LOCARNO

2 | In seiner Heimat gilt Wang Shuo als einer der populärsten zeitgenössischen Romanciers, der die volkstümlichen und zwielichtigen Milieus des »inoffiziellen« China beschreibt. Auf Deutsch erschienen sind die Titel »Oberchaoten« und »Herzklopfen heißt das Spiel«, beide Zürich (Diogenes) 1997.

Jetzt blühen die Untergrundproduktionen, unterstützt durch ein Vertriebsnetz des Zweiten Umlaufs

spielt er mit Täuschungen, Stilisierungen und Codes. Im Juni 2002 hatte das Kölner Schauspielhaus den Regisseur eingeladen, eine Pekingoper von 1964 zu inszenieren, die den Heldenmut einer 1949 von den Kuomintang hingerichteten jungen Kommunistin glorifiziert. Nach China zurückgekehrt, drehte Zhang eine Filmversion davon. Da er aber seit der Kindheit ein Liebhaber der revolutionären Oper war, lehnte er es ab, eine Bearbeitung von »Jiang Jie« zu versuchen. Er wollte weder eine »kritische Lesart« noch eine Parodie der Oper liefern; er respektierte ihre Theatralität. Wenn darin ein Junge Wasser ausgießt, mimt er das Vorhandensein der Flüssigkeit. Und als Jiang Jie den Kopf ihres Ehemanns vor den Toren der Stadt zur Schau gestellt sieht, richtet sich ihr Blick auf die »vierte Wand«, den Platz des Zuschauers: Es gibt keinen Gegenschnitt. Der Tod der Heldin kündigt sich durch eine aufgehende rote Sonne im Hintergrund an. Aber Zhang besetzte die Jiang Jie mit einer jungen, auf männliche Rollen spezialisierten Sängerin, Zhang Huoding, die der Figur einen Hauch eleganter sexueller Ambiguität verleiht und die revolutionäre Oper mit der Tradition der klassischen Pekingoper verbindet – einer Kunstform, die während der Kulturrevolution verfolgt wurde und gegenwärtig eine Renaissance erlebt.

Der dritte Film, »Green Tea«, der im selben Jahr unter Zhang Yuans Regie entstand und ebenfalls von Asian Union produziert wurde, ist eine zeitgenössische Liebesgeschichte. Man erkennt die Handschrift des begnadeten Kameramanns Christopher Doyle, der durch seine Arbeiten mit Wong Kar-wai, Chen Kaige, Stanley Kwan oder Edward Yang berühmt wurde. Keine Spur mehr von den »schmutzigen«, etwas zittrigen Bildern aus den Anfängen der »sechsten Generation«, keine Spur auch von Laienschauspiel. Die Hauptrolle ist mit einem verwundeten Riesen, einem Medienstar besetzt: Jiang Wen, der kürzlich in einem Artikel der *Time Asia* als »chinesischer Marlon Brando« bezeichnet wurde. Genau wie Zhang 1963 geboren, war Jiang Wen durch die Darstellung des sinnlichen, ausschweifenden und leidenschaftlichen Liebhabers von Gong Li in Zhang Yimous »Das rote Kornfeld« (1987) der internationale Durchbruch gelungen.

Mit »In the Heat of the Sun« ging er 1994 erfolgreich zur Regie über. Sein zweiter Film, »Devils on the Doorstep«, erhielt 2000 in Cannes den Großen Preis der Jury, missfiel aber der chinesischen Zensur. Ohne irgendeine Erklärung von offizieller Seite wurde Jiang verboten, sich als Filmemacher zu betätigen oder als Darsteller aufzutreten. Nach und nach wurde der zweite Teil dieser »Strafe« wieder aufgehoben, sodass er 2002 in fünf Filmen auftreten konnte.

In »Missing Gun« stellt er mit großer Intensität einen schroffen, machistischen Polizeibeamten dar, der sein ganzes Leben in Frage gestellt sieht, als er eines Abends im Suff seine Dienstpistole verliert. Für den jungen Regisseur Lu Chuan war die Zusammenarbeit mit Jiang Wen bei seinem Erstlingsfilm ein Volltreffer, denn das Charisma dieses Schauspielers sicherte den kommerziellen Erfolg des Films in China und scheint ihm eine internationale Karriere zu versprechen. Im Herbst 2001 von Columbia Asia gekauft, wurde »Missing Gun« auf dem Festival von Venedig gezeigt. Ein eindrucksvoller Film mit Schwung und Rhythmus, der aber vor allem vom Wunsch des Regisseurs zeugt, effektvolles Kino im amerikanischen Stil zu machen.

Der gleiche Wunsch spricht aus »Spring Subway« (2002), einem Film, den das städtische Publikum begeistert aufgenommen hat. Regisseur Zhang Yibai kommt aus der Produktion von Videoclips und vom Fernsehen, während sich Drehbuchautor Liu Fendou mit »anerkannten« kommerziellen Filmen einen Namen gemacht hat: »Spicy Love Soup« (1998) und »Shower« (2000), unter der Regie von Zhang Yang (nicht zu verwechseln mit Zhang Yuan) und produziert von Imar, einer in Peking niedergelassenen US-Gesellschaft.

»Spring Subway« erzählt nicht ohne Charme Zufallsbegegnungen und sentimentale Verirrungen der Pekinger U-Bahn-Benutzer. Die beiden Hauptpersonen sind eingefleischte Stadtbewohner, obwohl sie erst vor sieben Jahren vom Land gekommen sind. Der Film zeigt die Modernisierung als geradlinige Errungenschaft – ungebrochen, ohne dass irgendjemand aus der Bahn geworfen wird, ohne die wachsende Ungleichheit, ohne den sich verschärfenden Gegensatz zwischen Stadt und Land.

Es wäre schlechter Stil, den Machern von »Spring Subway« ihre unkritische Haltung vorzuwerfen – wenn sie nicht Bestandteil des ganzen Produktionssystems wäre. Der Abspann liefert eine Liste der Sponsoren, die durch Produkte oder Dienstleistungen zu den Dreharbeiten beigetragen haben: Kaffeemarken – heute Symbol des gehobenen urbanen Lebensgefühls –, schicke Möbel, Kosmetikartikel und angesagte ausländische Restaurants.

Als Gegenstück dazu handelt der erstaunliche Film »Chicken Poets« von denen, die auf der Strecke geblieben sind, von der dumpfen Angst, die mit dem gesellschaftlichen Wandel einhergeht. Der bekannte Theatermann Meng Jinghui hat für seinen ersten Film Avantgardetechniken eingeführt, mit deren Hilfe er die geistige und affektive Zerrüttung seiner Protagonisten sinnfällig macht: Collagen starker Bilder, Übergänge vom Realismus zur Evokation einer bizarren oder surrealen Welt, übertriebene oder unwahrscheinliche Situationen, schwarzer Humor. Yu Fei, ein verkannter Dichter, kommt in ein kleines Dorf nahe Peking, wo ein früherer Kommilitone jetzt schwarze Hühner züchtet. Dort verliebt er sich in ein farbenblindes Mädchen. Die Entdeckung einer geheimnisvollen CD-ROM verhilft Yu Fei zu einem flüchtigen literarischen Ruhm, ehe er schließlich die letzten Illusionen über sich verliert.

Jetzt blühen die Untergrundproduktionen, unterstützt durch ein Vertriebsnetz des Zweiten Umlaufs – eine regelrechte Protestbewegung, als deren Sprecher der bekannte Regisseur Jia Zhangke gilt. Gemeinsam mit Yu Likwai, der ihm seit »Pickpocket« (1998) als Kameramann dient, und dem Produktionsleiter Chow Keung hat er eine kleine Produktionsfirma gegründet, die von Hongkong aus operiert. Sie hilft, nach Finanzpartnern im Ausland zu suchen und jungen Filmemachern in verschiedenen Stadien der Realisierung ihrer Projekte zu helfen. Durch den Sitz in der Sonderzone Hongkong können die Auflagen der staatlichen Filmbehörde umgangen werden.

Auch Sheng Zhimin, der im Jahr 2000 Jia Zhangkes »Platform« koproduziert hatte, ist jetzt mit einem eigenen Film herausgekommen, »Two Hearts«, der einen melancholischen Blick auf das Leben von zwei jungen Frauen in Peking wirft. Die eine belügt ihre Familie, indem sie ein Studium in Kanada vortäuscht, während sie sich in Wirklichkeit um die Liebe ihres Exfreunds bemüht, der nichts mehr von ihr wissen will. Die andere, vom Land in die Stadt gezogen, findet sich in einer hoffnungslosen Lage wieder: Fast ohne Geld lebt sie in einem winzigen Zimmer und arbeitet für einen Telefonsexdienst.

Offener tritt die Gewalt der Großstadt in »Beijing Suburb« zutage, einem Streifen von Hu Ze. Bewaffnet mit einer 16-mm-Kamera fordert er die Bewohner einer Künstlerkommune auf, ihre eigenen Rollen zu spielen. Die dargestellten Situationen lassen das Ausmaß der Marginalisierung ahnen, unter der die unabhängigen Künstler leiden und die manche in den Alkoholismus, den Wahnsinn oder in den Selbstmord treibt. Sie zeigen die schamlose Ausbeutung durch ausländische Sammler oder eine neue Klasse von Profitjägern, die Verfolgung durch eine korrupte Polizei, die ihre Aufenthaltsgenehmigungen überprüft, Ausstellungen boykottiert, Performance-Künstler ins Gefängnis wirft und foltert, um sie dann gegen Geld oder sexuelle Dienste wieder freizulassen.

Auch die Homosexuellen werden in China immer noch ausgegrenzt. Im Dezember 2001 hat Cui Zi'en, ein Professor der Pekinger Filmakademie – dem die meisten Kurse entzogen worden sind –, ein Festival mit Schwu-

Die dargestellten Situationen lassen das Ausmaß der Marginalisierung unabhängiger Künstler ahnen

lenfilmen organisiert. Das musste auf höchste Weisung nach dem ersten Wochenende abgebrochen werden. Obwohl die staatliche Gesundheitsbehörde erst ein paar Monate zuvor erklärt hatte, Homosexualität sei nicht mehr als Geisteskrankheit einzustufen, bleibt das Tabu bestehen und die Repressalien dauern unvermindert an.

Selbst in Untergrundkreisen wagen sich nur ausgewiesene Heteros an das Thema heran. Dazu gehört etwa Zhang Yuan mit »East Palace, West Palace« (1997); der Titel zitiert die von Pekinger Schwulen so bezeichneten öffentlichen Toiletten am Ost- und Westende des Parks um den alten Kaiserpalast. Liu Bingjian filmte »Men and Women« (1999) unter Mitwirkung von Cui Zi'en, der das Drehbuch geschrieben hat und eine der Hauptrollen spielt. Und die junge Dokumentarfilmerin Li Yu realisierte mit »Fish and Elephant« (2001) den ersten großen Lesbenfilm. Der von Amateuren gespielte 16-mm-Streifen ist in China verboten, lief aber international auf mehr als siebzig Festivals.

Cui Zi'en selbst bricht das Tabu mit zwei experimentellen Spielfilmen, die er mit digitaler Videokamera gedreht hat: »Enter the Clowns« (2001) und »The Old Testament« (2002). Da er so experimentierfreudig filmt wie Andy Warhol und sich allen Regeln der Dramaturgie widersetzt, wird er sicher keinen Anschluss an den Mainstream finden.

Aber die junge Generation der »kommerziellen« Filmemacher wird die brutale Marginalisierung nicht mehr am eigenen Leib erfahren. Auch die Opfer früherer Zeiten kehren aus dem Abseits zurück. Die Zensurbehörde lässt es sogar zu, dass Tian Zhuangzhuang wieder Regie führen darf. Sein »Springtime in a Small Town«, ein Remake des gleichnamigen Klassikers von Fei Mu aus dem Jahr 1949, erhielt in Venedig den San-Marco-Preis für den besten Film der Reihe »Kino der Gegenwart«.

Das Original wurde oft als subtile Metapher der Ohnmacht der chinesischen Intellektuellen interpretiert: Eine junge Frau, ihr kranker Ehemann und ihr früherer Geliebter unterdrücken ihre Gefühle in einem zerfallenen Haus. »Die Situation der Intellektuellen hat sich in diesen fünfzig Jahren kaum verändert«, sagt Tian mit einem melancholischen Lächeln.

Deutsch von Grete Osterwald

www
Kultur

Chinese Movie Database
www.dianying.com/en/
Hong Kong Film Archive
www.lcsd.gov.hk/CE/Cultural-Service/HKFA/english/eindex.html
Chinese Art Net Online Gallery
www.chineseartnet.com/meindex.htm
Art Scene China
www.artscenechina.com
Art Scene Warehouse (Gallerie in Shanghai)
www.artscenewarehouse.com/
China Book International
www.chinabookinternational.cn/index_english.jsp
Chinese Music Archive
music.ibiblio.org/pub/multimedia/chinese-music/
Chinesische Rockmusik
www.rockinchina.com
Cui Jian, »Vater« des chinesischen Rock
www.cuijian.com/ENGLISH/Pages/main_interface.html
Cantopop News
cantopopnews.blogspot.com/
National Palace Museum Taipeh
www.npm.gov.tw/en/home.htm
Hong Kong Museum of Art
www.lcsd.gov.hk/CE/Museum/Arts/english/intro/eintro.html
Konfuzius-Institute:
Berlin
www.konfuziusinstitut-berlin.de
Düsseldorf
www.konfuzius-duesseldorf.de
Nürberg-Erlangen
www.konfuzius-institut.de

Erstmals erschienen in
Le Monde diplomatique
vom Februar 2003

Bevölkerung, offizielle Angabe:
1,3 Mrd. (August 2005)

Verwaltungsstruktur:
22 Provinzen (Peking betrachtet Taiwan als 23. Provinz), 5 autonome Regionen, 4 regierungsunmittelbare Städte (Peking, Tianjin, Shanghai, Chongqing) und 2 Sonderverwaltungsregionen (Hongkong, Macao)

Bruttoinlandsprodukt (BIP),
Angaben der nationalen Statistikbehörde:
1971 Mrd. Dollar (2004); damit belegt China weltweit Platz vier, hinter den USA, Japan und Deutschland

BIP pro Kopf (kaufkraftbereinigt):
5495 Dollar; damit belegt China weltweit Platz 96 (zum Vergleich: Malaysia – 9760 Dollar, Thailand – 8179 Dollar, Japan – 29.539 Dollar)

Index für menschliche Entwicklung (HDI):
0,746, bei starken regionalen Diskrepanzen: 0,909 in Shanghai gegenüber 0,639 in Guizhou oder 0,586 in Tibet

Quellen: China Statistical Yearbook 2005;
UN-Bevölkerungsabteilung 2005; Weltbank 2005;
UN-Entwicklungsprogramm 2004

110° O
120° O
130° O
50° N
40° N
30° N
20° N
Wendekreis des Krebses
Amur
Russland
Ulan Bator
Grosser Khinghan
Heilongjiang
Soung
Ussuri
Qiqihar
Jiamusi
Harbin
Mudanjiang
Wladiwostok
Mandschurei
Jilin
Changchun
Jilin
Shenyang
Fushun
Jinzhou
Liaoyang
Liaoning
Nordkorea
Hohhot
Chengde
Baotou
Yingkou
Yongbyon
Peking
Pjöngjang
Beidaihe
Tangshan
Tianjin
Dalian
Seoul
Tokio
Taiyuan
Hebei
Shijiazhuang
Südkorea
Japan
Shandong
Zibo
Jinan
Qingdao
Shanxi
Shimonoseki
Fenyang
Qufu
Gelber Fluss
Gelbes Meer
Shaanxi
Luoyang
Zhengzhou
Jiangsu
Xi'an
Henan
Anhui
Huainan
Shangzhou
Nanking
Hefei
Shanghai
Xingshan
Hubei
Wanxian
Wuhan
Wuchang
Jangtse
Huang Shan
Ningbo
Shashi
Hangzhou
Dongting-See
Zhejiang
Ostchinesisches Meer
Nanchang
Changsha
Wenzhou
Shaoshan
Diaoyu-Inseln
(Senkaku-Inseln)
Jiangxi
Hengyang
Fuzhou
Taipeh
Hunan
Fujian
Xiamen
Penghu-Inseln
Taiwan
Liuzhou
Wuzhou
Guangdong
Shantou
Guangzhou
Huangpu
Nanning
Dongzhou
Guangxi
Shenzen
Zhuhai
Hongkong
Macao
Zhanjiang
Haikou
Yangpu
Hainan
Südchinesisches Meer
0
500 km
Philippinen
Pazifischer Ozean
Staatsgrenze
umstrittener Grenzverlauf
(1) unter chinesischer Verwaltung, von Indien beansprucht
Guizhou Provinz
Xinjiang autonome Region .... Grenze einer Provinz oder autonomen Region
Shanghai regierungsunmittelbare Städte .... deren Grenze
Macao Sonderverwaltungszone
Xining Hauptstadt einer Provinz oder autonomen Region
Katmandu Hauptstädte außerhalb Chinas
Höhe ü. d. M.
0 50 100 500 1.000 1.500 3.000 4.000 Meter

Literatur

Blume, Georg/Yamamoto, Chikako: *Chinesische Reise*, Berlin (Wagenbach) 1999
Blume, Georg/Yamamoto, Chikako: *Modell China. Im Reich der Reformen*, Berlin (Wagenbach) 2002
Buruma, Ian: *Chinas Rebellen. Die Dissidenten und der Aufbruch in eine neue Generation*, München (Hanser) 2004
Chang, Gordon G.: *The Coming Collapse of China*, London (Random), 2001
Cho, Hyekyung: *Chinas langer Marsch in den Kapitalismus*, Münster (Westfälisches Dampfboot) 2005
Ding Ding: *Politische Opposition in China seit 1989*, Frankfurt/M. (Peter Lang) 1999
England, Robert Stowe: *Aging China. The Demographic Challenge to China's Economic Prospects*, Westport (Praeger) 2005
Erling, Johnny: *China – Der große Sprung ins Ungewisse. Ein Report*, Freiburg (Herder) 2002
Erling, Johnny: *Schauplatz China. Aufbruch zur Supermacht*, Freiburg (Herder) 2006
Follath, Erich/Johaentges, Karl: *Mythos Shanghai*, München (Collection Rolf Heyne) 2005
Geffken, Rolf: *Der Preis des Wachstums. Arbeitsbeziehungen & Arbeitsrecht in der Volksrepublik China*, Hamburg (VSA) 2005
Gittings, John: *The Changing Face of China. From Mao to Market*, Oxford (Oxford University Press) 2005
Goodman, David S.G./Segal, Gerald: *China Rising. Nationalism and Interdependence*, London (Routledge) 1997
Gries, Peter Hays: *China's New Nationalism: Pride, Politics and Diplomacy*, Berkely (University of California Press) 2005
Guidi, Chen/Chuntao, Wu: *Zur Lage der chinesischen Bauern. Eine Reportage*, Frankfurt/M. (Zweitausendeins) 2006
Hartman, Jürgen: *Politik in China. Eine Einführung*, Wiesbaden (VS) 2006
Heberer, Thomas/Taubmann, Wolfgang: *Chinas ländliche Gesellschaft im Umbruch. Urbanisierung und sozio-ökonomischer Wandel auf dem Lande*, Opladen (Westdeutscher Verlag) 1998
Heilmann, Sebastian: *Das politische System der Volksrepublik China*, Wiesbaden (Westdeutscher Verlag) 2002
Hirn, Wolfgang: *Herausforderung China. Wie der chinesische Aufstieg unser Leben verändert*, Frankfurt/M. (Fischer) 2005
Hirn, Wolfgang: *Angriff aus Asien. Wie uns die neuen Wirtschaftsmächte überholen*, Frankfurt/M. (Fischer) 2007
Kempf, Gustav: *Chinas Außenpolitik. Wege einer widerwilligen Weltmacht*, München (Oldenbourg) 2002
Kynge, James: *China – Der Aufstieg einer hungrigen Nation*, Hamburg (Murmann) 2006
Lipinsky, Astrid: *Der Chinesische Frauenverband. Eine kommunistische Massenorganisation unter marktwirtschaftlichen Bedingungen*, Hamburg (LIT) 2006
Maass, Harald/Li Wei: *Kinder des Himmlischen Friedens. Portrait einer neuen chinesischen Generation*, München (Frederking & Thaler) 2002
Möller, Kay: *Die Außenpolitik der Volksrepublik China 1949–2004. Eine Einführung*, Wiesbaden (VS) 2005
Nathan, Andrew J.: *China's Transition*, New York (Columbia) 1997
Nathan, Andrew J./Link, Perry: *Die Tiananmen-Akte. Die Geheimdokumente der chinesischen Führung zum Massaker am Platz des Himmlischen Friedens*, München (Propyläen) 2001
Nolan, Peter: *China at the Crossroads*, Cambridge (Polity) 2004
Perry, Elizabeth J./Selden, Mark (Eds.): *Chinese Society. Change, Conflict and Resistance*, London (Routledge) 2000
Pilny, Karl: *Tanz der Riesen. Indien und China prägen die Welt*, Frankfurt/M. (Campus) 2006
Ramo, Joshua Cooper: *The Beijing Consensus*, London (Foreign Policy Centre) 2004
Reiter, Florian C.: *Religionen in China. Geschichte, Alltag, Kultur*, München (Beck) 2002
Sandschneider, Eberhard: *Globale Rivalen. Chinas unheimlicher Aufstieg und die Ohnmacht des Westens*, München (Hanser) 2007
Schell, Orville/Shambaugh, David (Eds.): *The China Reader. The Reform Era*, New York (Vintage) 1999
Schmidt, Hemut/Sieren, Frank: *Nachbar China*, Berlin (Econ) 2006
Sendker, Jan-Philipp: *Risse in der Großen Mauer. Gesichter eines neuen China*, München (Blessing) 2000
Seitz, Konrad: *China. Eine Weltmacht kehrt zurück*, Berlin (Siedler) 2000
Sieren, Frank: *Der China Code. Wie das boomende Reich der Mitte Deutschland verändert*, Berlin (Econ) 2005
Smil, Vaclav: *China's Past, China's Future: Energy, Food, Environment*, London (Routledge) 2003
Spence, Jonathan: *Mao. Biografie*, München (Claassen) 2003
Studwell, Joe: *The China Dream. The Elusive Quest for the Greatest Untapped Market on Earth*, London (Profile) 2004
Unger, Ann Hellen/Unger, Walter: *Der Yangtze. Chinas Lebensader*, München (Hirmer) 2004
Wang, Chaohua: *One China, Many Paths*, New York (Verso) 2004
Weggel, Oskar: *China im Aufbruch. Konfuzianismus und politische Zukunft*, München (Beck) 1997
Weyrauch: Thomas: *Gepeinigter Drache. Chinas Menschenrechte im Spätstadium der KP-Herrschaft*, Gießen (Longtai) 2005
Xi Xuanwu/Reeve, Charles: *Die Hölle auf Erden. Bürokratie, Zwangsarbeit und Business in China*, Hamburg (Nautilus) 2001

Seite 71 ◀ 1950–1976 — Deng Xiaoping und die Ära der Wirtschaftsreformen (2)

■ **1977** Deng Xiaoping wird rehabilitiert, die kulturrevolutionäre Linke aus den Führungsgremien entfernt.

■ **1978** Sieg der Linie Deng Xiaopings und offizieller Beginn der Wirtschaftsreformen (»Vier Modernisierungen«). Verabschiedung einer neuen Verfassung.

■ **1979** Als Vorsitzender der Zentralen Militärkommission ist Deng Xiaoping der eigentliche Machthaber. In Wandzeitungen (»Mauer der Demokratie«) wird die KP öffentlich kritisiert und Demokratie gefordert, was Deng mit Repressionen beantworten lässt. Aufnahme diplomatischer Beziehungen mit den USA. Chinesischer Angriff auf den Norden Vietnams, um dessen Truppen zum Rückzug aus Kambodscha zu bewegen.

■ **1980** Entmachtung Hua Guofengs. Dengs Vertraute Hu Yaobang und Zhao Ziyang werden KP-Generalsekretär und Ministerpräsident. Beginn des Prozesses gegen die »Viererbande«.

■ **1982** Vierte Verfassung seit 1949.

■ **1986/87** Studentendemonstrationen Ende 1986 führen im Januar 1987 zur Entlassung Hu Yaobangs. In den Augen Dengs war Hu gegenüber den Studenten zu nachsichtig. Hus Nachfolger als KP-Generalsekretär wird Zhao Ziyang, dem Li Peng als Ministerpräsident nachfolgt. Einführung der Wahlen von Dorfkadern. Niederschlagung antichinesischer Proteste in Tibet.

■ **1988** Erneut schwere Unruhen mit Toten in Tibet.

■ **1989** Im März Verhängung des Kriegsrechts in Tibet. Nach dem Tod Hu Yaobangs am 15. April kommt es zu Trauerkundgebungen und Demonstrationen für Demokratie. Studenten besetzen Pekings zentralen Tiananmen-Platz, Arbeiter gründen unabhängige Gewerkschaften. Am 20. Mai verhängt die Regierung das Kriegsrecht. Zhao Ziyang wird entmachtet und unter Hausarrest gestellt. In der Nacht auf den 4. Juni räumt die Armee gewaltsam den Tiananmen-Platz (»Tiananmen-Massaker«). Insgesamt sterben 1.000 bis 3.000 Menschen vor allem in der Umgebung des Platzes, tausende werden verhaftet. Westliche Staaten verhängen Sanktionen, von denen das EU-Waffenembargo noch heute gültig ist. Neuer KP-Generalsekretär wird Jiang Zemin. Im Dezember erhält der Dalai Lama den Friedensnobelpreis.

■ **1992** Mit einer Reise durch Südchina belebt Deng Xiaoping, der offiziell keine Posten mehr innehat, die ins Stocken geratenen Wirtschaftsreformen und macht sie unumkehrbar.

■ **1993** Jiang Zemin wird Staatspräsident.

■ **1996** *Krise in der Taiwan-Straße* China greift mit Raketen-«Tests« in Taiwans Präsidentschaftswahlkampf ein. USA schicken Flugzeugträger.

■ **1997** Deng Xiaoping stirbt (19. Februar). Großbritannien gibt Hongkong zurück (1. Juli).

■ **1998** Zhu Rongji wird Ministerpräsident.

■ **1999** Großkundgebung der Falun-Gong-Sekte in Pekings Regierungsviertel (25. April), anschließend Verbot der Sekte und Verfolgung ihrer Anhänger. Portugal gibt Macao zurück (20. Dezember).

■ **2001** Nach 15-jährigen Verhandlungen wird China am 11. Dezember Mitglied der Welthandelsorganisation (WTO).

■ **2002/2003** Hu Jintao wird Nachfolger Jiang Zemins zunächst als Generalsekretär, dann als Staatspräsident. Wen Jiabao wird Ministerpräsident. Massenproteste bringen in Hongkong ein geplantes Antisubversionsgesetz zu Fall. Chinas erster bemannter Weltraumflug (15. Oktober 2003).

■ **2004** Schutz von Privateigentum wird in der Verfassung verankert. Unternehmer können jetzt offiziell Parteimitglieder werden.

■ **2005** Der Volkskongress verabschiedet das »Antiabspaltungsgesetz«, das Taiwan mit Krieg droht, sollte sich die Insel für unabhängig erklären.

■ **2007** China testet im Januar mit einer Rakete den Abschuss eines Satelliten.

Impressum

EDITION · LE MONDE *diplomatique*
N° 1 • 2007

Redaktionsadresse Deutschland
Kochstraße 18, D-10969 Berlin
Telefon +49 (0)30 259 02-276
Fax +49 (0)30 259 02-676

Redaktion: Sven Hansen (v. i. S. d. P.), Barbara Bauer
Artdirektion: Adolf Buitenhuis

Verlagsadresse Deutschland
taz Entwicklungs GmbH & Co. Medien KG,
Kochstraße 18, D-10969 Berlin
Telefon +49 (0)30 259 02-0

Anzeigen: Lena Meier,
Telelefon +49 (0)30 259 02-318,
meier@monde-diplomatique.de

Internet: www.monde-diplomatique.de

Druck: Henke Rollenoffset, Brühl
Printed in Germany

Verlag und Redaktion Frankreich
Le Monde diplomatique
1–3, rue Stephen-Pichon, F-75013 Paris
Telefon +33 (0)1 53 94 96 01
Fax +33 (0)1 53 94 96 26

Gründer: Hubert Beuve-Méry
Direktor: Ignacio Ramonet
Chefredakteur: Maurice Lemoine
Stellvertreter: Martine Bulard, Serge Halimi
Redaktion: Bernard Cassen, Alain Gresh, Philippe Rivière,
Anne-Cécile Robert, Dominique Vidal
Dokumentation: Olivier Pironet
Sekretariat: Sophie Durand, Monique Salomé

Preis des Heftes: 8,50 Euro. Alle Rechte vorbehalten.
Nachdruck, Aufnahme in Online-Dienste und Internet und
Vervielfältigung auf Datenträgern wie CD-ROM, DVD-ROM,
usw. dürfen nur nach vorheriger schriftlicher Zustimmung
des Verlages erfolgen. Anzeigenpreise auf Anfrage.

ISSN 1864-3876
ISBN 978-3-937683-09-6

Ferne Länder – sehen und verstehen

Geheimnisvolles Asien

- **China – In den Heiligen Bergen des Taoismus:** Beijing, Wudang Shan, Wuhan, Shanghai, Qi Gong in der Schule eines Meisters
- **Faszinierendes Yunnan/China:** Unterwegs im Land „südlich der Wolken" mit Besuch des geheimnisvollen Shangri-La
- **Taiwan:** Innenansichten des ursprünglichen China, Reiseleitung durch einheimischen Künstler/Qi Gong-Meister, Wohnen in Kenting, im Stil eines Chinesischen Dorfs
- **Nepal:** Begegnung, Wanderungen, Naturerlebnis, Buddhismus, Meditation, Ayurveda, Yoga im Himalaya
- **Nepal und Tibet:** Atemberaubendes Kultur- und Naturerlebnis auf dem „Dach der Welt"
- **Burma, ein Land wie kein anderes:** Begegnungen mit Einheimischen, ursprünglicher Buddhismus, Königsstadt Mandalay
- **Mongolei – Land des Dschingis Khan:** Rundreise durch die Nordmongolei mit Teilnahme am Nomadenleben oder Wüstenerlebnisse in Südgobi
- **Indisches Leben in Rajasthan:** Begegnungen mit einheimischen Familien, Gespräche mit Eremiten oder Priestern, Treffen mit Künstlern

Lebendiges Südamerika

- **Höhepunkte Brasiliens:** Rio de Janeiro, Pantanal, Amazonas und Regenwald, Salvador de Bahia
- **Faszination Süd-Brasilien:** 11-tägige Rundreise von Rio des Janeiro bis zu den Wasserfällen von Iguaçu, 4 Tage Erholung auf einer Gästefarm am Meer
- **Wander- und Erlebnisreisen duch Chile** mit einer Biologin
- **Peru, Zentrum der Inka:** Machu Picchu und Nasca, Cusco, Lima und Arequipa, Titicaca-See und Amazonas-Dschungel
- **Peru Norte:** Wilde Landschaften und verschollene Kulturen im Norden des Landes, Kreuzfahrt auf dem Amazonas
- **Ecuador-Rundreise:** Koloniale Städte, tropische Dschungelgebiete, schneebedeckte Vulkane, Verlängerungswoche auf Galápagos (mit Kreuzfahrt) oder in einer rustikalen Dschungellodge
- **Venezuela – Land der Gegensätze:** 15-tägige Natur- und Erlebnisrundreise von Caracas über Mérida und das Orinoco-Delta bis hin zur Halbinsel Paria
- **Naturparadies Costa Rica:** Rundreise durch die drei großen Regionen – vom Nordwesten über die zentrale Hochebene bis hin zur südlichen Karibikküste
- **„Cuba autentica"** von West nach Ost. Paradies der Karibik zwischen Traum und Wirklichkeit

Begegnungen in Afrika

- **Gesichter Südafrikas:** Authentische Begegnungen mit den Einheimischen, sanfter Tourismus, Naturerlebnis
- **Namibia:** Naturwunder Fish River Canyon, Wüste Namib, Etosha Nationalpark und Begegnungen mit den Kulturen
- **Namibia – Urlaub auf einer Farm:** 8-tägiges Erlebnisprogramm auf einer Farm im Herzen der Savanne, 5-tägige Entdeckertour durch die Namibwüste
- **Uganda, die Perle Afrikas:** Erlebnisreise durch ein vielfältiges Land, Kultur- und Naturerfahrung, Gorilla-Tracking, Wohnen im Dorf der Reiseleiterin Juliet Najjumba
- **Ägypten/Sinai:** Wüstenerfahrung, Wanden mit Beduinen, Kamelkarawane, Besinnung und Meditation am Mosesberg, Hochgebirgswandern, Baden und Erholen am Roten Meer

Studien-Kontakt-Reisen
fürstenallee 5 – 53177 Bonn
(0228) 935730, Fax 9357350
w.SKR.de

Museum für Ostasiatische Kunst Köln

Kostbarkeiten aus China, Japan und Korea

Versammelt in einem
der wichtigsten Baudenkmäler
der klassischen Moderne in Köln,
idyllisch gelegen
direkt am Aachener Weiher.

Eine der bedeutendsten Sammlungen
ostasiatischer Kunst in Europa
mit buddhistischer Malerei
und Holzskulptur, Farbholzschnitten
und Lackkunst.
Einzigartige Chinesische Sakralbronzen
sowie Keramik aus China, Korea und Japan.
Koreanische Seladone,
Lackarbeiten und Stellschirm-Sammlung
von Weltrang.

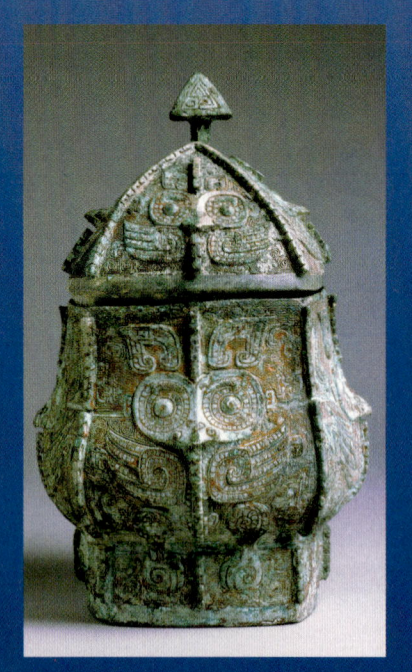

Universitätsstraße 100, 50674 Köln, Tel.: 0221/ 94 05 18 0, Dienstag bis Sonntag 11 bis 17 Uhr, Donnerstag bis 20 Uhr

Ein Museum der Stadt Köln

www.museenkoeln.de